Keine Angst vor dem leeren Blatt

campus concret
Band 16

Otto Kruse, Diplom-Psychologe, Dr. phil., ist Professor für Psychologie an der Fachhochschule Erfurt mit dem Schwerpunkt Entwicklungs- und Beratungsprozesse. Er war zehn Jahre lang Studienberater an der FU Berlin und hat sich dort auf Beratung bei Schreibproblemen und die Vermittlung von Schreibkompetenz spezialisiert. Heute unterhält er eine eigen Schreibschule in Erfurt (www.schreibschule-erfurt.de), die Kurse für wissenschaftliches, kreatives und berufliches Schreiben anbietet.
Veröffentlichungen: *Emotionsdynamik und Psychotherapie* (1991), *Studieren mit Lust und Methode* (mit H. Knigge-Illner, 1994), *Kreativität als Ressource für Veränderung und Wachstum* (1997), *Schlüsselkompetenz Schreiben* (mit E.-M. Jakobs und G. Ruhmann 1999).
Ebenfalls im Campus Verlag ist von Otto Kruse das *Handbuch Studieren* erschienen.

Otto Kruse

Keine Angst vor dem leeren Blatt

Ohne Schreibblockaden durchs Studium

Campus Verlag
Frankfurt/New York

Die Deutsche Bibliothek – CIP-Einheitsaufnahme
Ein Titeldatensatz für diese Publikation ist bei
Der Deutschen Bibliothek erhältlich
ISBN 3-593-36659-2

9. Auflage 2002

Das Werk einschließlich aller seiner Teile ist urheberrechtlich geschützt.
Jede Verwertung ist ohne Zustimmung des Verlags unzulässig. Das gilt
insbesondere für Vervielfältigungen, Übersetzungen, Mikroverfilmungen und
die Einspeicherung und Verarbeitung in elektronischen Systemen.
Copyright © 1993 Campus Verlag GmbH, Frankfurt/Main
Umschlaggestaltung: Guido Klütsch, Köln
Satz: Publikations Atelier, Frankfurt/Main
Druck und Bindung: Media-Print, Paderborn
Gedruckt auf säurefreiem und chlorfrei gebleichtem Papier.
Printed in Germany

Besuchen Sie uns im Internet: www.campus.de

Inhalt

Vorwort zur 4., erweiterten Auflage 9
Vorwort 11

1. Einleitung 13

Idee des Buches 13
Leseempfehlungen 16

2. Schreiben im Studium – Probleme und erste Hilfen 21

Typische Probleme 21
Verfestigte Schreibprobleme 28
Neue Schreiberfahrungen suchen 31
Wissenschaftliches Journal führen 35
Schreibgruppen organisieren 38
Einen neuen Anfang machen 44

3. Grundlagen der Schreibforschung 48

Ein kognitives Modell des Schreibens 48
Anforderungen an Texte 52
Schreiben und Emotionen 58

4. Wissenschaftliche Textkomposition 71

Wissenschaftlichkeit 71
Schreiben und geistige Arbeit 75
Wissenschaftssprache 82

5. Die erste wissenschaftliche Hausarbeit 86

Das Vorgehen Schritt für Schritt 86
Sechs elementare Textmuster 117

6. Erkenntniswege in wissenschaftlichen Schreibprojekten 129

Überblick 129
Beschreiben 133
Zusammentragen, Kompilieren, Dokumentieren 138
Vergleichen und Kontrastieren 141
Systematisieren 146
Analysieren 149
Theorie konstruieren 157
Interpretieren 165
Argumentieren 170
Bewerten 177
Vorschreiben 181

7. Arbeitsschritte in wissenschaftlichen Schreibprojekten 185

Ausgangspunkte 185
Themenfindung und Themeneingrenzung 189
Literaturrecherche und Literaturbeschaffung 212
Lesen und exzerpieren 215
Strukturen finden 220
Erstellen der Rohfassung 228
Überarbeiten der Rohfassung 237
Korrektur und Endfassung 245

8. Umgang mit Zeit bei wissenschaftlichen Schreibprojekten 246

Planung 246
Zeitprobleme 251
Motivationale Probleme 257

Literatur 264
Register 267

Vorwort zur 4., erweiterten Auflage

Wenn ich das vorliegende Buch bereits nach kurzer Zeit um ein neues Kapitel erweitere, so deshalb, weil ich im Unterricht mit Studienanfängern auf einige Lücken gestoßen bin. Gerade Studierenden, die zum ersten Mal mit der Aufgabe konfrontiert sind, einen wissenschaftlichen Text zu schreiben, versagte das Buch bisher einige wichtige Hilfen.

Um den Schreibstart an der Universität zu unterstützen, ist es wichtig, auf die ersten Lernschritte näher einzugehen und die handwerklichen Aspekte der Textproduktion zu betonen. Deshalb enthält das neue Kapitel eine Schritt-für-Schritt-Anleitung für das Vorgehen bei der ersten Hausarbeit.

Ich will nicht leugnen, dass mir dieses Kapitel einige Schwierigkeiten bereitet hat, unter anderem deshalb, weil eine rezeptbuchartige Anleitung für die Textherstellung gar nicht möglich ist. Gerade das Zitieren, das ich durch Anführen einiger Regeln behandeln wollte, ist kein formales Problem, sondern ein Kernaspekt des wissenschaftlichen Schreibens. Zitieren heißt, sich auf einen Diskurs zu beziehen, Zugehörigkeiten zu klären, Beziehungen herzustellen und Verantwortung für den Umgang mit fremden wissenschaftlichen Ideen zu übernehmen. Die Regeln, die dem dienen, sind formal, nicht aber das Zitieren selbst.

Eine weitere Erkenntnis aus der Arbeit an dem neuen Kapitel ist, dass Anfangsprobleme keine einfachen Probleme sind. In ihnen spiegeln sich zentrale Aspekte wissenschaftlichen Schreibens und Denkens wider. Deshalb, so glaube ich, ist das neue Kapitel nicht nur für StudienanfängerInnen nützlich, sondern für alle, die sensibel für die subtileren Dimensionen des wissenschaftlichen Schreibens sind.

Das neue Kapitel enthält u.a. Angaben dazu, wie man zitiert, welche Bestandteile eine Hausarbeit hat, wie man sie strukturiert und welche Textmuster man ihr zugrunde legen kann. Es geht besonders darauf ein, wie man wissenschaftliche Texte liest bzw. exzerpiert, und gibt Hilfestellung bei der schwierigen Aufgabe, die eigene Meinung zu den erarbeiteten wissenschaftlichen Inhalten in Beziehung zu setzen.

Für Anregung, Ermutigung und Hilfe bei der Textüberarbeitung bedanke ich mich bei Gabi Ruhmann vom Schreiblabor Bielefeld, bei Irmgard Wallner, Günter Friesenhahn und Eckhardt Giese.

Vorwort

Wissenschaftliches Schreiben entscheidet wesentlich über Studienerfolg und wissenschaftliche Karrieren. Dennoch wird es an keiner deutschen Hochschule systematisch gelehrt. Es herrscht – fälschlicherweise – die Meinung vor, dass mit dem Abitur genügend Schreibfertigkeiten erworben worden sind, um auch wissenschaftliche Texte bewältigen zu können. Den Studierenden an unseren Hochschulen fehlen nach meinen Erfahrungen klare Vorstellungen davon, was sie tun sollen, wenn sie einen wissenschaftlichen Text schreiben sollen. Sie haben weder von den Textmustern noch von den auszuführenden Arbeitsschritten ein klares Bild, geschweige denn davon, was das Attribut »wissenschaftlich« ausmacht. Sie sind beim Schreiben wissenschaftlicher Arbeiten auf ihre Intuition verwiesen und auf Imitation. »Durchbeißen« ist der häufigste Rat, den Studierende zu hören bekommen, wenn sie Probleme mit ihrer Haus-, Examens- oder Doktorarbeit haben.

In dieser diffusen Lernumwelt verfestigen sich Anfangsprobleme mit dem Schreiben schnell zu »Störungen« wie Schreibängsten oder -hemmungen. Ohne klar gestellte Aufgabe und ohne Anleitung verkrampfen sich viele Studierende bei ihrer Begegnung mit der Wissenschaft so sehr, dass sie fast schreibunfähig werden.

Das Problembewusstsein darüber, dass in der Lehre etwas nicht stimmt, ist gewachsen, aber es fehlt nach wie vor an Anregung und Methodenwissen, wie in dieser Situation wissenschaftliches Arbeiten und Schreiben gelehrt werden können. Deshalb habe ich den Versuch unternommen, das, was den Studierenden an Anleitung versagt bleibt, in Form eines leicht lesbaren und lebensnahen Kompendiums zusammenzustellen. Es kann, so hoffe ich, auch den Lehrenden als Anregung für ihre Schreibpraxis dienen.

Ich habe nicht vor, abermals eine konventionelle »Anleitung zum Schreiben wissenschaftlicher Arbeiten« vorzulegen, die sich auf dessen formale Seite beschränkt und beispielsweise darlegt, wie man eine Titelseite aufbaut oder richtig zitiert. Wissenschaftliches Schreiben ist Teil eines komplexen Bezuges zur Welt, der motivationale, intellektuelle, soziale und technische Bezüge gleichzeitig umfasst. Sie wollen alle berücksichtigt sein.

In den letzten Jahren habe ich mit vielen Menschen über das Thema »Schreiben« Kontakt bekommen. Von vielen habe ich Anstöße und Ideen erhalten. Nur bei einigen kann ich mich persönlich dafür bedanken. Zu ihnen gehört vor allem meine Kollegin Edith Püschel, mit der ich mehrere Kurse zusammen geleitet und vieles ausprobiert habe. Zu ihnen gehören die Mitglieder des Arbeitskreises »Kreatives Schreiben an der Hochschule«, der seit einiger Zeit an der FU Berlin wirkt. Zu ihnen gehören die, die das Manuskript gelesen und kommentiert haben: Andrea Frank, Albrecht Funk, Antje Herrmann, Elke Muchlinski. Vielen Dank! Gefreut habe ich mich über den Campus Verlag, der mein Rohmanuskript nicht gleich in den Papierkorb geworfen, sondern mit Ideen geholfen hat, daraus ein brauchbares (und erschwingliches!) Buch zu machen.

1.
Einleitung

Idee des Buches

Vor – einigen Jahren habe ich mit meiner Kollegin Edith Püschel begonnen, Workshops und semesterbegleitende Kurse für Studierende mit Schreibproblemen anzubieten. Wir entwickelten Übungen, die helfen sollten, die technischen Aspekte des wissenschaftlichen Schreibens zu erkennen und gleichzeitig zu trainieren. Da Schreibhemmungen aber nur zum Teil auf mangelnde technische Fertigkeiten zurückzuführen sind, haben wir auch Übungen entwickelt, die die emotionale oder motivationale Seite des Schreibens erfahrbar machen sollten. Unsere Schreibkurse haben gezeigt, dass es sinnvoll ist, diese beiden Aspekte nicht voneinander zu trennen. Wer emotionale Schreibhemmungen hat, hat in der Regel auch ein Defizit an technischen Schreibfertigkeiten, und um emotionale Blockaden aufzulösen, ist Üben und Vermitteln von technischen Fertigkeiten notwendig, um Erfolgserlebnisse zu ermöglichen.

In dem Maße, wie wir unsere Arbeit auch auf Hilfe für konkrete Arbeitsvorhaben, etwa Examens- und Doktorarbeiten bezogen haben, ergab sich aber, dass weitere Dimensionen des Schreibens einbezogen werden mussten. Wenn man eine Examensarbeit schreibt, erschließt man sich einen Themenbereich und erarbeitet Lösungen für eine wissenschaftliche Fragestellung. Es wurde notwendig, über Erkenntniswege nachzudenken, die Schreibende einschlagen können. Dabei zeigte sich ein großes Defizit in der vorhandenen Literatur: Es gibt keine praktische Erkenntnistheorie, die das abbildet, was Menschen machen, wenn sie ein wissenschaftliches Problem schreibend lösen. Zwar gibt es viele Arbeiten über die Logik wissenschaftlicher Argumentation und Forschung sowie über die sozialen Zusammenhänge, in denen sich Wissenschaft entwickelt, aber wenig darüber, welche Erkenntnisschritte vollzogen werden müssen, um einen Text über ein definiertes Problem zu schreiben. Analoge Anleitungen, etwa darüber, wie man eine empirische Erhebung macht, gibt es zuhauf; Entsprechendes über theoretische oder textbezogene Arbeiten fehlt.

Schließlich erwies es sich als besonders wichtig, die Freude am Schreiben und am Erleben der eigenen Kreativität wiederzuerwecken und die Studierenden aus dem Dilemma zu erlösen, in das alle Menschen kommen, die zu hohe analytische und vergleichsweise geringe kreative Fähigkeiten haben: Sie betrachten ihre Produkte mit so kritischem Blick, dass sie den eigenen Anforderungen nicht genügen können. Darin drückt sich ein generelles Dilemma unserer Hochschulen aus, die traditionellerweise kritisches und analytisches Denken weit mehr fördern als entsprechende produktive und kreative Fähigkeiten. Wir suchten also Schreibmöglichkeiten, die die Selbstkritik und zensierende Selbstkontrolle unterlaufen und stattdessen von Neugier, Interesse und Mitteilungsbedürfnis geprägtes Schreiben ermöglichen.

Es ergaben sich schließlich fünf unterschiedliche Anliegen, denen eine Anleitung zum wissenschaftlichen Schreiben gerecht werden muss. Sie sollen im Weiteren berücksichtigt werden:

- Erstens werden *Erfahrungen aus der psychologischen Studienberatung* aufgegriffen. Sie beziehen sich darauf, welche Aspekte des Schreibens häufig mit Problemen verbunden sind. Die Anzahl dieser Probleme ist groß: Sie reichen von mangelndem Wissen darüber, nach welchen Regeln man Texte herstellt und wo man das Wissen für seine Texte beschafft, bis zu handfesten emotionalen Problemen wie Angst vor dem leeren Blatt, Lustlosigkeit, Perfektionismus oder fehlendem Durchhaltevermögen. Diese Aspekte werde ich besonders herausstellen und versuchen, Tipps zur Vermeidung oder Lösung dieser Probleme zu geben. Aus diesem Grund ist das Buch auch relativ eng an der Studienrealität orientiert. Viele Schreibprobleme resultieren direkt aus dem Studienalltag und weniger aus vermeintlichen Schreibstörungen.

- Zweitens wird das Buch einige Aussagen über die *Eigenschaften von Texten und wissenschaftlichen Texten* machen. Dazu werde ich Überlegungen aus der neueren Textlinguistik, Sprachpsychologie und Schreibforschung darstellen. Sie sollen Verständnis für die Eigenschaften von Texten vermitteln, um über die Konventionen hinaus selbstständiges Nachdenken über Struktur und Funktion wissenschaftlicher Texte zu ermöglichen.
- Drittens folgt das Buch Anregungen aus der *Schreibbewegung*. Dabei handelt es sich um Ansätze des kreativen Schreibens, die seit etwa 50 Jahren im englischen Sprachraum praktiziert werden. Kreatives Schreiben wurde als eine Methode zur Förderung freieren literarischen Ausdrucks entwickelt. Seit einigen Jahren wird kreatives Schreiben als Methode auch in den Einzelwissenschaften verwendet. Es geht dabei darum, schreibend den Gegenstand zu erforschen und dabei die emotionalen und rationalen Bezüge gleichermaßen zur Geltung kommen zu lassen. Dieser Ansatz hat sich unter dem Begriff »writing across the curriculum« innerhalb einer Dekade flächendeckend an den Hochschulen der USA ausgebreitet und in allen Fächern und Studienphasen Einzug gehalten (vgl. dazu Griffen 1985, Hubbuch 1989, McLeod 1988, v. Werder 1992). Er bietet differenzierte Techniken an, um neue Schreiberfahrungen zu vermitteln und das Schreiben als ein wissenschaftliches Ausdrucksmittel verfügbar zu machen. Es hat sich gezeigt, dass Schreiben eine Methode sein kann, um Lernprozesse in der Wissenschaft wesentlich zu forcieren, wenn die Studierenden neben dem wissenschaftlichen Schreiben auch »persönliches« Schreiben, also poetische oder literarische Texte üben. Persönliches Schreiben hilft offensichtlich dabei, die innere, private Sprache und damit auch Denk- und Reflexionsprozesse zu fördern, die Grundlage wissenschaftlichen

Arbeitens sind (vgl. v. Werder 1992, S. 170 ff.). Wenn es um kreatives wissenschaftliches Schreiben geht, ist also nicht nur angesprochen, wie man lernt zu schreiben, sondern auch, wie man schreibend lernt.
- Viertens hat sich gezeigt, dass ein Kernproblem des Schreibenlernens in der Frage liegt, wie Schreiben und wissenschaftliches Erkennen miteinander verknüpft sind. Wissenschaftliches Schreiben ist nicht allein eine Form, Erkenntnisse *darzustellen*, sondern auch ein Weg, Erkenntnisse *zu gewinnen, zu sichten, zu vergleichen, zu ordnen, zu strukturieren, zu diskutieren und zu kommunizieren*. Dementsprechend ist auch die erkenntnistheoretische Seite des Schreibens zu berücksichtigen, die hilft, die Logik wissenschaftlicher Erkenntnisprozesse und, in Abhängigkeit von ihr, die Struktur unterschiedlicher Textmuster sowie die Prinzipien ihrer Herstellung zu verstehen.
- Fünftens soll das Buch einen Teil konventioneller *Anleitung zum wissenschaftlichen Arbeiten* mit übernehmen. Wissenschaftliches Schreiben besteht aus vielen Regeln und Konventionen, darunter auch solchen der Darstellung wissenschaftlicher Ergebnisse in Texten. Diese Konventionen muss man kennen und beherrschen, will man z.B. in einer Examensarbeit den gängigen Standards entsprechen. Man muss diesen Konventionen nicht unbedingt folgen. Man sollte sich aber darüber klar sein, wann und warum man von ihnen abweicht. Und das Wichtigste: Man darf sich nicht von ihnen erdrücken lassen. Deshalb werde ich versuchen, diese Konventionen eher unter handwerklichem Aspekt darzustellen und sie von den kreativen Aspekten des Schreibens und Forschens zu entkoppeln.

Leseempfehlungen

Unter den Leserinnen und Lesern kann ich mir fünf verschiedene Gruppen vorstellen, die ganz unterschiedlich an das Buch herangehen könnten:

Gruppe A: Sie sind allgemein am Thema Schreiben oder Textproduktion interessiert. Sie sollten vor allem die Kapitel 3 und 6 lesen. Sofern Sie sich für Erkenntniswege im wissenschaftlichen Arbeiten interessieren, lesen Sie auch Kapitel 4.

Gruppe B: Sie studieren und haben Probleme mit dem Schreiben. Sie sind möglicherweise schon in Verzug mit Ihrem Studium und suchen ungeduldig nach Hilfe. Sie wollen wissen, was Sie augenblicklich tun können. Lesen Sie zunächst Kapitel 2. Dann legen Sie das Buch aus der Hand, entspannen sich, überdenken Ihre Situation und verbringen dann den Rest des Tages (soweit Ihr Zeitplan das zulässt) mit etwas Angenehmem, um einen ersten Schritt zur Bekämpfung von Stress zu tun. Machen Sie einen zeitlich großzügigen Plan, wie Sie dem Schreibproblem zu Leibe rücken wollen. Nehmen Sie sich Zeit, das ganze Buch gründlich durchzulesen. Setzen Sie sich mit Ihren eigenen Gefühlen beim Schreiben auseinander und beginnen Sie, täglich zu schreiben.

Gruppe C: Sie wollen Ihre Examensarbeit schreiben und brauchen moralischen und informatorischen Rückhalt. Lesen Sie zuerst Kapitel 7, dann wissen Sie, was Sie erwartet. Wenn Sie schon länger Schwierigkeiten mit dem Schreiben haben, fahren Sie mit Kapitel 2 fort. Dort erfahren Sie einiges über Schreibprobleme im Studium. Wenn Sie bereits mitten in der Examensarbeit stecken, kann Kapitel 8 Ihnen helfen, Ihre Probleme zu lokalisieren. Nehmen Sie sich dann einige Tage Zeit, um die Kapitel 3, 4 und 6 durchzuarbeiten. Versuchen Sie, zu diagnostizieren, wo Ihre eigenen Probleme liegen, und arbeiten Sie einen Plan aus, wie Sie gegen sie vorgehen wollen.

Gruppe D: Sie betreuen wissenschaftliche Arbeiten oder beraten Studierende. Sie sollten mit den Kapiteln 2 und 4 beginnen. Dort finden Sie die thematische Verknüpfung von Schreiben und Wissenschaft. Lesen Sie dann Kapitel 7. Dort finden Sie die eher handwerklichen Anregungen, die wissenschaftliches Schreiben erleichtern. Kapitel 6 gibt Ihnen einen Einblick in die erkenntnistheoretischen Grundlagen der wissenschaftlichen Textproduktion. In diesem Kapitel werden Sie am meisten Anregung für Ihre eigenen Texte finden. Probieren Sie einige Übungen aus, vergessen Sie aber dabei nicht, sich genügend Zeit zu nehmen und vorher zu entspannen.

Gruppe E: Sie haben gerade angefangen zu studieren und suchen Rat für Ihre erste Hausarbeit. Für Sie ist das neu eingefügte Kapitel 5 gedacht. Stimmen Sie sich aber vorher mit dem vierten Kapitel darauf ein, was wissenschaftliches Schreiben bedeutet.

Geschrieben ist dieses Buch primär für Studentinnen und Studenten, die eine Lösung für ihre Schreibprobleme suchen. Sofern Sie zu dieser Gruppe zählen, möchte ich Ihnen noch einige Anregungen geben, wie Sie mithilfe dieses Buches Ihr Arbeitsverhalten ändern können. Vielleicht erscheinen Ihnen die folgenden Bitten gering; in ihnen drücken sich aber entscheidende Wertschätzungen sowohl der wissenschaftlichen Ideen als auch Ihrer eigenen Person aus, ohne die Sie wissenschaftliches Schreiben nicht lernen können.

- Ich habe mir viel Mühe gegeben, dieses Buch für Sie schmackhaft und leicht lesbar zu machen. Lesen Sie es bitte nicht achtlos! Entwickeln Sie Stil im Konsum wissenschaftlicher Ideen! Nehmen Sie sich Zeit, gestalten Sie Ihren Leseort freundlich, achten Sie auf genügend Luft, Wärme, Unterstützung für Ihren Rücken, Licht für Ihre Augen, Platz für Papier, Teetasse und Aschenbecher.
- Bevor Sie sich an die Lektüre machen, prüfen Sie bitte, ob Sie im Moment aufnahmebereit sind. Wie vor jedem Lernschritt sollten Sie erst erkunden, ob Sie offen für eine neue Lernerfahrung sind. Hängen Sie die Lektüre dieses Buches nicht an einen Tag voller Eindrücke hinten dran. Verarbeiten Sie erst die vorhergehenden Ereignisse, ehe Sie sich Neuem zuwenden!
- Lesen Sie aktiv! Machen Sie sich zunächst mit der Struktur dieses Buches vertraut, studieren Sie Einleitung, Inhaltsverzeichnis und Leseanweisung. Entscheiden Sie dann, was Sie von diesem Buch lesen wollen und was Sie durch dessen Lektüre erreichen wollen. Machen Sie einen groben Plan, wie

viel Zeit Sie dafür brauchen werden und bis wann Sie die Lektüre beendet haben wollen.
- Wissenschaftlich schreiben lernt man nicht allein durch Lesen, sondern nur durch Übung. Im zweiten Kapitel und am Ende vieler Abschnitte finden Sie Übungen und Anregungen zum Schreiben. Machen Sie Gebrauch davon, sodass Sie ebenso viel Zeit zum Schreiben verwenden wie zum Lesen. Probieren Sie vor allem die Übung »Clustern« aus, wie auf den Seiten 32-35 beschrieben. Bei ihr geht es um Schreiben ohne Anstrengung. Wenn Schreiben für Sie mühsam ist, machen Sie sich zunächst mit dieser Technik vertraut und greifen Sie bei allen weiteren Übungen darauf zurück.

Schreibanregungen

▶ Beginnen Sie die Auseinandersetzung mit diesem Buch mit einem Bericht über Ihre emotionale Haltung ihm gegenüber. Was gefällt Ihnen daran, was nicht? Welche Hoffnungen, Befürchtungen, welches Unbehagen, welchen Ärger haben Sie bis jetzt damit erlebt? Wie ist Ihre Grundhaltung zu dem Buch? Was spekulieren Sie über den Autor? Fühlen Sie sich von ihm angesprochen oder stößt Sie sein persönlicher Ton eher ab? Bemühen Sie sich, keine rationalen Bewertungen zu geben, sondern tatsächlich Ihre Gefühle, ersten Eindrücke, Mutmaßungen usw. auszusprechen. Das soll ein erster Schritt dazu sein, dass Sie alle Ihre Empfindungen, Assoziationen, Gefühle usw. ernst zu nehmen lernen, nicht nur die rationalen.

▶ Schreiben Sie alle Fragen auf, die Sie an dieses Buch haben. Was möchten Sie aus ihm lernen? Denken Sie daran, dass Sie nur für die Fragen, die Sie selbst stellen, auch mit Sicherheit eine Antwort bekommen. Schreiben Sie zunächst alle Fragen auf, die Ihnen einfallen, und wählen Sie dann die fünf wichtigsten aus. Achten Sie am Ende Ihrer Lektüre darauf, ob diese Fragen beantwortet wurden.

▶ Schreiben Sie auf, was für Erfahrungen Sie mit dem Schreiben im Studium gemacht haben. Schreiben Sie zunächst zehn Stichworte dazu auf, dann schreiben Sie einen Text von etwa fünf Sätzen dazu. Verwenden Sie nicht mehr als 15 bis 20 Minuten dafür.

2.
Schreiben im Studium – Probleme und erste Hilfen

Das zweite Kapitel wird versuchen, Ihnen verständlich zu machen, warum Schreiben im Studium schwierig sein kann. Es wird eine Reihe von Ängsten beschrieben, die wissenschaftliches Schreiben so unangenehm machen oder es sogar blockieren. Es werden erste Möglichkeiten aufgezeigt, den Schreibproblemen beizukommen.

Typische Probleme

Petra ist Germanistikstudentin im 22. Semester. Sie hat vor fünf Jahren, damals zeitlich noch im Rahmen einer »normalen« Studiendauer, begonnen, ihre Examensarbeit zu schreiben. Sie hatte Mühe, ein Thema zu finden, ging zu mehreren Hochschullehrern, schließlich entschied sie sich für eine Arbeit über Heinrich Mann. Sie sichtete und las ein halbes Jahr lang einen Stapel Literatur, dann versuchte sie, ihr Thema zu präzisieren. Mit einem Professor machte sie aus, eine Einleitung von etwa 20 Seiten zu schreiben, die das Wesentliche ihrer Arbeit enthalten sollte. Dieses Exposé wurde nie fertig. Petra war verunsichert, wie sie schreiben sollte, was von einer wissenschaftlichen Arbeit erwartet würde. Alle ihre Sätze kamen ihr schal und unwichtig vor; nach einer Weile war sie völlig blockiert. Sie hatte zu viel literarische und wissenschaftliche Texte gelesen und erwartete, dass ihr Produkt genauso perfekt geraten sollte. Schon im Studium hatte sie Probleme mit ihren Hausarbeiten. Da ihr ihre eigenen Texte nie gefallen hatten, war es ihr peinlich, mit anderen darüber zu sprechen. Sie hatte das Gefühl, nie richtig gelernt zu haben, wie man wissenschaftlich arbeitet, und wusste nicht, wen sie bei diesem Problem um Rat fragen sollte.

Als Petra begann, ihre Examensarbeit zu schreiben, endete gerade ihre Studienförderung. Sie musste Geld verdienen und vernachlässigte Heinrich Mann immer mehr. Für eine gewisse Zeit dachte sie, es ginge auch ohne Examen. Auf die Dauer ließ ihr das unerledigte Examen allerdings keine Ruhe, sodass sie schließlich psychologische Beratung suchte.

In Petras Problemgeschichte steckt vieles, das für die heutige Studienrealität typisch ist: Ungenügende Betreuung wissenschaftlicher Arbeiten, Unsicherheit über die eigenen Fähigkeiten, Schwierigkeiten damit, über diese Probleme zu sprechen, das lange Antichambrieren, bis ein Thema für die Examensarbeit gefunden ist, fehlende Hilfe beim Eingrenzen des Themas, schließlich das Verschleppen des Problems, die Flucht in eine Welt zwischen Studium und Beruf und – oft leider erst als Letztes – der Gang zum Psychologen, der aber die verlorene Zeit nicht wieder herbeizaubern kann. Wie viel Studienzeit durch ungenügende oder fehlende Anleitung zum wissenschaftlichen Schreiben an unseren Hochschulen verloren geht, ist nicht zu ermessen.

Schreibstörungen sind oft verfestigte Anfangsprobleme. Es sind Probleme von der Art, die KlavierspielerInnen bekommen, wenn sie ohne KlavierlehrerIn lernen: Sie werden dann in der Lage sein, Noten auf die Tasten zu übertragen, aber sie werden sehr einseitig lernen, meist nur das, was ihnen sinnvoll vorkommt oder Spaß macht. Das, worin sie Probleme haben, verkümmert eher; niemand korrigiert ihre Fehler, niemand stellt Anforderungen an sie; Fehlhaltungen verfestigen sich; viele lassen aus Mangel an Ergebnissen das Klavierspielen auch ganz sein, obwohl oder vielleicht gerade weil sie viel Übungszeit investiert haben, aber der Erfolg sich nicht einstellte.

Vielen Studierenden, die wegen Schreibhemmungen zu uns kommen, scheint das Schreiben kaum der Übung wert: Sie wollen es einfach können. Sie stellen die Anforderung an sich, auf Anhieb ebenso gut schreiben zu können wie die WissenschaftlerInnen, deren polierte Werke sie in den Bibliotheken lesen. Sie sind sich nicht bewusst, wie viele Lernschritte nötig sind, um glatte wissenschaftliche Artikel schreiben zu können, und wie viele Arbeitsschritte nötig sind, um eine wissenschaftliche Arbeit publikationsreif zu machen.

Ein erster Schritt, der nötig ist, um wissenschaftliches Schreiben zu lernen, ist paradoxerweise der, sich der Komplexität des Schreibens bewusst zu werden. Das soll nicht einschüchtern, sondern dazu führen, von sich selbst nicht zu viel zu verlangen und sich selbst Zeit zu geben, schreiben zu lernen. Ähnlich wie beim Klavierspielen darf man dabei mit Zeit nicht geizen. Wer mit dem Studium beginnt, sollte mit fünf bis zehn Jahren Übung rechnen, um *sicher* wissenschaftlich schreiben zu können. Ein Dutzend Seminararbeiten, eine Examens- und eine Doktorarbeit wird man bis dahin verfasst und einige Berufsjahre hinter sich gebracht haben. Um *sicher* wissenschaftlich schreiben zu lernen, benötigt man nicht weniger Übung als zur Beherrschung des Klavierspielens. Wer zu früh von sich selbst verlangt, perfekt schreiben zu können, beraubt sich seiner Qualifikationsmöglichkeiten.

Allerdings sehen sich die Studierenden zu Beginn des Studiums einer Anforderung gegenübergestellt, die niemand als solche benennt und für die sie keine Anleitung bekommen. Sie erleben, dass Schreiben als Voraussetzung angesehen wird, die sie mitbringen müssen. Das führt oft schnell zu einschüchternden und frustrierenden Erfahrungen.

Es gilt also zu Studienbeginn, mit einigen Ängsten und unangenehmen Gefühlen fertig zu werden, die sich auf das Schreiben, zum Teil aber auf jede Art wissenschaftlicher Äußerungen beziehen. Einige der wichtigsten sind:

- *»Das klingt blöd«*
  So etwa lautet die Urerfahrung der Selbstkritik beim Schreiben. Man misst das Ergebnis des Schreibens an einem Ideal oder einer Vorstellung davon, was man gerne geschrieben hätte, und stellt fest, dass es dem nicht entspricht. Wir haben

sehr dezidierte Kriterien dafür, wie wir uns ausdrücken möchten. Wir haben eine hoch entwickelte und sensible Sprachästhetik, wir sind von Kind auf an Sprachwitz, an authentische Sprache, an Dialekt, an wissenschaftliche und poetische Sprache gewöhnt und haben entsprechend feste Vorstellungen von diesen Sprachmustern. Versuchen wir, sie zu imitieren, dann klingt das blöd – wir können spontan an die Vorbilder nicht heranreichen, obwohl wir genau im Ohr haben, wie sie klingen.

- *Die Angst vor dem leeren Blatt*
Die zweite Urerfahrung von Schreibhemmungen ist das leere Blatt und seine stille Aufforderung: Fülle mich! Diese Aufforderung kann Wirbel von milchstraßenartiger Größe im Kopf hervorrufen, in denen Gedanken und Gefühle sich jagen, ohne eine feste Kontur, geschweige denn einen Einleitungssatz zu bilden. Die wichtigste Ursache dieser Spiralnebel ist schlicht mangelndes Wissen darüber, wie man einen Text komponiert: wie man das Schreiben vorbereitet und dann in mehreren Schritten zu einem Text gelangt. Wenn man zu vieles auf einmal tun will, kommt man in eine Überlastungs-Situation, in der schließlich nichts mehr geht.

- *Ich bin faul, undiszipliniert und vermeide Anstrengung*
Viele TeilnehmerInnen meiner Schreibkurse kommen mit dem Selbstvorwurf, faul und undiszipliniert zu sein. Sie glauben, sich vor der Arbeit zu drücken, veranstalten täglich ganze Putzorgien, um nicht schreiben zu müssen oder starren stundenlang auf die Platte ihres Schreibtisches, ohne ein Wort aufs Papier zu bringen. Es ist schwer, ihnen den Glauben an ihre eigene Faulheit auszureden, obwohl sie enorm viel Zeit und Anstrengung damit verbringen, *nicht* zu schreiben, viel mehr als die, die ihre Schreibaufgaben erledigen. Ihre Situation gleicht der eines Autos, das feststeckt und dessen Räder durchdrehen. Es kommt zwar keinen Zentimeter weiter, verbraucht aber Energien wie bei der Höchstgeschwindigkeit. Manchmal aber reicht – und so ist es auch beim Schreiben – ein kräftiger Anstoß, und es kommt wieder in Fahrt.

- *Die Angst, etwas Falsches zu schreiben oder zu sagen*
  In der Schule hatte die Unterscheidung in richtig – falsch eine große Bedeutung. Schulischer Lernstoff ist meist relativ einfaches Faktenwissen, bei dem es eindeutige Wahrheitskriterien gibt. An der Universität gibt es viele Diskussionen, in denen es keine richtigen Antworten gibt, vor allem dann, wenn es um Meinungen und nicht um Fakten geht. Für viele hat sich aber die schulische Unsicherheit erhalten, ein Text könne ohne weiteres als falsch identifiziert werden. Oft verschärft sich die Angst an der Universität sogar. Von der Universität und ihren Angehörigen geht etwas Einschüchterndes aus, eine Suggestion von ungeheuerem Wissen und tiefer Erkenntnis, von der sich die Novizen beeindrucken lassen. Sie sind anfänglich dem Uni-Bluff hilflos ausgeliefert, der von den Arrivierten perfekt beherrscht wird, wie Wagner (1992) anschaulich beschrieben hat. Neugier auf die Studieninhalte und Freude am Erkennen werden bald hinter dem »klugen Gesicht« versteckt, das die Unwissenheit überdecken und Informiertheit vortäuschen soll.
- *Die Angst, sich nicht klar ausdrücken zu können*
  Das Geschriebene steht unwiderruflich auf dem Papier (deshalb ist der PC, bei dem man alles wieder ändern kann, eine wirkliche Hilfe). Schreiben ist immer ein Näherungsprozess an das, was man eigentlich sagen möchte. Zu Beginn Ihrer Schreibkarriere sind Sie etwas weiter davon entfernt. Nur sehr erfahrene SchreiberInnen lernen es, ihre Gedanken exakt in Sprache umzusetzen. Für alle anderen bleibt es ein mühsamer Suchprozess, dessen Produkt nie ganz befriedigend ist. Sie stehen also nicht allein da mit Ihrer Angst, sich nicht klar ausdrücken zu können. Es ist gewissermaßen die Grundangst des Schreibens, die immer auftritt, wenn man ein neues Blatt Papier in die Hand nimmt oder ein neues Thema angeht: Werde ich es diesmal schaffen? Dabei hilft nur Mut!
- *Was werden die anderen denken?*
  Die Meinung anderer kann sehr verletzend sein. Wir haben alle die Erfahrung gemacht, wie sehr das Urteil anderer Personen uns treffen kann. Deshalb sind wir vorsichtig damit,

ein Produkt ihrem Urteil auszusetzen. Einfacher ist es, Urteile von Personen anzunehmen, die uns vertraut und gewogen sind. Rückmeldung über Texte holt man sich deshalb am besten in einem Tutorium (das nicht zu groß ist), in einem kleineren Seminar oder einer Schreibgruppe. Vorsichtig sollten Sie in größeren Seminaren sein, die heterogen zusammengesetzt sind (wo also Studierende niedrigerer und höherer Semester gleichzeitig sind). Solche Seminare entwickeln mitunter eine destruktive Streitkultur, die nicht unterstützt, sondern abwertet. Dort müssen Sie sich vor dem Urteil der anderen schützen.

- *Wird sich an meinen Texten zeigen, dass ich nicht intelligent bin?*

Die Angst, sich bloßzustellen, beruht oft auf der Vorstellung, durch die eigenen Texte erweise man sich möglicherweise als unintelligent. Manchmal ist damit auch nur ein diffuses Schamgefühl verbunden, ähnlich dem, das mit jeder peinlichen Selbstöffnung verbunden ist. Diese Scham kann sehr effektiv die Kommunikation über eigene Texte blockieren. Es ist für die Anfangsphase Ihres Studiums besonders wichtig, sie zu überwinden. Denken Sie daran, dass Sie nicht an der Uni sind, weil Sie intelligent sind, sondern weil Sie dort Ihre Intelligenz ausbilden wollen. Erlauben Sie sich, unintelligent zu sein. Schreiben Sie einmal einige ganz schlechte Texte, um zu sehen, welche Art von Rückmeldung Sie darauf bekommen. Gehen sie schlau mit Ihrer Dummheit um, das ist der beste Weg, intelligent zu werden.

Wenn Sie diese Ängste kontrollieren, haben Sie einen wichtigen Schritt in Richtung einer produktiven Einstellung zum Schreiben getan. Sie sind in der Lage *draufloszuschreiben*. Das allein ist schon die halbe Miete. Solange Sie schreiben, können Sie Ihr Schreiben verbessern. Problematisch wird es dann, wenn Sie aufhören zu schreiben. Dann stagniert zwangsläufig Ihre Entwicklung.

Wenn Sie noch am Anfang des Studiums sind, sollten Sie sich Zeit für das Lernen nehmen und Zeit mit dem Lernen lassen. Die Qualität der eigenen Schriftproduktion steigert sich langsam, aber stetig – wenn Sie offen für Neues sind. Es gibt viele kleine Lernschritte, die Sie machen können in Bezug auf wissenschaftlichen Stil, auf die Fähigkeit, sich exakt auszudrücken, auf die formalen Aspekte z.B. des Zitierens, auf die Fähigkeit, sich auf die vorhandene Wissenschaft zu beziehen, zu analysieren oder zu verallgemeinern. Das alles ist ein langer Übungsprozess, und Sie haben im Studium in der Regel fünf Jahre Zeit, um Fortschritte darin zu machen. Es ist wichtig, diese Zeit auch wirklich ins Kalkül zu ziehen und nicht ungeduldig zu werden.

Gehen Sie gelassen an das Schreibenlernen heran! Zu Beginn des Studiums können Sie getrost an dem anknüpfen, was Sie in der Schule gelernt haben. Es wird nichts Ungewöhnliches im Studium verlangt. Mit dem Alltagsverstand sind alle Anforderungen zu lösen. Auch und gerade die, die vom zweiten Bildungsweg kommen und glauben, große Defizite gegenüber den »grundständig« Studierenden zu haben, sollten sich vergegenwärtigen, dass wissenschaftliches Schreiben nichts anders ist, als das zu schreiben, was man denkt und erlebt. Es gibt keinen prinzipiellen Unterschied zwischen wissenschaftlichem und nicht wissenschaftlichem Schreiben, genauso wenig, wie es einen zwischen normalem und »wissenschaftlichem« Sprechen gibt. »Wissenschaftlich« heißt letztlich nur, dass die Anforderungen an Ausdruck, Strukturiertheit und Gestaltung usw. etwas höher sind als in der Alltagssprache und einige wissenschaftliche Konventionen eingehalten werden müssen. Sie lassen sich lernen.

 Schreibanregungen

▶ Schreiben Sie sechs unangenehme Gefühle auf, die Sie im Zusammenhang mit dem Schreiben kennen. Bringen Sie diese sechs Gefühlswörter oder -beschreibungen in eine Rangreihe, sodass das Unangenehmste obenan, das am wenigsten Unangenehme am Ende steht. Überlegen Sie dann, welche Lebenserfahrungen mit diesen Gefühlen korrespondieren. Wo haben Sie etwas erlebt, das diese Gefühle hervorgerufen hat? Gehen Sie in Gedanken zurück in den Kindergarten, in die Grundschulzeit, die Schule, das Abitur, an den Beginn des Studiums usw. Versuchen Sie, zu jedem Gefühl eine Situation zu finden.

- Rekapitulieren Sie Ihre Erlebnisse im Deutschunterricht, die positiven wie die negativen. Schreiben Sie die ersten zehn Stichwörter zum Thema Deutschunterricht auf, die Ihnen einfallen. Schreiben Sie einen Text von sechs bis acht Sätzen dazu.

- Versuchen Sie, sich an eine Situation in der Zeit der Grundschule oder davor zu erinnern, in der Ihnen Erkennen Freude bereitet hat. Meditieren Sie etwas über diese Erinnerung, bis Ihnen mehr Details einfallen. Beschreiben Sie die Bedingungen, die Inhalte und Ihre Gefühle in dieser Situation. Was ist mit dieser Freude am Erkennen geschehen? Wie drückt sie sich heute aus? Schildern Sie ihr Schicksal.

Verfestigte Schreibprobleme

Die meisten beginnen erst dann, sich für wissenschaftliches Schreiben zu interessieren, wenn sie ernsthafte Probleme damit haben. Dann haben sich bereits eine Reihe von Fehlhaltungen verfestigt; die Ansprüche an das eigene Können sind – entsprechend der Semesterzahl – gewachsen, und die Angst davor, sich mit seinen Produkten zu blamieren, ist gestiegen. Die Schreibfähigkeiten sind von Brüchen durchzogen: Einige Bereiche sind recht gut entwickelt, andere unentwickelt. Die Problembereiche sind fest mit negativem Selbstwertgefühl, Versagensgefühlen und Scham gekoppelt. »Keiner darf sehen, dass ich eigentlich nicht mal weiß, wie man eine Gliederung macht, ... wie man richtig zitiert, ... wie man wissenschaftlich formuliert usw.«, lauten etwa die Ängste.

Es ist wichtig, sich zu vergegenwärtigen, dass diese Probleme in erster Linie dadurch zustande kommen, dass man sich so schwer tut, darüber zu sprechen, weil man eine vermeintliche Unfähigkeit verbergen möchte. Denn scheinbar können es die anderen ja. »Nur ich selbst bin so blöde und habe es immer noch nicht begriffen.«

Schreibprobleme sind – besonders in den Geistes- und Sozialwissenschaften – oft begleitet von dem Gefühl, keinen Überblick über das Fachgebiet und kein festes Wissen zu haben, zu schwimmen, nichts von wissenschaftlichen Arbeitsprinzipien gelernt zu haben usw. Typischerweise treten diese Gefühle zu Beginn des Hauptstudiums auf, und sie sind ein wesentlicher Grund dafür, dass in dieser Phase viele Studierende den Bezug zum Studium oder die Lust an ihm verlieren, zeitlich in Verzug geraten, ihre sozialen Kontakte an der Uni verlieren und schließlich ihr Studium ganz aufgeben.

Solche Ereignisketten werden meist als individuelles Versagen erlebt. Man kann sie aber ebenso als individuellen Ausdruck eines allgemeinen Missstandes verstehen. Fähigkeiten, die nicht systematisch gelehrt werden, werden entsprechend unsystematisch gelernt. Zur ungenügenden Vermittlung des Wissens kommt die fehlende Kohärenz: Jede einzelne Wissenschaft ist in verschiedenste Teilgebiete, Richtungen, Schulen und Ideologien gespalten, die wiederum unterschiedliche Begriffe verwenden, eigene Diskurse führen und besondere Werte vertreten. Was an den Universitäten davon präsentiert wird, ist Zufall. In vielen Fächern hat das Lehrangebot die Beliebigkeit eines Warenhauses, in dem jedes Item glänzender und preiswerter vorgeführt wird als das andere – aber es gibt keine Zusammenhänge mehr. In dieser Situation kommen Sie tatsächlich unter den Zwang, dass Sie selbst den Zusammenhang in Ihrem Wissen herstellen müssen. Die Zeit der großen, Zusammenhang stiftenden Ideologien ist ohnehin vorbei, und selbst mittelgroße Ideologien werden aufgrund ihrer kurzen Lebenszeit heute skeptisch beäugt.

Wenn Sie also das Gefühl haben, keinen Überblick über Ihr Studienfach zu finden, kein festes theoretisches und methodisches Wissen zu besitzen, dann ist das wahrscheinlich nicht nur ihr persönliches Problem, sondern auch das Ihrer Wissenschaft.

Deshalb ist es heute nötig, Wissen eher um »funktionale Kerne« zu gruppieren als um fachinterne Systematiken. Damit ist gemeint, dass Sie lernen müssen, wie man sich Wissen aneignet, wie man ihm Sinn abgewinnt, es anwendet, darstellt und vermittelt. Es gehr also nicht darum, flächendeckendes Wissen zu gewinnen, sondern darum, die Fähigkeit zu entwikkeln, selbst Beziehung zu einem Themengebiet aufzunehmen, sich in ihm zu orientieren, es in eigene Denk- und Wertemuster einzubeziehen und es in einem Projekt anzuwenden. Daraus ergeben sich wichtige Orientierungen für das Hauptstudium: Es sollte exemplarisch Themen behandeln, es sollte projekt- und ergebniszentriert sein, es sollte persönlich interessante Themengebiete vertiefen und Anwendungsbezug haben.

Für diese Art des Studierens ist das Schreiben nicht nur unerlässlich, sondern sogar die Methode der Wahl. Schreiben zwingt Sie, Sinn zu entwickeln, einen eigenen Bezug zum Thema zu finden, es gibt Ihnen Strukturierungs- und Darstellungshilfen und eröffnet Ihnen Kommunikationsmöglichkeiten. Sie werden in Kapitel 7 Techniken kennen lernen, die Ihnen beim Explorieren und Strukturieren neuer Themenbereiche helfen.

Verfestigte Schreibprobleme hängen also oft eng mit einer allgemeinen Frustriertheit an der Wissenschaft und dem Gefühl zusammen, nicht tiefer in sie eindringen zu können. Wenn Sie in einer solchen Phase sind, dann sollten Sie einen Schnitt machen und sich zunächst mit dem Studieren, Lernen und Schreiben selbst beschäftigen, ehe Sie sich wieder dem normalen Studium zuwenden. Sie sollten, wie in einem der nächsten Punkte beschrieben, ein »Schreibsemester« einlegen und dabei besonders darauf achten, dass Sie sich wissenschaftliche Projekte vornehmen, die Sie interessieren, die Sie für sich erkunden und explorieren und über die Sie schreiben können.

 Schreibanregungen

▶ Schreiben Sie eine Geschichte zu dem Thema »Meine erste Hausarbeit an der Universität«. Schreiben Sie, wie üblich, einige Stichwörter dazu, dann zügig einen Text.
▶ Machen Sie eine Liste von den Arten zu schreiben, die Sie

gut beherrschen. Notieren Sie nicht nur wissenschaftliche Arten zu schreiben, sondern auch andere. Überlegen Sie, wie Sie die Arten, die Sie gut beherrschen, im Studium einsetzen könnten.
- Notieren Sie die Dinge, die Sie an der Universität am meisten beeinträchtigen. Sondieren Sie Ihre Gefühle nach dem, was Ihnen am unangenehmsten ist. Wenn Sie es gefunden haben, versuchen Sie bitte, dieses unangenehme Gefühl noch zu verstärken, bis es Sie ganz ausfüllt. Dann können Sie versuchen zu beschreiben: wie es sich anfühlt, wann es auftritt, mit welchen Gedanken es verbunden ist, was es bei Ihnen bewirkt. Geben Sie diesem Gefühl dann einen prägnanten Namen, damit Sie in Zukunft wissen, wie es heißt.
- Versuchen Sie, das Bild zu beschreiben, das Ihnen Ihr Studium bisher über Ihr Fach vermittelt hat. Versuchen Sie dabei, von Ihren eigenen Reflexionen zu abstrahieren und sich auf das zu beschränken, was Ihnen angeboten wurde. Achten sie auf Widersprüche in den Lehrmeinungen.
- Stellen Sie eine Liste von Dogmen und Glaubenssätzen zusammen, die in Ihrem Studienfach vertreten werden. Machen Sie einen kleinen Katechismus daraus.

Neue Schreiberfahrungen suchen

Für viele Menschen ist das Schreiben eine Qual. Manche haben keine Probleme mit persönlichen Texten und beginnen erst zu leiden, wenn es um wissenschaftliches Schreiben geht. Bei ihnen hat sich eine typische Spaltung zwischen persönlicher und wissenschaftlicher Sprache ergeben. Sie haben entweder nie begonnen, in ihrer Schriftsprache heimisch zu werden, oder sie haben eine fremde Sprache adaptiert, die vermeintlich wissenschaftlich ist.

Wenn wissenschaftliches Schreiben erst einmal mit Stress, Anstrengung, Angst und Frust verknüpft ist, brauchen Sie neue Schreiberfahrungen, um Mut für einen Neuanfang zu fassen. Es muss Ihr Ziel sein, Wissenschaftliches in Ihrer persönlichen

Sprache ausdrücken zu lernen und diese persönliche Sprache langsam den linguistischen Konventionen der Wissenschaftssprache anzupassen. Dazu bietet sich eine Technik an, die Gabriele L. Rico (1984) *Clustering* nennt. Wir verwenden sie in Schreibkursen u.a. dazu, um zu zeigen, dass man auch ohne Anstrengung schreiben kann – auch über wissenschaftliche Themen.

Clustering oder Clustern ist eine Technik, die hilft, Einfälle und Assoziationen zu einem Begriff oder Thema zu ordnen und so zu strukturieren, dass sie einen Ausgangspunkt für das Schreiben bilden. Man geht von einem zentralen Begriff aus, kreist ihn ein und beginnt dann, aus den Einfällen, die man dazu hat, ein Cluster (»Klumpen«) zu bilden, indem man alle Assoziationen »anlagert«, ebenfalls eingekreist und mit einem Strich oder Pfeil mit der nächsten Vorstellung verbindet. In die Kreise kann man Wörter, Sätze, Gedanken, Gefühle setzen, also alles, was einem dazu einfällt. Es gibt keine Beschränkung.

Rico (1984, S. 35) gibt folgende Instruktion: »Sie beginnen immer mit einem Kern, den Sie auf eine leere Seite schreiben und mit einem Kreis umgeben. Dann lassen Sie sich einfach treiben. Versuchen Sie nicht, sich zu konzentrieren. Folgen Sie dem Strom der Gedankenverbindungen, die in Ihnen auftauchen. Schreiben Sie Ihre Einfälle rasch auf, jeden in einen eigenen Kreis, und lassen Sie die Kreise vom Mittelpunkt aus ungehindert in alle Richtungen ausstrahlen, wie es sich gerade ergibt. Verbinden Sie jedes neue Wort oder jede neue Wendung durch einen Strich oder Pfeil mit dem vorigen Kreis. Wenn Ihnen etwas Neues oder Andersartiges einfällt, verbinden Sie es direkt mit dem Kern und gehen von dort nach außen, bis diese aufeinander folgenden Assoziationen erschöpft sind. Dann beginnen Sie mit der nächsten Ideenkette wieder beim Kern.«

Zum Charakterisieren des Clusterns sagt sie weiter: »Es gibt keine richtige und keine falsche Art, ein Cluster zu bilden. Es ist alles erlaubt. Das Cluster ist die Kurzschrift Ihres bildlichen Denkens, und das weiß, wohin es steuert, auch wenn es Ihnen selbst noch nicht klar ist. Haben Sie Zutrauen zu ihm. Es verfügt über eine eigene Weisheit und entwickelt Ziele, die

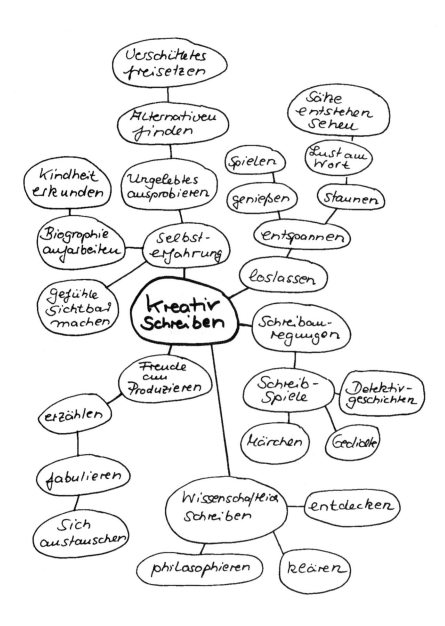

Sie jetzt noch nicht richtig beurteilen können. Dieses Wissen hat jedoch beileibe nichts mit Logik zu tun: Sollten Sie versuchen, Ihre gerade festgehaltenen Einfälle logisch zu überprüfen, dann wird diese instinktive Sicherheit zerstört. Fangen Sie also einfach an zu schreiben. Die Worte werden sich schon einstellen. Der Schreibvorgang übernimmt die Führung und ›schreibt sich selbst‹.«

Wesentlich für das Clustern ist, dass es ohne Anstrengung erfolgen soll. Beobachten Sie, wie der Assoziationsfluss langsam, mit einem eigenen Rhythmus einsetzt, wie er gelegentlich ins Stocken kommt, dann aber von neuem beginnt. Unterdrücken Sie den Impuls, ihn steuern zu wollen. Beobachten Sie in Ruhe, wie die Ideen kommen und gehen. Nehmen Sie eine meditative Haltung dabei ein. Lassen Sie sich nicht beirren, wenn eine skeptische Stimme in Ihnen sagt, dass das keinen Sinn ergibt. Das ist Ihr gewohntes rationales Denken, das Einspruch erhebt, wenn etwas nicht ganz logisch vor sich geht. Sie sollen lernen, der assoziativen, spontanen Struktur Ihres Denkens zu folgen.

Wenn sich Ihre Assoziationen erschöpfen, achten Sie auf Ideen für einen Text. Meist ergibt sich spontan die Lust, zu einem bestimmten Thema zu schreiben. Nehmen Sie dazu die Inhalte Ihres Clusters; fühlen Sie sich aber nicht daran gebunden, alle Ideen zu übernehmen. Wenn Ihr Text sich dem Ende nähert, können Sie versuchen, mit dem letzten Satz zum Ausgangssatz zurückzukehren. Sie erhalten dann eine »Miniatur«, eine abgeschlossene Texteinheit.

Je öfter man clustert, desto größer wird das Vertrauen in die eigenen spontanen Fähigkeiten zur Produktion von Ideen. Sie müssen nicht »quetschen«, wie beim Deutschaufsatz, damit die Ideen kommen, sondern Sie bitten Ihre Ideen zu Tisch und warten, wann und in welcher Reihenfolge sie zu erscheinen geruhen. Wenn Ihr Problem darin liegt, dass Sie zu viele Ideen haben, dann ist das Clustern eine Hilfe dazu, die Ideen erst aufzufangen, bevor Sie sie in einem Text verarbeiten.

Das Clustern ist eine wichtige Hilfe, um neue Schreiberfahrungen zu machen. Es kann helfen, die Kluft zwischen Ihrem natürlichen sprachlichen Ausdrucksbedürfnis und der wissenschaftlichen Sprache zu überbrücken oder zumindest zu verringern. Nutzen Sie das Clustern, um Ihren Gedanken Ausdruck zu verleihen. Verschleißen Sie es aber nicht zu schnell in Routineaufgaben! Nehmen Sie vor allem keine zu abstrakten wissenschaftlichen Begriffe als Ausgangspunkt! Achten Sie darauf, dass Sie über anschauliche Begriffe schreiben und über wissenschaftliche Themen, mit denen Sie wirklich in Kontakt sind.

 Schreibanregungen

Beginnen Sie zu clustern mit einem der folgenden Wörter: Ängstlich, erwärmen, Holz, Kehricht, Hilfe, mein Lehrer, anhänglich, Studium, verzeihen, biegsam, berühren, abnutzen, fallen lassen, verkehrte Welt, segeln, Tagesschau, erste Liebe, heim ins Reich usw. Beobachten Sie, wie reichhaltig die assoziative Struktur Ihrer Einfälle zu diesen Worten ist. Wenn Sie einen Text fertig haben, lesen Sie ihn noch einmal durch, überarbeiten ihn und schließen ihn dann ab. Verwenden Sie für das Clustern bei kleinen Texten etwa drei bis fünf Minuten, für den Text selbst nicht mehr als sechs bis zehn Minuten. Wenn Sie Übung in dieser Technik haben, können Sie dazu übergehen, über Begriffe aus ihrem Wissenschaftsgebiet zu schreiben. Fallen Sie dabei aber nicht in die Wissenschaftssprache zurück, sondern drücken Sie alles in Ihrer eigenen Sprache aus (in die Sie natürlich wissenschaftliche Begriffe – sofern Sie sich diese wirklich zu Eigen gemacht haben – aufnehmen können).

Wissenschaftliches Journal führen

Als unerlässliches Requisit für wissenschaftliches Schreiben hat sich das wissenschaftliche Journal erwiesen. Dabei handelt es sich äußerlich um ein festeres Heft oder ein gebundenes Buch, in das man alles hineinschreibt, was man für wichtig hält, was man neu lernt, worüber man nachdenkt oder diskutiert. Es wird auch *wissenschaftliches Logbuch* genannt, weil es der kontinuierlichen Positionsbestimmung der wissenschaftlichen Entwicklung dienen kann.

Im Studium kann das Journal Grundlage für die Entwicklung eines wissenschaftlichen Selbstverständnisses sein. Es erleichtert selbstständiges wissenschaftliches Denken und Schreiben. Auch im Zentrum des Journals sollte das eigene Erleben stehen. Man kann es als wissenschaftliches Tagebuch auffassen, dem man alle neuen Erkenntnisse, Erfahrungen und Meinungen anvertraut. Es ist wiederum eminent wichtig, dabei auf dem Sprachniveau zu bleiben, das dem derzeitigen Alltagsdenken entspricht, sonst wird das Schreiben zu anstrengend. Wie man sich – wenn man ein Journal konsequent führt – bald überzeugen kann, steigt das Sprachniveau kontinuierlich an, auch wenn die Fortschritte nur etwa in Vierteljahresschritten fühlbar sind.

In das Journal könnte aufgenommen werden (nach Murray 1990, S. 11):

- Fragen, für die Sie eine Antwort suchen
- Textfragmente, die nach Ausdruck suchen
- Beispiele
- Titel für mögliche Texte
- Notizen über mögliche Themen und Inhalte
- Notizen aus Vorlesungen, Vorträgen, Gesprächen
- Gliederungen
- Ideen für Geschichten, Artikel, Gedichte, Bücher, Papiere
- Diagramme, die Zusammenhänge zwischen Objekten oder Ideen zeigen
- Beobachtungen
- Skizzen
- Zitate
- Zeitungsausschnitte
- Titel von Büchern, die man lesen könnte oder sollte
- Aufgaben, die zu erledigen sind
- Zeitpläne
- Briefe, die zu schreiben sind
- Listen aller Art

Es gibt nicht die eine richtige Art, ein wissenschaftliches Logbuch zu führen. Es kann, wie die Liste zeigt, auch als eine Art Erweiterung des Gedächtnisses fungieren.

Das Journal soll Ihnen helfen, sich selbst zum Zentrum ihrer wissenschaftlichen Anschauungen zu machen – nicht, weil sich alles um Sie drehen sollte, sondern weil Sie Sicherheit nicht in einem Wissen finden können, das Ihnen äußerlich ist. Sicher werden Sie sich nur dann fühlen, wenn Sie sich trauen, sich das Wissen zu Eigen zu machen, es zu prüfen, zu kritisieren, einzelne Elemente miteinander zu verknüpfen und anzuwenden.

In allen Phasen der wissenschaftlichen Ausbildung ist ein solches Journal von Bedeutung. In der *Eingangsphase des Studiums* kann es helfen, die Flut der Informationen, die beim Einstieg in die akademische Welt anfällt, zu bewältigen. Es kann dabei nützlich sein, Ihre Interessen und Präferenzen zu erkennen, indem es Bereiche aufzeigt, über die Sie gerne schreiben. Alles, was neu und unbekannt ist (Fremdwörter, unbekannte Theorien, Namen, Zusammenhänge), sollte sofort in das Journal aufgenommen werden, damit Sie (wenn Gelegenheit dazu ist) nachfragen oder nachschlagen können.

In der *Übergangsphase vom Grund- zum Hauptstudium* kann das wissenschaftliche Journal dabei helfen, die wissenschaftliche Reflexion zu vertiefen. Im Hauptstudium wird in der Regel mehr Eigeninteresse, selbstständigere Suche nach Themen und Bearbeitung von Fragestellungen usw. verlangt. Das erfordert nicht nur eine ansatzweise sicherere Beherrschung von wissenschaftlichen Techniken, sondern auch einen sichereren Bezug zu eigenen Interessen und Meinungen. Besonders ausgeprägt sind in dieser Phase Zweifel an den eigenen Fähigkeiten, am Sinn der Wissenschaft und an der Lernbarkeit der Wissenschaft. Diese Zweifel können sehr desorientierend sein und führen nicht selten dazu, das Studium zu unterbrechen oder zeitweise zu vernachlässigen. Das Journal kann in dieser Phase ein wichtiger Partner für die Auseinandersetzung mit der eigenen Verdrossenheit sein.

Zur *Vorbereitung der wissenschaftlichen Abschlussarbeit* ist ein wissenschaftliches Journal unentbehrlich. In dieser Zeit sollten Sie besonders auf Themen achten, die für die Abschlussarbeit in Frage kommen. Sie können versuchen, kleine Essays über mögliche Themen zu schreiben oder probeweise Fragestellungen zu entwickeln. Sammeln Sie Themen, Gedanken, Ideen, Hypothesen, Meinungen, Fakten, Zitate usw.

Während der Abschlussarbeit hat das wissenschaftliche Journal die Funktion, alle Überlegungen zur Arbeit aufzufangen. Gerade dann, wenn man die Schreibmaschine oder den Computer nicht vor sich hat, hat man die besten Einfälle. Die müssen unbedingt notiert werden. Das Journal sollte man in dieser Zeit immer bei sich haben. Nur so kann man wissenschaftlich produktiv werden.

Nach dem Studium werden Sie festellen, dass das wissenschaftliche Journal eine feste Gewohnheit geworden ist, ohne die Sie gar nicht mehr arbeiten können. Wenn Sie Ihre verschiedenen Schreibjournale aufheben, werden Sie eine Dokumentation Ihrer eigenen intellektuellen Entwicklung besitzen.

Wichtig kann Regelmäßigkeit sein. Vor allem dann, wenn Ihnen das Schreiben schwer fällt. Suchen Sie sich dann eine feste Zeit zum Schreiben. Besser ist natürlich, Sie schreiben immer dann, wenn Ihnen etwas einfällt, dann entfällt die mitunter etwas mühsame Entscheidung, wann Sie schreiben wollen.

Schreibgruppen organisieren

Schreiben lernt man in der Gruppe leichter als allein. Letzten Endes können Sie nur sehr langsam Fortschritte machen, wenn sie keine Rückmeldung erhalten. Eine Gruppe ist anregend, kann helfen, Ihre motivationalen Tiefs zu überbrücken, gibt Ihnen Rückmeldung und macht mehr Spaß als die Arbeit allein.

Gruppen sollten sich regelmäßig, etwa einmal wöchentlich, treffen. In der Zwischenzeit können die Teilnehmer an ihren aktuellen Schreibprojekten oder ihrem wissenschaftlichen Journal arbeiten. Sie können vieles zusammen schreiben. Arten gemeinsamer Schreibprojekte können sein:

- *Gemeinsame Textaneignung:* Sie können eine Schreibgruppe dazu verwenden, sich ein Wissensgebiet anzueignen, indem Sie gemeinsam Texte lesen und verarbeiten. Schreiben Sie Zusammenfassungen, Kommentare und Bewertungen zu den gelesenen Texten, vergleichen Sie unterschiedliche Texte, setzen Sie Gelesenes mit Ihrer Meinung und Ihrem Vorwissen in Beziehung, zeichnen Sie Diagramme, *Mind Maps* und Übersichten; schreiben Sie kontroverse Statements, wenn Sie unterschiedliche Ansichten vertreten. Schreiben Sie in der Art von Tagebucheintragungen, Zeitungsartikeln, Briefen, wissenschaftlichen Aufsätzen, Leserbriefen, Flugblättern, Streitschriften, Bundestagsreden. Wechseln Sie das Genre Ihres Schreibstils.
- *Gemeinsame Schreib- oder Forschungsprojekte:* Aktuelle Ereignisse bieten sich oft als Gegenstand eines kleinen Forschungsprojekts an (Anregungen dazu finden Sie in Kapitel 7). Ähnlich, wie man Ereignisse fotografisch dokumentieren kann, kann man das auch mit Texten tun und das Ergebnis in einer Mappe, Wandzeitung oder einem Ordner zusammenfassen. Tragen Sie schriftlich alle Informationen über Ihren Gegenstand zusammen, dokumentieren Sie so viel wie möglich aus Zeitungen, Interviews, Berichten, Erinnerungen, Begegnungen. Schreiben Sie dann verbindende Texte, mit denen Sie die Textcollagen integrieren. Versuchen Sie, in solchen Projekten die üblichen wissenschaftlichen »Riemen«, also lange, komplizierte Texte, zu vermeiden. Schreiben Sie lieber knappe, pointierte Texte, eher wie Schnappschüsse anstelle von langen, systematischen Traktaten.
- *Prüfungsvorbereitung:* Auch wenn die Gruppenteilnehmer unterschiedliche Prüfungsthemen haben, kann es sinnvoll sein, sich gemeinsam auf Prüfungen vorzubereiten, sich gegenseitig Texte vorzustellen und Rückmeldung zu geben. Schreiben ist die beste Kontrolle, ob gelerntes Wissen auch wieder abrufbar ist. Alles, was Sie einmal geschrieben haben, haben Sie auch in der Prüfung parat. Das Schreiben zwingt Sie zudem, Ihre einzelnen Wissenseinheiten miteinander zu verknüpfen, sodass sie integriert werden.

- *Positionen suchen:* Es gibt Phasen in der wissenschaftlichen Entwicklung, in denen die Suche nach Sinn besonders große Bedeutung besitzt. Etwa dann, wenn man von Wissenschaft und Studium frustriert ist und nicht mehr erkennt, welchen Beitrag sie zur Lösung der Probleme der Welt leisten. In einer solchen Phase ist philosophierende Reflexion angebracht. Auch das kann man schriftlich machen. Etwa in der Art einer Korrespondenz: Man schreibt sich gegenseitig Briefe, in denen man jeweils auf den vorherigen eingeht und so ein Thema weiterentwickelt. Versuchen Sie, Schreiben mit Rollenspiel zu verbinden: Schreiben Sie grün gegen gelb, rot gegen schwarz, Ost gegen West, Nord gegen Süd, Ausland gegen Inland, Mann gegen Frau, Kind gegen Erwachsene usw. Nehmen Sie dabei auch Positionen ein, die Ihnen gegen den Strich gehen.
- *Texte korrigieren:* Wichtig sind Schreibgruppen auch dann, wenn man Hausarbeiten oder Examensarbeiten schreibt. Dann können die Teilnehmer einander als Kommunikationspartner dienen, die sich daran hindern, in ihrem jeweiligen Thema zu versinken und die Distanz zu ihm zu verlieren. Wichtig sind Rückmeldung und Korrektur der Texte.
- *Schreiben als Selbsterfahrung:* Arbeiten Sie Ihre Biografie in einer Schreibgruppe auf. Das muss nicht therapeutisch sein, denn dazu brauchen Sie eine neutrale Person, die Sie in Ihren Schreibpartnern nicht haben (oder womit Sie sie überfordern). Sie können aber, unterhalb der therapeutischen Schwelle, die Erfahrungen Ihrer Kindheit schreibend rekonstruieren. Beginnen Sie z.B. mit einem Brief, den Sie als Erwachsene(r) an sich selbst als Kind schreiben. Lassen Sie dann das Kind antworten. Schreiben Sie über die Menschen Ihrer Kindheit, die Wohnungen, die Umgebung, die Dinge Ihrer Umwelt, Ihre ersten Freunde, den ersten Schultag, das Fernsehprogramm für Kinder, das Schreibenlernen, Ihre Spielsachen, den Schulweg, das erste Bier, heimliches Zigarettenrauchen. Sie können Ihre Texte, einer Anregung von Rico (1984, S. 50 ff.) folgend, dadurch beleben, dass Sie zunächst *über* die Kindheit schreiben (beginnend z.B. mit der Formulierung »Ich habe erlebt, dass ...« oder »Ich erinnere

mich, dass ...«) und dann den gleichen Text noch einmal *als Kind* schreiben. Lassen Sie sich davon überraschen, wie viel lebendiger Texte sind, die aus der Perspektive der Kindheit selbst geschrieben sind.

- *Texte umschreiben:* Thema für eine Schreibgruppe kann auch das Umschreiben von Texten sein. Dabei kann es sowohl darum gehen, komplexe wissenschaftliche Texte in Ihre eigene Sprache zu übersetzen, als auch darum, selbst geschriebene Texte in andere Textmuster zu übersetzen. Versuchen Sie, schwierige Fachtexte in Ihr eigenes Deutsch zu transformieren, so als würden Sie sie in eine andere Sprache übersetzen. Sie werden überrascht sein, wie kurz manche Texte dann sind. Sie können noch einen Schritt weiter gehen und wissenschaftliche Texte so schreiben, dass ein zehnjähriges Kind sie verstehen kann. Sie werden wiederum überrascht sein, was Sie Kindern alles verständlich machen können. Schreiben Sie ernste Texte in satirische um, trockene in emotionale, weitschweifige in knappe, deskriptive in argumentative, schüchterne in polemische usw.

Für Gruppenarbeit gibt es eine Reihe von Regeln, die eingehalten werden müssen, damit die Gruppe produktiv bleibt. Ein produktives Arbeitsklima aufrechtzuerhalten, erfordert einige Anstrengung. Die nachfolgenden Regeln dienen dazu:

- *»Blitzlicht« zu Beginn der Gruppe:* Um einen Gruppenprozess in Gang zu setzen, ist es nötig, dass alle in der Gruppe emotional »ankommen«. Dazu dient ein »Blitzlicht«, das darin besteht, dass jedes Gruppenmitglied eine kurze Aussage über sein Befinden macht, ausgehend etwa von folgenden Fragen: »Wie geht es mir im Moment?«, »Was bringe ich an Gefühlen mit in die Gruppe?« und gegebenenfalls: »Wie kann ich störende Gefühle und Gedanken loswerden?« Es mag zeitaufwändig erscheinen, wenn jedes Gruppenmitglied zu Beginn einer Sitzung alle diese Fragen beantwortet. Zeitaufwand allerdings ist der Preis jeder Gruppenarbeit. Letzten Endes hilft dieses Vorgehen, Zeit zu sparen, denn der Gruppenprozess bleibt transparenter und Konflikte können reduziert werden. Das Blitzlicht hilft, die emotio-

nale Bereitschaft für die nachfolgenden Aktivitäten zu sichern.
- *Wechselnde Leiter:* Ab vier Personen sollte eine Gruppe eine Leiterin oder einen Leiter haben; am besten lässt man diese Funktion rotieren, wenn die Gruppe sich nicht auf Dauer für eine Leitungsperson entscheidet. Aufgaben der Leitung:
  1. Auf die Zeit achten. Das ist bei Schreibkursen besonders wichtig, da man im Prinzip jede Aufgabe unendlich lange ausdehnen kann.
  2. Alle zu Wort kommen lassen. Es ist wichtig, darauf zu achten, dass die Gruppe nicht von Einzelnen dominiert wird, während andere nicht zum Zuge kommen. Alle sollten die gleiche Zeit zur Verfügung haben.
  3. Konflikte ansprechen und Raum zu ihrer Bearbeitung schaffen.
  4. Die jeweiligen Übungen auswählen, vorbereiten und leiten.
- *Regeln zum Vorlesen:* Ein kritischer Punkt ist immer das Vorlesen von Texten. Die Leitung kann vorschlagen, dass alle vorlesen oder dass vorliest, wer Lust hat. Man kann eine Runde machen, in der alle Texte ohne Kommentar vorgelesen werden. Möglich ist auch, dass nicht die AutorInnen ihre Texte vorlesen, sondern jeweils eine andere Person. Das ist gut, um Distanz zu dem eigenen Text zu bekommen. Man kann die Texte auch an die Wand heften, wie in einer Ausstellung, um sich dann gemeinsam (oder einzeln) die Werke durchzulesen und darüber zu diskutieren.
- *Rückmeldung geben:* Besonders zu Beginn der Arbeit einer Gruppe sollte streng reglementiert sein, wie die Texte ausgewertet werden. In den ersten Sitzungen sollte lediglich rückgemeldet werden, wie man den Text empfunden hat. Dabei sollten die Texte nicht bewertet werden. Sowie man beginnt, mit »gut« und »schlecht« oder »richtig« und »falsch« zu operieren, erdrückt man die Ausdrucksbereitschaft. Dann ist eine Kultur der Rückmeldung aufzubauen, die sich daran orientiert, wie Texte überarbeitet werden, d.h. man versucht, gemeinsam Texte zu optimieren. Ver-

wenden Sie für Rückmeldung grundsätzlich eine subjektive Sprache: »Ich empfinde, dass«, »Ich habe das Gefühl, dass« usw., anstatt Urteile abzugeben. Man kann mit verschiedenen Kriterien an Texte herangehen:
1. Ausdruckskraft des Textes: Was bewirkt der Text bei mir (als Leserin oder Leser)?
2. Verständlichkeit des Textes: Kann ich mir ein Bild davon machen, was die Autorin oder der Autor meinte?
3. Textoptimierung: Was lässt sich an dem Text verändern, damit er optimal wird?
4. Struktur des Textes: Wie ist er aufgebaut, welche Mittel der Darstellung setzt er ein?

- *Positives Gruppenklima:* Wesentlich für Schreibgruppen ist ein Klima, in dem man sich gegenseitig Rückmeldung geben kann, ohne sich kritisiert zu fühlen. Grundsätzlich haben negative Wertungen von Texten zu unterbleiben. Traut sich niemand vorzulesen, sollte man die Aufmerksamkeit auf das Gruppenklima richten und sich fragen, was die Ursache dafür sein mag.
- *Umgang mit Rivalität:* Schreiben kann mit großen Wünschen und Phantasien behaftet sein. Es ist in der Regel schwer, das Schreiben aus dem Kontext von Dichtung und Ruhm herauszuhalten. Und wie überall geht es auch beim Schreiben schlicht darum, wer besser ist. Ein Quäntchen Konkurrenz tut jeder Gruppe gut. Darin liegt ein Motiv, weiterzukommen. Allerdings nur dann, wenn dieses Motiv nicht so weit in den Vordergrund tritt, dass es destruktiv wird. Zu große Rivalität blockiert die Bereitschaft, etwas auszuprobieren. Günstig ist eine homogene Gruppe, in der die Fähigkeiten der Teilnehmer etwa gleich sind.
- *Störungen müssen vorrangig behandelt werden:* Man kann nicht produzieren, wenn man sich über die Gruppe oder ein einzelnes Mitglied ärgert. Auch wenn man irritiert ist oder sich verletzt fühlt, muss man zunächst darüber sprechen, ehe man fortfahren kann. In Gruppen ohne ausgebildete Leiterin oder Leiter kann man Konflikte, die aus individuellen Problemen stammen, nicht lösen. Man kann jedoch versuchen, die auslösenden Momente in der Gruppe zu eruieren

und anzusprechen. Alle Gruppenmitglieder sollten sich selbst dafür verantwortlich fühlen, Irritationen mit dem Gruppenverlauf sofort anzusprechen, auch wenn ein anderer Prozess dadurch unterbrochen wird.

Einen neuen Anfang machen

Wenn Sie große Defizite im wissenschaftlichen Schreiben haben und einen neuen Anfang damit machen wollen, dann könnte ein bewusster Neubeginn für Sie richtig sein. Nehmen Sie sich dazu ein Semester oder die langen Semesterferien, auf jeden Fall einen definierten Zeitraum von mehreren Monaten vor, und widmen Sie ihn ganz dem Schreibenlernen. Sie brauchen nicht unbedingt viel Willenskraft dafür, müssen aber am Anfang mit etwas Durchhaltevermögen ans Werk gehen, sodass Sie etwa zwei Wochen täglich schreiben. Wenn Sie diesen Zeitraum erst einmal bewältigt haben, garantiere ich Ihnen Freude und auch Erfolge bei Ihren Bemühungen.

Fangen Sie auf keinen Fall an, ohne vorher geprüft zu haben, ob im Moment in Ihrem Leben Platz dafür ist. Machen Sie das Schreiben nur dann zum Hauptgegenstand Ihres Interesses, wenn Sie offen dafür sind. Halbherzigkeiten scheitern meistens, und das Resultat wäre ein Misserfolg mehr. Warten Sie dann lieber, bis die Zeit dafür reif ist. Sie wird es irgendwann sein.

Um Misserfolg zu vermeiden, empfehle ich Ihnen folgendes Vorgehen. Fangen Sie mit Schreibübungen zum Clustern an (vgl. S. 35). Verwenden Sie an drei aufeinanderfolgenden Tagen jeweils etwa eine Stunde dafür. In dieser Zeit können Sie jeweils zu etwa zwei Begriffen einen Text schreiben. Entscheiden Sie danach noch einmal, ob Sie wirklich ein Semester dem Schreiben widmen wollen. Suchen Sie sich dann aus dem Buch Aufgaben heraus, die Ihnen interessant vorkommen.

Haben Sie Ihre Motivation überprüft, dann markieren Sie einen definierten Raum in Ihrem Zeitbudget, den Sie ausschließlich dem Schreiben widmen wollen. Zwei bis drei Stunden pro Tag sind für den Anfang genug. Das kann eine Zeit vor oder nach dem Frühstück sein. Das wäre sogar ideal, weil Sie dann besonders frisch sind. Es kann auch eine Zeit am Abend sein. Wichtig ist nur, dass Sie in dieser Zeit ungestört sind und sich voll konzentrieren können.

Halten Sie in dieser Zeit die alte Dichter-Regel ein: *nulla dies sine linea* – kein Tag ohne Zeile, und sei sie auch nur kurz. Gewöhnen Sie sich an tägliches Schreiben!

Widerstehen Sie der Versuchung, Ihre aufgeschobenen Semesterarbeiten abzuarbeiten, während Sie einen neuen Anfang mit dem Schreiben machen. Sie aktivieren sonst immer wieder Ihre alten, negativen Gewohnheiten und erdrücken dabei das neue Pflänzchen, das erst angehen muss. Sie können nicht Schreiben lernen, wenn Sie pausenlos den alten Druck spüren. Geben Sie sich also vier bis sechs Monate Zeit, um einen neuen Bezug zum Schreiben zu finden. Dann könnte es an der Zeit sein, die liegen gebliebenen Semesterarbeiten mit neuem Elan anzugehen.

Ein Neuanfang kann mehrere Bestandteile haben. Kern sollten regelmäßige Schreibübungen sein. Diese Übungen lassen sich etwa auf einen Zeitraum von drei Monaten verteilen.

Schreiben Sie am Anfang nicht mehr, als Ihnen gut tut. Steigern Sie Ihr Pensum langsam. Geistiges Arbeiten ist am Anfang genauso anstrengend wie jede ungeübte Tätigkeit. Sie müssen regelrecht trainieren, um zu höherer Leistung zu kommen. Denken Sie an einen Trainingsplan, wie Sie ihn für einen Marathonlauf aufstellen würden. Auch dabei könnten Sie anfangs nicht mehr als 20 bis 30 Minuten laufen. Übertreiben Sie es mit dem Training, überfordern Sie Ihre Sehnen, Bänder und Muskeln. Ebenso geht es beim Schreiben: Sie können Ihr Lerntempo nicht beliebig forcieren. Seien Sie also sensibel für Ihr Tempo, beobachten Sie Ihre Gewohnheiten und Ihre Entwicklung und legen Sie etwas Zeit zu, wenn Ihnen danach ist.

Denken Sie daran, dass eine gute Balance aus persönlichen und wissenschaftlichen Texten ideal ist. Schreiben Sie alle wissenschaftlichen Texte in einer Berichtsform, in der Sie selbst (als lesende, denkende, erlebende, komponierende Person) eingeschlossen sind.

Schreibanregungen

- Ein erster Bestandteil Ihres Neubeginns könnte sein, einen neuen Bezug zu Ihrem Studienfach zu finden und Ihr Verhältnis zur Wissenschaft zu klären. Schreiben Sie also zu Themen wie: Was interessiert mich an meiner Wissenschaft? Was will ich von ihr? Was habe ich von ihr erwartet? Was hat sie eingelöst? Worin bin ich enttäuscht worden? War meine Wahl gut für mich? Was habe ich gelernt? Was war verblüffend? Wo habe ich die größten Lücken? Wie fühle ich mich als VertreterIn dieser Wissenschaft? Welche/r VertreterIn der Wissenschaft hat mich am meisten beeindruckt? Worüber würde ich gerne forschen?
- Ein zweiter Bestandteil könnte sein, dass Sie, anknüpfend an Ihren Interessen, beginnen, über ausgewählte Themen nachzulesen und zu recherchieren. Suchen Sie sich interessante Lektüre zu einem Thema und verarbeiten Sie sie. Das heißt: Texte nicht einfach passiv lesen, sondern aneignen, indem Sie sich schreibend mit ihnen auseinander setzen. Gehen Sie aber über die Arbeit mit Texten hinaus und wagen Sie sich direkt an Ihren Gegenstand heran. Beobachten und beschreiben Sie ihn, befragen Sie Experten über ihn, suchen Sie Zeugnisse, Spuren, Plätze und Anekdoten (wie in Kapitel 6 beschrieben).
- Ein dritter Bestandteil könnte sein, mehr über das Schreiben und Arbeiten zu lesen. Das Buch, das gerade vor Ihnen liegt, ist ein guter Anfang dazu. Es gibt Ihnen eine Basis zum Verständnis des Schreibprozesses. Richten Sie Ihre Aufmerksamkeit also eine Weile weniger auf die Studieninhalte selbst als vielmehr auf das Erkennen, Lernen und Studieren, auf das also, was Wissenschaft ausmacht. Leseempfehlungen: T. Buzan: Kopftraining (1984), G. Rückriem, J. Stary & N. Franck: Einführung in das wissenschaftliche Arbeiten (1992), L. v. Werder: Kreatives Schreiben in den Wissenschaften (1992), G. L. Rico: Garantiert schreiben lernen (1984), W. Wagner: Uni-Angst und Uni-Bluff (2. Aufl. 1992), P. Feyerabend: Erkenntnis für freie Menschen (1980), L. Fleck: Entstehung und Entwicklung einer wissen-

schaftlichen Tatsache (1980), T. S. Kuhn: Die Entstehung des Neuen (1978). Suchen Sie in Ihrer Fachbibliothek nach Biografien und Autobiografien von WissenschaftlerInnen Ihres Faches und studieren Sie deren Arbeits- und Denkgewohnheiten.

▶ Sammeln Sie wissenschaftliche Ideen – das könnte ein vierter Bestandteil sein. Nehmen Sie Ihr Journal als eine Art Album für Ideen. Sammeln Sie gute und schlechte, aufdringliche und abweisende, komplexe und einfache, abgenutzte und frische, exotische und hausbackene Ideen. Nehmen Sie den Begriff »Idee« dabei als Sammelberiff für alle ideellen, gedanklichen Gebilde, also alle Vorstellungen, die in Ihrer Wissenschaft existieren. Gute Sammlungen von Ideen finden Sie beispielweise in der Reihe »Lust an der Erkenntnis« vom Piper Verlag, in der vor allem Schlüsselstellen aus unterschiedlichen Wissenschaften zusammengestellt sind. Wenn Ihre Sammlung angewachsen ist, können Sie damit beginnen, Ideen in Beziehung zueinander zu setzen, sie zu sortieren und zu gruppieren und durch Ihre eigenen Ideen zu ergänzen.

3.
Grundlagen der Schreibforschung

Das dritte Kapitel soll Ihnen helfen zu verstehen, was Sie tun, wenn Sie schreiben. Sie finden einige Ergebnisse aus der Text-, Schreib- und Kompositionsforschung zusammengefasst, damit Sie sich ein Bild vom Schreibprozess machen können. Neben den kognitiven Leistungen, die beim Schreiben zu erfüllen sind, werden auch die vielfältigen emotionalen Bezüge dargestellt, in denen das Schreiben steht.

Ein kognitives Modell des Schreibens

Das Schreiben eines wissenschaftlichen Textes erfordert Fähigkeiten von einer schwer vorstellbaren Komplexität. Logische, semantische, grammatikalische, motorische und kommunikative Fähigkeiten müssen zusammentreffen, um einen Schreibfluss zu erzeugen, der zu einem konsistenten Text führt. Diese Komplexität ist die Ursache dafür, dass Schreibende sich potenziell immer in einer Überforderungssituation befinden. Sie haben mehr Aufgaben gleichzeitig zu erledigen, als ihr Verstand zu leisten in der Lage ist. Deshalb ist es wichtig, diese einzelnen Aufgaben zu kennen und sie zeitlich zu entzerren, d.h. bestimmte Arbeiten als Schreibvorbereitung vorweg zu erledigen und andere, etwa das Verbessern des Textes, als einen gesonderten Arbeitsgang nachzuschalten.

Die kognitive Struktur des Schreibprozesses ist von Flower & Hayes (1980, Flower et al. 1986) am eingehendsten untersucht worden. Diese Autoren haben erstmals mit Protokollanalysen von Schreibprozessen gearbeitet. Dabei stellten sie ihren Versuchspersonen eine Schreibaufgabe und ließen sie dabei laut denken. Sie werteten die Denkprotokolle danach aus, welche steuernden kognitiven Aktivitäten während des Schreibens auftreten, und klassifizierten die einzelnen Denkakte nach ihrer Bedeutung für die Textkomposition. Ihr Modell ist bis heute Ausgangspunkt der kognitiven Schreibforschung. Drei wesentliche Prozessparameter bilden das eigentliche Arbeitsmodell:

- *Planen bzw. vorbereiten:* Dazu gehören die Suche nach Material im Gedächtnis, die Organisation des gefundenen Materials und das Setzen von Zielen.
- *Übersetzen:* Dazu gehört das Transformieren des strukturierten Materials in Sätze.
- *Bearbeiten:* Dazu gehören das Lesen der geschriebenen Sätze, ihre Bewertung und korrigierende Veränderung.

Diese drei Prozesse werden ergänzt von einem Überwachungsvorgang, der sich auf allgemeine Kompositionsregeln stützt. Die drei Prozesse werden nochmals in Subprozesse untergliedert:

- **Generieren** bezeichnet das Abrufen von aufgabenrelevantem Material aus dem Langzeitgedächtnis; dabei werden jedoch nicht zusammenhängende Sätze produziert, sondern Ketten von Assoziationen. Man sucht das Gedächtnis nach brauchbarem Ausgangsmaterial für den Schreibprozess ab. Die Einheiten im Generierprozess sind Wörter oder Satzfragmente. Sie können allerdings auch Bilder oder Gefühle sein, die erst in Wörter umgesetzt werden müssen.
- *Organisieren:* Dieser Prozess wählt die nützlichsten Informationen aus und integriert sie in einen Schreibplan. Eine Person sagt bzw. denkt z.B.: »Also, erst schreib ich A, dann B, während C einen guten Schlussgedanken abgibt.« Der Organisierprozess bringt also Reihenfolgen, Klassifikationen oder Systematiken hervor, die das Material aus dem Generiervorgang ordnen.

- *Ziele setzen:* Während des Generierprozesses treten Überlegungen über die Qualität des Textes auf, wenn Schreibende über Adressaten oder Gesamtstruktur nachdenken, also im Sinne von »ich mache das besser einfach« oder »das muss jetzt genau sein«.
- *Übersetzen:* Das Material aus dem Gedächtnis muss unter der Führung des Schreibplans in einen sprachlich akzeptablen Text übersetzt werden. Man kann diesen Vorgang auch »Versprachlichen« nennen.
- *Evaluieren:* Wenn Textteile fertig gestellt sind, werden sie gelesen und bewertet. Dieser Prozess wird von den Intentionen (Zielen, Anforderungen, Erwartungen, Kriterien) geleitet. Unterscheiden kann man dabei zwischen dem einfachen »Entdecken« von Problemen und dem »Diagnostizieren« von Problemquellen. Ersteres heißt nicht mehr, als dass man unzufrieden mit einem Textteil ist, während das Diagnostizieren ein Verständnis einschließt, woher diese Unzufriedenheit kommt.
- *Revidieren:* Dieser Vorgang schließt sehr heterogene Regeln und Strategien zur Textüberarbeitung ein. Im einfachsten Fall ein »detect and rewrite«, also das Entdecken eines Problems mit anschließendem Zurückgehen zum Planen und Neuschreiben, bei erfahreneren Schreibern aber ein Diagnostizieren von Problemen und ein Überarbeiten unter Einschluss von Zielmodifikationen, von »Fix-it«-Regeln und heuristischen Strategien. Die Punkte Evaluieren und Revidieren wurden dem Modell von Flower et al. (1986) beigefügt.
- *Steuern (Monitoring):* Schließlich beschreiben Flower & Hayes (1980) einen Steuerungs- oder Überwachungsvorgang, in dem der Gesamtprozess selbst strukturiert wird. Dieses »Monitoring« ist abhängig von dem Bild oder dem Wissen, das der oder die Schreibende über den Vorgang des Komponierens besitzt. Es wird von entsprechenden Regeln, Plänen und Strategien geleitet. Je differenzierter die vorhandenen Kenntnisse über Kompositionsregeln und -strategien sind, desto einfacher ist der Gesamtprozess zu steuern.

Diese Teilprozesse gelten für alle, also auch für elementare Schreibprozesse. Was für das Schreiben charakteristisch ist, ist die Tatsache, dass das, was hier als Reihenfolge beschrieben wurde, in der Realität gleichzeitig geschieht. Wenn wir betrachten, wie ein Text komponiert wird, finden wir, dass Planen, Informationssuche, Strukturieren von Material, Gestaltung von Sprache und Überarbeiten während des ganzen Kompositionsprozesses miteinander interagieren (Flower & Hayes 1980, S. 32). Die Lösung der Gesamtaufgabe hängt dabei von der Lösung jeder einzelnen Teilaufgabe ab. Wird eine Aufgabe nicht gelöst, ist die Gesamtlösung in Frage gestellt.

Das aber ist noch nicht genug der Komplexität. Flower & Hayes (1980) vergleichen das Schreiben mit dem Jonglieren mit mehreren Bällen, nicht allein deshalb, weil mehrere Arbeitsschritte ineinander verschränkt zu leisten sind, sondern weil noch weitere Bezugspunkte zu berücksichtigen sind: Schreiben bezieht sich erstens auf den *Gegenstand*, über den geschrieben wird, zweitens auf die *sprachlichen Gewohnheiten* des entsprechenden Textgenres und drittens auf die *Adressaten*, denen der Text gilt:

- *Integriertes Wissen:* Schreiben verlangt eine flexible Basis von Wissen, von der aus Ideen produziert und in den Schreibprozess eingespeist werden können. Dieses Wissen muss integriert sein, um die Herstellung flexibler Verbindungen und die Verwendung nuancierter Bedeutungsmöglichkeiten zu erlauben. Wichtig ist dabei, dass die Verknüpfung der Ideen auf der Ebene des Wissens eine andere ist als auf der Ebene des Textes. Deshalb sprechen Flower & Hayes von »Übersetzung«. In der Wissenschaft hat das Wissen als Basis des Schreibens eine besondere Bedeutung, wird deshalb gegenüber den beiden anderen Aspekten oft überbewertet.
- *Linguistische Konventionen:* Jedes Textmuster, jeder Diskurs und jeder kommunikative Zusammenhang folgt eigenen linguistischen Konventionen, die Besonderheiten in Terminologie, Satzbau und rhetorischen Figuren bedeuten können. Man denke z.B. an die Unterschiede zwischen der Frankfurter und der Kölner Schule der Soziologie oder zwischen Psychoanalyse und empirischer Psychologie. Diese Konventionen sind – anders als die der Genfer Konvention –

nirgendwo explizit festgelegt. Sie werden eher wie Moden gelernt, übernommen und wieder abgelegt. Einige linguistische Konventionen bleiben allerdings auch Bestandteil einer allgemeinen Wissenschaftssprache, wie beipielsweise Anforderungen an Genauigkeit und Expliziertheit der Begriffe. Viele Probleme beim Schreiben im akademischen Zusammenhang entstehen aus Unsicherheiten über diese linguistischen Konventionen.

- *Rhetorische Anforderungen:* Texte sind an ein Publikum adressiert, sei es auch nur ein gedachtes. Sicher Schreiben erfordert, die kommunikativen Zusammenhänge zu kennen, innerhalb deren ein Text wirksam wird. Zu den rhetorischen Problemen gehören auch die Zielsetzungen, die mit der Textherstellung verbunden sind, denn ihre Ziele erreichen Texte nur dadurch, dass sie gelesen werden. Diese Ziele sind – gerade bei wissenschaftlichen Texten – sehr vielschichtig: Sie beziehen sich in der Regel auf argumentative, sozialpsychologische und Qualifizierungszusammenhänge. Es ist schwer, Ziele auf allen drei Ebenen gleichzeitig zu realisieren.

Diese Anforderungen gelten, wie gesagt, für viele Arten von Texten. Die wissenschaftliche Textkomposition besitzt zusätzliche Erfordernisse, die sich im Wesentlichen aus ihrer differenzierten Wissensbasis und aus der langen zeitlichen Dauer wissenschaftlicher Schreibprojekte (etwa von Doktorarbeiten) ergeben. Die Komposition wissenschaftlicher Texte erfordert also genauere Planung, systematisches Recherchieren nach Material, explizites Strukturieren des Materials, neben den bereits erwähnten Vorgängen des Übersetzens und Überarbeitens im Modell von Flower & Hayes.

Anforderungen an Texte

Das Produkt unserer Schreibbemühungen sind in der Regel Texte. Texte sind mehr oder weniger hoch organisierte Stücke geschriebener oder gesprochener Sprache. Allerdings ist nicht alles, was geschrieben oder gesprochen wird, »Text«. Ein Kind, das Buchstaben übt, schreibt keinen Text. Zum Text gehört eine Struktur- oder Sinndimension. In der Textlinguistik gibt es verschiedene Definitionsversuche von Text (vgl. Vater 1992, S. 16 ff.). Man kann Texte über die Kohärenz der Textbestandteile, über die kommunikative Bedeutung oder die grammatikalische Struktur zu definieren versuchen. Keine dieser Definitionen ist ganz befriedigend.

Von gesprochenen Texten wird in Abhebung von den schriftlichen Texten auch als *Diskursproduktion* gesprochen. Mündlich vorgetragene Texte können zwar inhaltlich identisch mit einem geschriebenen Text sein, existieren jedoch in einem anderen Medium, nämlich in Schallwellen, die von einer Person produziert und von einer anderen wahrgenommen werden. Diese Schallwellen sind flüchtige Produkte, während geschriebene Texte dauerhafte Produkte sind.

Schriftliche Texte unterscheiden sich von gesprochenen weiterhin darin, dass sie 1. unter anderen Bedingungen produziert werden, dass sie 2. andere Funktionen erfüllen und 3. an anderen Kriterien gemessen werden als die gesprochene Sprache. Während gesprochene Texte überwiegend spontan produziert werden, sind die geschriebenen Texte, zumal solche wissenschaftlicher Natur, Resultat aufwändiger Produktionsvorgänge mit mehreren Überarbeitungs- und Korrekturphasen. Dadurch erhalten sie Strukturmerkmale, die dem gesprochenen Wort fehlen. Nicht wenige Sprachwissenschaftler verwischen jedoch den Unterschied und behandeln alle Texte gleich.

Die Textproduktion ist in den letzten Jahren als interdisziplinäres wissenschaftliches Feld entstanden und wird von mehreren Fächern wie der Linguistik, Rhetorik, Kognitions-, Sprach-, Sozialpsychologie oder Schreibforschung bearbeitet. Antos & Krings (1989) geben darüber einen Überblick.

Texte herzustellen erfordert unterschiedliche Fähigkeiten, entsprechend den Textmustern, die man produziert. Deshalb ist ein Blick auf die Charakteristika unterschiedlicher Texte lohnenswert. Jede Textart stellt eigene Anforderungen. Sie müssen erfüllt sein, soll der entsprechende Text seine Funktion erfüllen bzw. positiv von den Rezipienten beurteilt werden. Die wichtigsten Anforderungen an Texte sind in Tabelle 1 zusammengefasst. Im Einzelnen sind folgende Anforderungen berücksichtigt.

Tabelle 1: Anforderungen an Texte

Textart	Genauigkeit	Kommunikative Funktion	Strukturiertheit	Emotionale Authentizität
Traum	hoch	gering	gering	hoch
Tagebuch	hoch	gering	gering	hoch
persönlicher Brief	mittel	hoch	mittel	hoch
Gedicht	gering	mittel	hoch	hoch
Kurzgeschichte	gering	mittel	hoch	hoch
Geschäftsbrief	hoch	hoch	gering	gering
Protokoll	hoch	hoch	mittel	gering
Hausarbeit	hoch	mittel	mittel	gering
Examensarbeit	hoch	mittel	hoch	gering

Genauigkeit

Mit Genauigkeit ist hier die Präzision gemeint, mit der ein Text das ausdrückt, was der Schreiber oder die Schreiberin meint. Formulieren ist immer auch ein Vorgang des Übersetzens. Es müssen die visuellen, begrifflichen, logischen, emotionalen oder szenischen Formen der psychischen Repräsentation in sprachliche Strukturen transformiert werden. Das muss näher erläutert werden: Es ist anzunehmen, dass SchreiberInnen zunächst eine innere (oder äußere) Vorlage in einem anderen Medium haben, z.B. als Bild, als abstrakten Gedanken, als Phantasie oder als Erinnerung an eine Handlungssequenz. Um zum Text zu kommen, müssen sie diese inneren Bilder in Sprache transformieren. Es gibt Texte, die eine hohe Genauigkeit von der Transformationsleistung dieser Übersetzung fordern. Einen Traum aufzuschreiben beispielsweise erfordert oft erhebliche Mühe, bis man das, was man »gesehen« oder gespürt hat, in Worte gefasst hat. Ein Traumprotokoll ist – wie im Übrigen alle Protokolle – nur dann sinnvoll, wenn es hinreichend genau das erfasst, was im Traum passiert ist. Anders ist es bei einem Gedicht oder einer Kurzgeschichte. Für sie ist es letztlich unerheblich, ob das, was geschrieben ist, mit irgendeiner Vorlage übereinstimmt. Möglicherweise ist es für die Autorin oder den Autor wichtig, daß Text und Vorstellung zusammenpassen. Für die Funktion, die der Text erfüllen soll, ist es das nicht. Gedichte können auch weitgehend unabhängig von Intentionen oder Visionen ihrer Autorinnen oder Autoren Wirkung erzielen; für sie ist eher die Struktur der Sprache von Bedeutung und das, was sie bei den LeserInnen hervorruft.

Besondere Bedeutung gewinnt die Genauigkeit, mit der Gemeintes in Sprache umgesetzt wird, bei Schriftstücken, die materielle Bedeutung haben, wie bei einem Testament, einem Geschäftsbrief oder einer Urkunde. Sie sollen definierte Zwecke der AutorInnen erfüllen und werden daran gemessen, wieweit sie deren Interessen ausdrücken und nützen.

Kommunikative Funktion

Die kommunikative Funktion von Texten ergibt sich aus der sozialen Wirkung, die sie erfüllen sollen, sowie aus der Beziehung zwischen der Person, die den Text schreibt, und der, die ihn liest. Die Produzentinnen und Produzenten eines Textes kodieren ihre Gedanken, Absichten oder Erfahrungen in einem Text. Die Leserinnen und Leser müssen den Text wieder dekodieren, also rückübersetzen in das Gemeinte. Die kommunikative Funktion eines Textes ist abhängig davon, wieweit diese Übersetzungsprozesse gelingen, wie eindeutig also das, was der Produzent gemeint hat, beim Adressaten ankommt.

Gering ist die kommunikative Bedeutung bei Tagebüchern oder Traumprotokollen. Sie dienen meist nur den SchreiberInnen selbst. Anders ist es bei persönlichen Briefen. Sie haben in der Regel keinen Protokollcharakter und dienen auch nicht sprachlicher Selbstdarstellung, sondern erfüllen einen Zweck in einer Beziehung. Was sie offenbaren oder verschweigen, in welcher Form sie abgefasst sind und welche Aussagen sie treffen, ist immer eine Erklärung über die Beziehung zu der Empfängerin oder dem Empfänger.

Hohe kommunikative Bedeutung haben auch Geschäftsbriefe, allerdings weniger deshalb, weil dadurch Beziehungen hergestellt oder definiert werden, als vielmehr deshalb, weil der Zweck des Geschäftsbriefes darin liegt, den Geschäftspartner zu einer bestimmten Handlung zu veranlassen. Die kommunikative Funktion des Geschäftsbriefes ist damit eher instrumenteller Natur. Die neuen Formen der Geschäftskommunikation haben sich auch radikal von allem Sprachschwulst getrennt und reden nur noch Klartext. Auch die kommunikative Bedeutung von Gedichten kann groß sein. Allerdings werden hier oft Gefühle in Worte transformiert, die beim Adressaten wiederum Gefühle hervorrufen sollen (ohne zwischendurch in »Sinn« übersetzt worden zu sein).

Strukturiertheit

Die Strukturiertheit eines Textes bezieht sich auf dessen innere Struktur. Texte bestehen aus Teilen, Kapiteln, Abschnitten, Absätzen, Sätzen, Wörtern und Buchstaben. Das sind die formalen Strukturmerkmale des Textes. Die inhaltlichen Strukturen bestehen aus den Sinneinheiten, die durch die Sprachfiguren hergestellt werden. Diese Sinneinheiten stellen die eigentliche Mitteilung oder den Inhalt des Textes dar. Inhalt kann beispielsweise eine Beschreibung, eine Aufforderung, eine Abhandlung, eine Erklärung oder eine Erzählung (Geschichte) sein.

Alle diese Textarten haben unterschiedliche Strukturen. Die Beschreibung beispielsweise schildert eine Gegebenheit, sodass die Empfängerinnen und Empfänger ihre wichtigsten Eigenschaften, Bestandteile usw. verstehen können. Die Erklärung kann in der Darstellung eines Funktionsprinzips bestehen. Sie muss dazu führen, dass kausale Abfolgen verständlich werden. Die Aufforderung operiert im Kern mit Befehlen, Ge- oder Verboten und versucht, die Leserin oder den Leser zu bestimmtem Verhalten zu veranlassen. Die Abhandlung verbindet abstrakte Gesichtspunkte oder Argumente über ein Thema zu einem wissenschaftlichen Traktat. Die Erzählung ist ihrer

Struktur nach die Versprachlichung menschlicher Handlungs- oder Lebensmuster und folgt der Logik von Geschichten.

Die Strukturiertheit eines Textes bezeichnet die Art der inneren Ordnung, die er besitzt. Dazu gehören seine Gliederung, sein Aufbau und seine Darstellungslogik, die Redundanz seiner Darstellung, die begriffliche Konsistenz usw.

Emotionale Authentizität

Unter emotionaler Authentizität fasst man den expressiven Aspekt eines Textes zusammen: wieweit der Text das emotionale Erleben der Produzentin oder des Produzenten widerspiegelt. Texte können völlig von emotionalen Elementen »gereinigt« sein. Sie können aber speziell dazu produziert sein, Emotionales auszudrücken oder sichtbar zu machen, wie Tagebücher, persönliche Briefe, Gedichte oder Reportagen.

Sprache kann auf viele verschiedene Weisen Gefühle ausdrücken. Sie kann sie direkt benennen oder beschreiben, sie kann Gefühle mit verschiedenen Mitteln auslösen, sie kann Gefühle »mitschwingen« lassen, sie kann emotionale Assoziationen der LeserInnen ansprechen usw. Emotionale Authentizität erreicht ein Text dann, wenn die Gefühle der Autorin oder des Autors so kodiert sind, dass sie in entsprechender Weise auf der Seite der Leser wieder dekodiert werden können. Dabei muss keine rationale Dekodierung zwischengeschaltet sein: Wir wissen oft nicht, warum oder in welcher Weise uns ein Text emotional anmutet, aber wir spüren seine Wirkung und wir spüren die Verbundenheit zur Autorin oder zum Autor.

Texte, denen diese Authentizität fehlt, empfinden wir als unemotional oder gekünstelt. Texte, denen der Versuch, Emotionales auszudrücken, misslingt, können als peinlich oder gewollt erlebt werden.

Wenn ich die Probleme unserer Rat Suchenden mit dem Schreiben betrachte, stelle ich fest, dass sie oft Anforderungen an die Wissenschaftssprache stellen, die unnötig sind. Völlig unnötig ist es beispielsweise, einen wissenschaftlichen Text besonders schön schreiben zu wollen, also stilistische Anforderungen an ihn wie an einen Roman zu stellen. Stattdessen sind Strukturiertheit und Klarheit Tugenden, die gerade durch eine einfache Sprache zu erreichen sind.

Schreiben und Emotionen

Schreiben ist nicht nur eine Sache des Verstandes. Schreiben ist vielfach mit starken Gefühlen verbunden (z.B. Brand 1989). Ohne emotionale Beteiligung lässt sich kein Text verfassen. Es wäre irrig anzunehmen, Gefühle seien allein Sache des poetischen Schreibens oder gehörten in Liebesbriefe. Wissenschaftliche Schriften erscheinen zwar an der Oberfläche als emotional gereinigte Texte, die den Anschein erwecken sollen, sie seien »sine ira et studio« verfasst (also »ohne Ärger und Eifer«, d.h. ohne Gefühlsbeteiligung), im Produktionsprozess aber ist das Schreiben allemal ein emotionaler Akt. Alle Wissenschaftlerinnen und Wissenschaftler entwickeln intensive emotionale Beziehungen zu den Ideen, Theorien, Methoden, ja manchmal auch zu einzelnen Begriffen, mit denen sie arbeiten. In der Druckfassung sind diese Emotionen gut versteckt. Welche Bezüge das sind, soll im Folgenden kurz dargestellt werden.

Gefühle, die sich auf die Erfahrung des Schreibens beziehen

Der Vorgang des Schreibens produziert selbst Gefühle. Stockendes Schreiben produziert Frustration und Unlustgefühle, flüssiges Schreiben, das Erleben eigener Kreativität, die Herstellung gelungener Passagen oder Formulierungen kann positive Gefühle bis zur Euphorie wecken. Positive Schreiberfahrungen hängen eng mit der Erfahrung von Produktivität zusammen oder zumindest mit der Erfahrung erfolgreicher Bewältigung einer Aufgabe.

Schreiben ist also ein unmittelbar selbstbestätigender Vorgang, der das Selbstwertgefühl direkt anspricht. Emotional positiv kann auch die Antizipation von Erfolg sein, speziell dann, wenn vorherige Erfahrungen erfolgreich waren. Leider gilt aber auch Umgekehrtes: Schreiben kann zur Qual werden, wenn mit jedem Satz eigenes Unvermögen dokumentiert wird. Das ist z.B. der Fall, wenn man sich ein zu kompliziertes Thema ausgesucht hat, für dessen Bewältigung die eigenen Fähigkeiten noch nicht ausreichen. Dann stolpert man Satz für Satz über dieses fehlende Vermögen und manövriert sein Selbstwertgefühl beständig in eine Talsohle hinein. Nicht anders ergeht es SchreiberInnen, die zu hohe Anforderungen an ihre stilistischen Fähigkeiten stellen. Auch sie müssen ständig erleben, dass sie das gewählte zu hohe Niveau nicht halten können und nur schleppend und mit stilistischen Brüchen weiterkommen. Optimal sind Selbstanforderungen, die um eine kleine Portion über dem tatsächlichen Leistungsvermögen liegen. Sie wirken motivierend, ohne zu blockieren.

Erfahrungen im wissenschaftlichen Schreiben hängen nicht unwesentlich davon ab, ob man genügend Informationen über das besitzt, was man schreiben will, und ob man es logisch genügend durchstrukturiert hat. Je genauer die Vorstellung davon ist, was man zu schreiben hat, desto flüssiger und entsprechend »belohnender« ist der Schreibprozess. Je diffuser diese Vorstellung ist, desto größer ist der Kampf mit den Formulierungen, desto mehr ist man darauf angewiesen, allein mit Worten zu denken.

 Schreibanregungen

▶ Versuchen Sie, sich an vier bis fünf verschiedene Schreiberfahrungen zu erinnern, und beschreiben Sie sie. Dabei sollte die ganze Spannweite von extrem negativen bis extrem positiven Erfahrungen enthalten sein. Meditieren Sie zunächst etwas über Schreiberfahrungen und notieren Sie die ersten Erinnerungen, die Ihnen ins Gedächtnis kommen (sie sind in der Regel die interessantesten). Schreiben Sie dann, ohne weiter nachzudenken, diese Erinnerungen nieder.

- Versuchen Sie zu rekapitulieren, wie Sie Schreiben gelernt haben. Schreiben Sie mit der linken Hand, um noch einmal die Ungeschicklichkeit zu erfahren, die Sie bei Ihren ersten Versuchen erlebt haben. Stellen Sie sich das Klassenzimmer, die Mitschüler, die Lehrerin bildlich vor, rufen Sie sich möglichst viele Details aus der ersten Schulklasse ins Gedächtnis und schreiben Sie darüber mit der linken Hand.
- Schreiben Sie einen Aufsatz mit dem Thema »Mein schönstes Ferienerlebnis«. Beschreiben Sie anschließend die Erinnerungen an die Schulzeit, die Sie dabei anwehen.

Gefühle, die mit der stilistischen Qualität des Textes verbunden sind

Oft verbinden sich mit dem Schreiben hohe ästhetische Ansprüche. Wir haben viele Romane und gute wissenschaftliche Bücher gelesen und haben Vorstellungen davon, was stilvolles Schreiben ist. Leider sind diese Vorstellungen meist so diffus, dass sie nicht zu klaren Zielsetzungen führen, sondern zu der unklaren Absicht, »gut« schreiben zu wollen. Das ist die effektivste Bremse, die es beim Schreiben gibt. Nichts blockiert das Schreiben so sehr wie dieses unklare Bedürfnis nach Qualität und Stil. Gleichzeitig liegt darin ein Widersinn, so als ob man den Gang zum Bäcker nur wie Nurejew tanzend bewältigen wollte. Wenn man sich selbst bei solchem Sprachballett ertappt, sollte man sich bemühen, in nächster Zeit besonders schlechte Texte zu schreiben und eine ruppige, gerade Sprache zu verwenden. Sie können damit erleben, dass Sie tatsächlich oder zumindest wesentlich schneller beim Bäcker ankommen.

Erfolge im Schreiben und die Wahrnehmung eigener Sprachbeherrschung sind aber auch eine Quelle großer Befriedigung, wie sie nicht selten Schriftstellerinnen und Schriftsteller erleben. Gelungene Textpassagen können Gefühle von euphorischer Qualität hervorrufen.

Euphorie und Verzweiflung liegen oft eng beieinander. Je höher die Selbstanforderungen an die eigene Sprache ausfallen, desto riskanter ist das Schreiben. Besonders in der Germanistik findet sich ein starker Trend zu einer überzogenen Sprachästhetik, die zudem künstlerisch mystifiziert wird, sodass sie gänzlich aus dem Kontext des Lernbaren herausfällt. Aus der Beratung erfahre ich immer wieder, dass gerade StudentInnen der Germanistik das Schreiben als besonders belastend erleben.

 Schreibanregungen

- ▶ Schreiben Sie einen Text zum Thema »Neue Schreiberfahrungen« oder über ein allgemeines Thema wie »Geschlechterbeziehungen«, »Aufgaben der Wissenschaft«, oder »Studieren heute«. Schreiben Sie den Text dreimal: Erstens als Tagebuchtext, zweitens als Feuilleton-Text für eine Zeitung, drittens als wissenschaftlichen Text. Nehmen Sie sich für jeden Text nicht mehr als zehn Minuten Zeit. Beobachten Sie dabei, (a) wie schwer/leicht Ihnen das Schreiben fällt und (b) wie sich Ihr Stil dabei verändert.
- ▶ Schreiben Sie zum Thema »Meine erste Liebe« (a) eine Kurzgeschichte für eine Literaturzeitschrift, (b) eine Selbstanalyse für ein Psychologie-Seminar, (c) ein Märchen und (d) ein Kapitel für einen Arztroman. Beachten Sie dabei, mit welcher Freude Sie schreiben.

Gefühle, die sich auf die Arbeitsbedingungen beim Schreiben beziehen

Schreiben ist eine konkrete Tätigkeit, die bestimmter Arbeitsmittel bedarf. Dazu gehören ein geeigneter Raum, Schreibtisch, Schreibpapier, Utensilien, ggf. ein Computer, aber auch eine Bibliothek, Bücher und andere wissenschaftliche Materialien. Die Gefühle dem Schreiben gegenüber variieren entsprechend der Qualität dieser Bedingungen. Schreiben kann nicht mit positiven Gefühlen besetzt sein, wenn man in einer ungeheizten Studentenbude auf einem winzigen frei geräumten Platz eines ansonsten überladenen Schreibtisches zu arbeiten versucht. Zum Schreiben muss man eine bestimmte Arbeitsatmosphäre herstellen, die einladend ist und dokumentiert, dass man sich selbst und die eigene Arbeit würdigen kann.

Schreiben ist Arbeit, und dementsprechend braucht man einen gut ausgerüsteten Arbeitsplatz dazu. Für eine Examensarbeit, an der man ein Jahr arbeitet, sitzt man schätzungsweise 1 500 Stunden am Schreibtisch. Denken Sie daran, welche Deformationen Ihre Wirbelsäule erhält, wenn Sie dabei auf einem Küchenstuhl ohne adäquate Rückenstütze sitzen. Entsprechendes gilt für die Beleuchtung und Ihre Augen.

Gut kann auch Abwechslung der Arbeitsbedingungen sein. Schreiben Sie im Bett, im Café, auf einer Wiese, im Schwimmbad, im Zug. Wichtige Kontextbedingungen des Schreibens sind auch personelle Arbeitszusammenhänge. Wer leitet die Arbeit an? Gibt es eine Arbeitsgruppe, in der man diskutieren kann, mit der man motivationale Probleme besprechen kann? Hat man einen Partner oder eine Partnerin, die die Arbeit ernst nimmt und unterstützt?

   Schreibanregungen

- ▶ Versuchen Sie, an aufeinanderfolgenden Tagen an unterschiedlichen Orten zu schreiben: im Bett, am Küchentisch, in der Bibliothek, im Café, auf einer Parkbank, im Schwimmbad. Probieren Sie aus, wie anregend diese Orte jeweils für das Schreiben sind.
- ▶ Machen Sie ein Rollenspiel mit sich selbst: Nehmen Sie sich selbst so wichtig wie die Direktorin oder den Direktor eines bedeutenden Instituts. Ordnen Sie Ihrer Direktorin oder Ihrem Direktor die Materialien auf dem Schreibtisch, räumen Sie ihr oder ihm den Schreibtisch auf, stellen Sie ihr oder ihm Blumen hin, achten Sie darauf, dass schönes Papier, ein guter Füllfederhalter, passendes Licht, eine Tasse Tee usw. bei Arbeitsbeginn vorhanden sind. Wenn Sie alles eingerichtet haben, tauschen Sie die Rolle und spielen Sie dann die Di-

rektorin oder den Direktor. Erfreuen Sie sich Ihrer Wichtigkeit an einem schon präparierten Schreibtisch. Beobachten Sie, wie sich Ihr Arbeitsverhalten und Ihr Befinden dabei verändern.

Gefühle, die sich auf die biographische Bedeutung des Textes beziehen

Examensarbeiten und Dissertationen können eine große Bedeutung in der Bildungskarriere eines Menschen einnehmen. Dementsprechend sind sie auch mit Gefühlen besetzt, besonders mit Gefühlen des Stolzes, aber auch mit der Angst zu versagen, es nicht zu schaffen, zu scheitern, sich zu blamieren usw. Gefühle dieser Art können sich tief in die Schreibarbeit einmischen und die Kreativität durch unnötigen Druck belasten. Die effektivsten Schreibblockaden ergeben sich dann, wenn mit dem Thema ein zentrales (manchmal auch akutes) Lebensproblem angesprochen ist, wenn also inhaltliche Verknüpfungen zwischen dem Thema und der eigenen Biographie existieren.

Immer dann, wenn man mit einem Thema Schwierigkeiten hat, lohnt sich eine Überprüfung der persönlichen Bezüge zu dem Thema. An welchem Punkt berührt das Thema mein persönliches Leben? Welche Beziehungen hat es zu meinen Eltern oder zur Familie? Welche Bedeutung hat die Arbeit für meine akademische Karriere?

Was den Umgang mit dem emotionalen Hintergrund einer Handlung schwer macht, ist die Tatsache, dass starke Gefühle für das Bewusstsein oft nicht greifbar sind. Intensive Emotionen durchdringen das Bewusstsein oft so weitgehend, dass sie nur schwer wahrnehmbar sind, wie etwa eine schuldbeladene, ängstliche oder deprimierte Stimmung. Manchmal existieren solche Stimmungen schon seit der Kindheit, sind also seit Jahren oder Jahrzehnten daueraktiviert. Dann weiß die Person nicht, wie ihr Bewusstsein beziehungsweise die Welt ohne dieses Stimmung aussieht (siehe dazu Kruse 1985). Schreiben kann ein Weg sein, um diese Stimmungen zu ergründen.

Schreibanregungen

- Machen Sie ein Cluster zu Ihrer gegenwärtigen Stimmung. Versuchen Sie, alle Gefühle, die die Gegenwart (also nicht nur den Augenblick, sondern die letzte Zeit) kennzeichnen, aufzuschreiben. Nehmen Sie dann Buntstifte und malen Sie die Kreise des Clusters mit Farben aus, die zu der jeweils genannten Stimmung passen. Sie erhalten ein »Stimmungsbild«, das für ihre gegenwärtige Situation charakteristisch ist. Was dominiert die Stimmung? Welche Bedeutung hat das für Ihre Arbeit? Was könnten Sie ändern? Suchen Sie sich das Gefühl aus, das Ihnen am problematischsten erscheint, mit dem Sie am wenigsten vertraut sind oder das Sie am ehesten neugierig macht, und schreiben Sie dazu einen Text.
- Biografische Probleme mit einer Arbeit drücken sich in der Regel in gemischten Gefühlen aus. Lokalisieren und benennen Sie zwei gegensätzliche Gefühle, die mit Ihrer Arbeit oder Ihrem Schreibprojekt verbunden sind. Stellen Sie sich die beiden Gefühle als Personen (oder als Tiere) vor und lassen Sie sie einen Dialog miteinander führen über Sinn und Unsinn der Arbeit, über Sie als Schreibende(n) oder über das Für und Wider der Arbeit. Lassen Sie dabei Ihrer Hand beim Schreiben freien Lauf und versuchen Sie, Ihren Verstand auf die Rolle des Zuschauers einzuschränken.

Gefühle, die sich auf die Adressaten des Textes beziehen

Texte werden an ein Publikum adressiert, etwa an die BetreuerIn der Arbeit, an die SeminarteilnehmerInnen, an die »scientific community« oder an konkrete BriefleserInnen wie Vorgesetzte, Behörden, Geschäftspartner usw. Die Gefühle, die man diesen Personen entgegenbringt, gehen in der Regel auch in den Schreibvorgang ein. Hält man z.B. den Betreuer einer Arbeit für einen strengen Pedanten, so kann dessen vorweggenommenes Urteil bereits das Schreiben zur Qual machen, indem es ausschließlich Genauigkeit als etwas Positives erscheinen lässt.

Schwierig ist es, für LeserInnen oder BeurteilerInnen zu schreiben, deren Urteil man nicht akzeptiert, weil man sie ideologisch, von ihrer wissenschaftlichen Ausrichtung oder ihrer Qualifikation her nicht schätzt. Dann kann das Schreiben zu einer inneren Auseinandersetzung mit diesen Personen werden. Man kann sich ihnen verweigern, man kann ihnen etwas zu beweisen versuchen oder sie widerlegen wollen.

Problematisch sind auch diffuse oder unklare Adressaten, etwa die Wissenschaft selbst oder eine bestimmte theoretische oder ideologische Strömung, gegen oder für die man schreibt. Emotional entsteht dabei oft eine Gefühlskonstellation, die mit der eigenen Familie zusammenhängt: Man schreibt für oder gegen die Familie. Und wie alles, was mit Familie zusammenhängt, sind dort die Gefühle am intensivsten. Um herauszufinden, ob man in eine ungute Beziehung mit dem (fiktiven) Adressaten seines Werkes verstrickt ist, sollte man die »inneren Monologe« kontrollieren, die man mit ihm oder ihr führt und sehen, was für eine Haltung sich in ihnen ausdrückt. Besonders Dissertationen und Habilitationen sind immer auch Rechtfertigungsschriften gegenüber der »scientific community« und führen zu entsprechendem Legitimationsdruck.

 Schreibanregungen

▶ Überprüfen Sie, wer in Ihren Gefühlen der oder die wichtigste AdressatIn (das kann eine reale oder fiktive Person, eine aus Ihrer Gegenwart oder Vergangenheit sein) des Textes ist, den sie gerade schreiben. Schreiben Sie dann einen Brief an diese Person. Schreiben Sie Klartext in diesem Brief: Was Sie von der Person halten, wie sie Ihren Text und Ihre Arbeit beeinflusst, was und wie Sie eigentlich schreiben würden, wenn Sie könnten, wie Sie wollten. Versuchen Sie herauszufinden, ob diese Person tatsächlich Einfluss auf Sie ausübt oder ob es nur Ihre eigene emotionale Gewohnheit ist, diese Person zu adressieren.

- Versetzen Sie sich in die Rolle des wichtigsten Adressaten Ihres Textes und lassen Sie diesen Adressaten eine Beurteilung (des jetzigen Standes) Ihrer Arbeit (einschließlich einer Note) schreiben. Achten Sie nicht nur auf negative, sondern auch auf positive Urteile.
- Wenn Ihnen nicht klar ist, wer AdressatIn Ihrer Arbeit ist, notieren Sie untereinander alle Personen, die (in Ihrer Phantasie oder in der Realität) die Arbeit lesen könnten. Schreiben Sie daneben das Urteil, das Sie von der jeweiligen Person erwarten würden. Markieren Sie die extrem positiven wie negativen Urteile.

Gefühle, die sich auf einzelne Begriffe oder Ideen beziehen

Ein wichtiger Aspekt emotionaler Beteiligung im wissenschaftlichen Schreiben liegt darin, dass Ideen und Begriffe emotional »besetzt« sein können, positiv wie negativ. Es gibt viele Begriffe, die als Erkennungszeichen für Theorien und wissenschaftliche Schulen gelten. Sie zu verwenden oder zu vermeiden heißt, sich zuzuordnen. Dies geschieht selten als rationaler, meistens als emotionaler Akt. Wissenschaftlerinnen und Wissenschaftler kodieren die Ergebnisse ihrer wissenschaftlichen Bemühungen nicht nur in rationaler, sondern auch immer in emotionaler Form.

In der Wort- und Begriffswahl drücken sich also Zugehörigkeiten aus, d.h. Sympathien oder Antipathien für bestimmte Theorien, Strömungen und Grundhaltungen. Noch enger ist mitunter der emotionale Bezug zu einzelnen Gedanken. Manchmal ist man auf bestimmte Gedanken »fixiert«. Sie kommen einem so einleuchtend und richtig vor, dass man auf keinen Fall auf ihre Verwendung verzichten will. Andere Gedanken findet man so abstoßend, dass man sich nicht dazu durchringen kann, sie zu verwenden, auch wenn sie in einem Zusammenhang unbedingt notwendig sind. Man ist möglicherweise nicht einmal bereit, sie zu denken, sodass sie zu ernsthaften Erkenntnisbarrieren werden können.

Die Wort- und Begriffswahl wird also nur teilweise von rationalen, wissenschaftlichen Erwägungen geleitet. Parallel dazu ist die Auswahl auch von der emotionalen Anmutung bestimmt. Ähnlich, wie wir die Stücke in unserem Kleiderschrank emotional »sortiert« haben in Lieblingskleider und abgetragenen Ausschuss, haben wir auch in unserem Vokabular emotionale Präferenzen, die nicht minder handlungsbestimmend sind. Ähnlich, wie wir also zu unserem Lieblingshemd greifen (wenn wir die freie Wahl haben), greifen wir uns auch unseren Lieblingsbegriff heraus und sind dann weniger streng bei der Beurteilung, ob er zu dem übrigen Outfit passt, als wenn wir ein weniger geliebtes Stück anfassen würden. Umgekehrt zögern wir lange, ob wir den Ausschuss von früher noch einmal anziehen.

Dass wir zu Ideen genauso emotionale Beziehungen haben wie zu Menschen (oder Kleidungsstücken), ist merkwürdigerweise eine kaum beachtete Tatsache. Sie macht uns den Umgang mit wissenschaftlichen Theorien schwer, denn die emotionalen Wertungen lenken unser Denken immer in bestimmte Richtungen und verhindern, dass wir andere Lösungen berücksichtigen. Es existiert allerdings auch das gegenteilige Problem, dass man gar keine emotionale Beziehung zu den Ideen eines Themengebietes findet. Dann wird die Arbeit daran zur Qual, denn man ist unmotiviert und langweilt sich.

Es ist wichtig, sich mit den Gefühlen, die man zu Ideen empfindet, auseinander zu setzen, zunächst einmal, um sie überhaupt kennen zu lernen. Dann, in zweiter Linie, um die Beziehung zu ihnen persönlicher zu gestalten. Sie haben sich nicht verlesen. Man kann Ideen fremd bleiben, wenn man sich nicht an sie herantraut. Um mit ihnen vertraut zu werden, muss man zunächst feststellen, ob man sie mag oder nicht, ob man vor ihnen Ehrfurcht empfindet, sich über sie ärgert oder Scheu vor ihrer Tiefe empfindet. Sich mit Ideen auseinander zu setzen, die man nicht mag, ist genauso schwierig, wie mit Personen umzugehen, für die man keine Sympathie empfindet. Seien Sie also sensibel gegenüber Ihren Gefühlen zu wissenschaftlichen Ideen und Begriffen.

Schreibanregungen

- Nehmen Sie einen Einführungstext in Ihr Wissenschaftsgebiet und schreiben Sie wichtige Begriffe heraus. Ordnen Sie dann die Begriffe nach angenehmen und unangenehmen, indem Sie sie auf zwei getrennte Blätter (oder auf die rechte bzw. linke Seite eines Blattes) schreiben. Achten Sie auf den Klang, die Assoziationen und Anmutungen der einzelnen Begriffe. Lassen Sie dabei rationale Erwägungen weg. Versuchen Sie herauszufinden, ob es Gemeinsamkeiten der angenehmen und unangenehmen Begriffe gibt.
- Schreiben Sie Ideen auf, die Sie in letzter Zeit in ihrem Fachgebiet neu gelernt haben. Ordnen Sie sie zunächst global danach, ob Sie sie als angenehm, unangenehm oder emotional neutral empfinden. Schreiben Sie ein oder zwei Sätze, warum Ihnen die jeweilige Idee gefällt, missfällt oder Sie emotional kalt lässt. Mit welchen Ideen möchten Sie sich in Zukunft näher befassen?

Fazit

Schreiben – auch wissenschaftliches – hat immer einen Aspekt der Selbsterfahrung. Es macht uns unsere emotionalen Bewertungsmuster sichtbar und zwingt uns ununterbrochen, emotionale Präferenzen zu treffen. Nichts wäre unehrlicher, als diese Gefühle beim Schreiben ignorieren zu wollen. Man muss sie beim Schreiben zulassen können, ihnen Raum geben, sich von ihnen beflügeln lassen. Unterdrückt man sie, nimmt man sich die motivationale »Energie«, die das Schreiben und Erkennen stimuliert.

Natürlich sind die Gefühle für die LeserInnen wissenschaftlicher Texte nicht von primärer Bedeutung. Denn die interessieren sich nicht unbedingt dafür, ob die Schreiberin von Tintoretto begeistert ist oder ihn nicht leiden mag. Sie wollen primär etwas über Tintoretto erfahren, wenn sie einen entsprechenden Text in die Hand nehmen. Also müssen im Schlussprodukt viele Gefühlsäußerungen wieder aus dem Text herausgenommen oder in eine Form gebracht werden, die den LeserInnen auf eine informative, amüsante oder hilfreiche Weise dienlich sind.

In der journalistischen Arbeit gewinnt ein subjektiver Schreibstil immer mehr Bedeutung. Dieser Stil beschreibt nicht einfach ein Objekt, sondern beschreibt, wie das Subjekt diesem Objekt begegnet ist. Es entstehen eher Selbstberichte als einfache Sachschilderungen. Dadurch, dass für die LeserInnen nachvollziehbar wird, was die schreibende Person erlebt hat, werden die Texte lebendiger, denn sie ähneln mehr erzählten oder selbst erlebten Geschichten als logischen Darstellungen.

Man kann bedauern, dass wissenschaftliche Werke zu sehr von den Gefühlen ihrer AutorInnen gereinigt sind. Man wüsste oft gerne, was sie beim Arbeiten erlebt haben. Manchmal hat man das Gefühl, anstatt einer langatmigen Abhandlung z.B. über eine bestimmte Theorie hätte in einem Text besser gestanden: »Ich kann diese Theorie einfach nicht leiden.« Das wäre ehrlicher gewesen – allerdings auch nicht sehr wissenschaftlich. Emotionale Standpunkte können wissenschaftliche Positionen nicht ersetzen. Sie könnten aber wesentlich offener kommuniziert werden, als das heute im Wissenschaftsbetrieb geschieht. Dazu allerdings müsste sich einiges an unserer Wissenschaftskultur verändern.

Emotionen treten im Schreibprozess nicht nur als Störgrößen auf. Das tun sie eigentlich nur dann, wenn wir sie ignorieren. Emotionen sind auch ein organisierendes Moment des Schreibens, denn sie beeinflussen den Assoziationsfluss wesentlich. Emotionen »verwalten« einen Teil unseres Gedächtnisses. Ereignisse, die in einer bestimmten Stimmung erlebt und abgespeichert wurden, werden bevorzugt in dieser Stimmung wieder reproduziert. Unser Gedächtnis ist also auch stimmungs- oder gefühlsspezifisch. Gefühle bilden gewissermaßen ein Alphabet, nach dem unsere Speicherinhalte geordnet und abrufbar sind, auch wenn es, parallel dazu, ein kognitives oder lexikalisches Alphabet gibt (vgl. Kruse 1991). Sprache und Gefühl gehören sowohl beim Produzieren als auch beim Kommunizieren von Sprache zusammen. Deshalb zielen viele Übungen dieses Buches darauf ab, diese Wechselbeziehungen zwischen beiden Dimensionen des Schreibens erlebbar und nutzbar zu machen.

4.

Wissenschaftliche Textkomposition

Wissenschaftliche Texte zu schreiben unterscheidet sich aus mehreren Gründen von der üblichen Textproduktion. Wissenschaftliches Schreiben ist in der Regel Teil eines umfassenderen Erkenntnisprozesses, der mit systematischer Informationsgewinnung verbunden ist. Wissenschaftliches Schreiben ist also eng mit wissenschaftlichem Arbeiten verbunden. Wenn man die studentischen Probleme mit dem wissenschaftlichen Schreiben betrachtet, so beruhen einige davon auch auf der Unkenntnis von Methoden wissenschaftlichen Arbeitens. Ansonsten lässt sich wissenschaftliches Schreiben dadurch charakterisieren, dass es eine besondere Wissensbasis verlangt, dass es eigene linguistische Konventionen besitzt und dass es Texte für spezielle kommunikative Zusammenhänge produziert. Kapitel 4 soll auf diese Besonderheiten wissenschaftlicher Textkomposition näher eingehen.

Wissenschaftlichkeit

Was sind *wissenschaftliche Texte?* Wer darauf eine Antwort will, muss sich damit auseinander setzen, was *wissenschaftlich* bedeutet. Bevor ich aber etwas über Wissenschaft sage, möchte ich erst ein Wort darüber verlieren, warum diese Frage für das Schreiben so wichtig ist.

In unseren Workshops über Schreiben machen wir oft eine Übung, in der wir die Teilnehmer auffordern, das gleiche Erlebnis in drei verschiedenen Varianten zu schreiben, einmal z.B. als Tagebuchaufzeichnung, ein zweites Mal vielleicht als Artikel für eine Zeitung und ein drittes Mal als wissenschaftlichen Text. Alle drei Varianten können mit Problemen verbunden sein. Am meisten Schwierigkeiten aber gibt es mit dem wissenschaftlichen Text. Erstens fällt auf, dass die wissenschaftlichen Texte viel kürzer sind als die anderen. Zweitens werden die Aufsätze plötzlich sehr abstrakt. Es wird nicht beschrieben, sondern analysiert. Beschreiben gehört offensichtlich für viele gar nicht zum Repertoire wissenschaftlichen Handelns, obwohl die Wissenschaft gerade mit der Beschreibung anfängt. Drittens verschwindet das Wort »ich« aus den Texten. Wissenschaft ist unpersönlich, »ich« habe damit gar nichts zu tun. Dementsprechend werden Passivformen verwendet. In dem Glauben, Wissenschaft müsse immer »objektiv« sein, eliminieren die meisten Studierenden sich selbst als Subjekte der Wissenschaft (viele Wissenschaftlerinnen und Wissenschaftler gehen da mit schlechtem Beispiel voran). Viele Studierende gleiten in eine fremde Sprache hinein, wenn sie versuchen, wissenschaftlich zu schreiben. Dadurch entfremden sie sich von ihrem eigenen Denken und natürlich auch Fühlen.

Deshalb schlage ich eine Definition von Wissenschaft vor, die sich eng an subjektive Kriterien hält:

Wissenschaft und wissenschaftliches Denken beginnen dort, wo ich bereit bin, meinem eigenen Denken zu trauen, es zu explizieren, auf die Meinungen anderer zu beziehen und seine Resultate in den wissenschaftlichen Diskurs einzubringen.

Wissenschaftlichkeit hat, dieser Bestimmung entsprechend, primär nichts mit wissenschaftlicher Methode, mit Abstraktion, formaler Sprache, Objektivität usw. zu tun. Wissenschaft ist primär eine soziale Handlung: Genau gesagt beginnt sie mit der Veröffentlichung unseres Denkens, mit dem Moment also, an dem wir das Denken nicht mehr als Privatsache ansehen, sondern als soziale Aufgabe der Erkenntnisgewinnung. Wissenschaft ist, dieser Bestimmung entsprechend, auch und gerade eine Sache des Mutes.

Wissenschaft erfordert den Mut, selbstständig zu denken, dem eigenen Denken zu trauen, sich auf vorhandene Wissenschaft zu beziehen und sich auf eine Kommunikation mit der »scientific community« einzulassen.

Barrieren im Umgang mit Wissenschaft liegen viel öfter darin, dass Studierende keinen Mut finden, ihrem eigenen Denken zu trauen, als dass ihnen etwa die intellektuellen Voraussetzungen zu wissenschaftlichem Denken fehlen. Eine neue Theorie oder ein neues Themengebiet zu erkunden erfordert etwa ebenso viel Mut, wie auf Reisen ein fremdes Land selbstständig zu erschließen. Wie dort muss man bereit sein, sich mit Neuem, Überraschendem, Fremdem zu konfrontieren und den Boden des Bekannten zu verlassen. Beschränkt man sich darauf, vorhandene Bücher nachzuvollziehen, dann bleibt man wissenschaftlicher Pauschaltourist. Erst wenn man den Mut findet, Erkundigungen auf eigene Faust anzustellen, beginnt man, wissenschaftlich zu handeln.

Natürlich reicht der Verweis auf Mut als Bestimmung von Wissenschaftlichkeit nicht aus; es kommt mehr dazu: Beobachtung und Empirie, Methoden und Konventionen, Institutionen und Publikationen, Apparate und Experimente, Statistik und Theorien. Alle sind aber letztlich nur Hilfsmittel für das, was allein kreativ ist in der Wissenschaft: das schöpferische Denken des Individuums.

Eine zweite Eigenschaft von Wissenschaftlichkeit sei noch erwähnt, denn sie kann den Anfängern, so hoffe ich, etwas von der blockierenden Ehrfucht vor der Wissenschaft nehmen. Es gibt nicht die »richtige« Wissenschaft. Wissenschaft lebt aus ihrer Vielfalt, ihren Kontroversen und aus ihren kleineren und größeren Revolutionen, die vorhandene Ansätze ungültig machen und neue ins Spiel bringen.

Wissenschaft hat allerdings auch einen konservativen Zug: Sie tendiert dazu, ihre Methoden, Ergebnisse und Darstellungsformen zu kanonisieren und zu dogmatisieren. Dadurch werden immer wieder Dogmen aufgestellt, nur um von der nächsten Generation wieder entmystifiziert zu werden. Kuhn (1978) hat diese Entwicklungstendenz als einen Prozess immer wieder stattfindender Revolutionen gegen herrschende Paradigmata der Wissenschaft beschrieben. Dogmatisierung verhindert die wissenschaftliche Entwicklung, denn Neues entdeckt man nur dann, wenn man aus den eingefahrenen Bahnen des Denkens ausbricht.

Wissenschaft kann sehr unterschiedlich betrieben werden. Es geistert zwar immer noch hartnäckig das Poppersche Einheitsmodell einer Forschungslogik durch die Universitäten, demzufolge Wissenschaft ausschließlich in einer empirischen Überprüfung allgemeiner Sätze oder Hypothesen besteht. De facto ist die Wissenschaft aber längst von einem methodischen Pluralismus geprägt, den Paul Feyerabend (1986) als »heiteren Anarchismus« beschrieben hat. Unkonventionelles Vorgehen scheint besser geeignet, Unbekanntes zu erforschen, als rigide erkenntnistheoretische Vorschriften und Regeln. Neben empirischem Hypothesentesten kann wissenschaftliches Handeln im Diskutieren, Systematisieren, Beschreiben, Protokollieren, Begründen, Datensammeln, Dokumentieren, Definieren, Ausprobieren, Reflektieren, Erfinden, Rätsellösen, Rechtfertigen, Vergleichen, Recherchieren, Interpretieren, Modellbilden, Analysieren, Anleiten, Evaluieren, Streiten, Praxismodelle entwickeln und einigem mehr bestehen. Jede dieser Handlungen hat ihre eigene Logik und erfordert eine eigene Begründung.

 Schreibanregungen

▶ Stellen Sie eine Liste von wissenschaftlichen Themen auf, die Sie so sehr interessieren, dass Sie darüber in eine Diskussion mit anderen kommen möchten. Gewichten Sie dann diese Liste nach der persönlichen Bedeutung der Themen. Überlegen Sie dann, wie Sie zu weiterer Information über Ihre Themen kommen können und wo bzw. mit wem Sie darüber in einen Austausch kommen möchten. Dies soll Ihnen dazu verhelfen, aktiver mit den Inhalten Ihrer Wissenschaft umzugehen und auf Ihre Wissenschaft zuzugehen.

▶ Entspannen Sie sich, schließen Sie die Augen für einige Minuten und meditieren Sie zu dem Begriff »Wissenschaftslandschaft« so lange, bis Sie vor ihrem inneren Auge ein Bild dazu finden. Akzeptieren Sie das erste Bild, das auftaucht. Verweilen Sie etwas bei diesem Bild, schauen Sie sich die Landschaft an, explorieren Sie, was es dort alles an Objekten, Pflanzen oder Tieren gibt. Versuchen Sie dann zu lokalisieren, wo und als was Sie selbst in dieser Landschaft auftauchen. Wie fühlen Sie sich dort? Was ist das für ein Platz, den Sie gefunden haben? Beschreiben Sie, was Sie gesehen haben.

▶ Versuchen Sie, einen »Altar der Wissenschaft« aufzubauen, auf dem alles versammelt ist, was Ihnen »heilig« ist. Suchen Sie zunächst Symbole, die für Ihre Werte stehen und machen Sie eine Skizze Ihres Altars. Gehen Sie dann dazu über, ihn zu beschreiben.

▶ Überlegen Sie, welches wissenschaftliche Neuland Sie betreten und welche Entdeckungen Sie dabei gemacht hätten, wenn Sie in den letzten Jahren Zugang zu unbegrenzten Forschungsmöglichkeiten besessen hätten. Was hätten Sie erfunden, geschrieben, erkundet, entdeckt, konstruiert? Schreiben Sie einen kleinen Science-Fiction-Bericht für die »Akademie der Utopischen Wissenschaften« über Ihre Erkenntnisse. Putzen Sie Ihre Forschungen ordentlich heraus, als seien sie für ein Millionenpublikum, nicht für die Fachwelt bestimmt!

Schreiben und geistige Arbeit

Die Welt der Ideen

Der Begriff *geistige Arbeit* impliziert – im Gegensatz zur Handarbeit –, dass Ideelles das primäre Handlungsmedium ist und nicht ein stofflicher, anfassbarer Gegenstand, der manuell zu verändern ist. Wie in der Handarbeit muss man die Techniken der geistigen Arbeit Schritt für Schritt lernen. Darüber hinaus gilt es, sich die wichtigsten Traditionen und Lebensweisen der

AkademikerInnen oder Intellektuellen anzueignen. Geistige Arbeit geht über das Verrichten bestimmter Handlungen hinaus und wird zu einer Lebenshaltung mit persönlichkeitsprägenden Einstellungen.

Ähnlich wie ein Schreiner, der einen Schrank herstellt, viele unterschiedliche Arbeitsschritte ausführen muss und dabei eine Reihe von Werkzeugen verwendet, so muss man auch in jeder Form geistiger Arbeit Ketten von Arbeitsschritten ausführen und benötigt unterschiedliche Werkzeuge dafür. Ist ein Schritt ungenügend oder fehlt ein Werkzeug, so ist das Produkt der geistigen Arbeit in seiner Qualität beeinträchtigt oder ganz infrage gestellt. Natürlich wird heute in der Wissenschaft, genauso wie in der Holz verarbeitenden Industrie, nicht mehr nur handwerklich, sondern »industriell« produziert. Hochgradige Arbeitsteilung, Trennung von Methodenentwicklung und Fertigung, Orientierung an Trends und Moden, Verkaufsgesichtspunkte, Konkurrenz und finanzielle Aspekte bestimmen den Wissenschaftsbetrieb. Es ist nicht ganz leicht, sich mit dieser »modernen« Wissenschaft anzufreunden und seinen eigenen Platz in ihr zu finden.

Das Rohmaterial geistigen Arbeitens ist die Idee. Dabei sollte man darunter nicht – wie in der Alltagssprache – eine *neue* Vorstellung verstehen, sondern Idee als Sammelbegriff für alle geistigen oder gedanklichen Gebilde ansehen. Wissenschaftliches Arbeiten ist in erster Linie die Lehre davon, wie man mit Ideen umgeht, wie man sie erkennt, schriftlich festhält und in Zusammenhänge einordnet.

Wenn Sie sich aufmachen, wissenschaftlich arbeiten zu lernen, dann müssen Sie sich mit der Welt der Ideen und den Gesetzen, die in ihr herrschen, vertraut machen. Zuerst aber müssen Sie prüfen, ob das Ihre Welt ist oder werden kann. Gehen Sie gerne mit Ideen um? Oder doch lieber mit Menschen? Oder mit Dingen? Oder Handlungsabläufen? Es ist für manche Menschen eine Qual, mit Ideen hantieren zu müssen – auch wenn sie vielleicht von ihnen fasziniert sind. Prüfen Sie deshalb genau, wie tief Sie in diese Welt eindringen wollen und welche »Kosten« das für Sie verursacht.

Vergleichen Sie die Welt der Ideen einmal mit einer Briefmarkensammlung. Dort gibt es ältere und neuere Briefmarken, seltene und gebräuchliche, teure und billige, begehrte und verachtete. Anders als Briefmarken haben Ideen keine Standardform. Sie können Ihrer Form nach als Aussage oder Behauptung, als Frage oder Begriff, als Aufforderung, Regel oder als Konzept auftreten. Das Entscheidende an der Idee ist nicht ihre Form, sondern die Tatsache, dass sie uns zu einer *Vorstellung* verleitet.

Vergleichen Sie die Welt der Ideen einmal mit einem Zoo. Wie dort gibt es sehr unterschiedliche Ideen: Exotische und hausbackene, importierte und einheimische, glatte und stachelige, faszinierende und langweilige, wilde und zahme, anheimelnde und gruselige, solche, die ganz allein leben, und solche, die in großen Schwärmen daherkommen. Es gibt solche, die Ihnen auf den Schoß springen, und solche, die ganz scheu sind. Es gibt robuste und solche, um die man sich viele Gedanken machen muss. Alle haben ihre Lieblinge. Anstatt in Käfige sperren wir Ideen in Bücher, wo sie oft nicht weniger von der Welt abgeschirmt sind. Immerhin gibt uns das Buch Gelegenheit, der Ideen habhaft zu werden, auch wenn sie dort hinter vielen Worten versteckt sind.

Idee ist nicht gleich Information. Ein Kursbuch enthält viele Informationen, aber keine einzige Idee. Zur Idee gehört, außer dass sie mit einer Vorstellung verbunden sein muss, dass sie Sinn ergibt. Die Idee ist insofern eine elementare wissenschaftliche Sinneinheit, als sie eine geschlossene Aussage macht. Informationen kann man verwenden, um Ideen zu begründen, zu belegen oder zu illustrieren.

Wissenschaftlich arbeiten heißt auch immer, mit Ideen umzugehen. Ideen wollen identifiziert, gesammelt, geordnet, katalogisiert, aufbereitet und präzisiert werden. Ideen müssen in Beziehung zueinander gesetzt werden: Dadurch kann man Ordnungen in Gruppen von Ideen erkennen oder man kann sie so kombinieren, dass sie eine Theorie ergeben. Theorien bestehen allerdings nicht einfach aus Gruppen gleicher Ideen, sondern sie sind Sammlungen von Ideen unterschiedlicher Abstraktionsgrade, die zueinander und zu einem Gegenstand in Beziehung stehen.

Ideen wollen expliziert werden. Viele Ideen können nicht für sich alleine stehen, sondern brauchen die Hilfe einer erklärenden Einordnung.

Die meisten wissenschaftlichen Ideen haben eine Geschichte. Es gibt wenig originelle Ideen. Fast alles ist schon einmal gedacht worden. Ideen wandeln sich jedoch mit der Zeit. Sie werden zu jeder Zeit anders ausgedrückt, bewertet, erklärt und verwendet. Die Ideengeschichte ist deshalb wichtiger Bestandteil jeder Wissenschaft (oder sollte es zumindest sein).

Eine wichtige Form des Umgangs mit Ideen liegt darin, sie in Beziehung zur Wirklichkeit zu setzen. Das nennt man Empirie. Man kann diese Prüfung systematisch vornehmen, indem man testet, ob eine Idee mit der Wirklichkeit (d.h. mit Beobachtungsdaten) übereinstimmt. Man kann diese Prüfung auch in einem praktischen Zusammenhang machen, indem man Ideen in einem Handlungsbereich umzusetzen versucht und dabei feststellt, ob und wie sie wirken.

Der Begriff Idee drückt auch aus, dass das Wissen, das wir in der Wissenschaft akkumulieren, niemals linear wächst. Wir sammeln nicht einfach Informationen, bei denen sich ein Element zum anderen fügt, sondern wir sammeln Ideen, deren jede einen bestimmten Blick auf die Wirklichkeit freigibt. Jede Idee schränkt aber auch unseren Blick ein. Erkenntnisentwicklung hat oft den Austausch zentraler Ideen zum Gegenstand. Darin liegt eine qualitative Veränderung, eine Umstrukturierung unserer Sicht auf die Wirklichkeit.

 Schreibanregung

▶ An welchen wissenschaftlichen Ideen haben Sie in letzter Zeit Gefallen gefunden? Welche Ideen haben Ihnen missfallen? Stellen Sie eine Liste auf und erläutern Sie kurz die Ideen. Versuchen Sie herauszufinden, was Ihre Sympathie oder Antipathie hervorruft. Beschreiben Sie die Ideen so, als wären sie Tiere in einem Zoo. Nutzen Sie die ganze Begrifflichkeit dieser Metapher aus.

Sprache und Denken

Schreiben und Erkennen stehen in einer komplexen Wechselbeziehung zueinander, die noch lange nicht vollständig entschlüsselt ist. Zum Verhältnis von Sprache und Denken zueinander gibt es sowohl die Hypothese, dass Denken immer ein verinnerlichtes Sprechen ist, als auch die Hypothese, dass es sich bei Denken und Sprechen um zwei unterschiedliche Prozesse mit eigener Struktur und Dynamik handelt. Wahrscheinlich liegt die Wahrheit in der Mitte zwischen beiden Hypothesen, zumal die Intelligenzforschung gezeigt hat, dass es sprachgebundenes und sprachfreies Denken gibt.

Unabhängig davon, ob Denken immer sprachgebunden ist oder nicht, bleibt die Feststellung, dass Ergebnisse des Denkens immer in sprachlichen Strukturen ausgedrückt werden müssen, wenn sie kommuniziert werden sollen. Die Sprache ist das konventionelle Medium der Wissensorganisation und -kommunikation.

Sprache hilft aber auch dabei, Wissen zu generieren und zu strukturieren. Sie zwingt dazu, differenzierte Beziehungen zwischen den Vorstellungselementen herzustellen, die in der Struktur der Sprache selbst angelegt sind. Es gibt mehrere Eigenschaften der Sprache, die diesen Effekt hervorrufen:

- *Zeit:* Sprache gibt genaue zeitliche Strukturen vor, in die die Darstellung des Geschehens eingeordnet werden muss. Dabei erlaubt sie nicht nur, Vergangenes, Gegenwärtiges und Zukünftiges zu unterscheiden, sondern ermöglicht auch eine Unterscheidung in noch ablaufende und abgeschlossene Handlungen (unabhängig davon, in welcher Zeit die Handlung vor sich geht).
- *Aktion:* Sprache hat einen aktionszentrierten Kern. Sie zwingt dazu, das handelnde Subjekt zu benennen, und erlaubt dabei auch, anonyme Kräfte (»man«, »es«) als Akteure zu beschreiben.
- *Soziale Ordnung:* Sprache erzwingt eine Ordnung im sozialen Raum. Jedes Verb zeigt an, ob eine Aussage über die eigene Person, über eine angesprochene, nahe stehende oder dis-

tanzierte Person, über eine dritte Person, über Gruppen oder über Sachen handelt. Sie erzwingt weiterhin eine Einordnung aller Objekte in Geschlechter.

- *Eigenschaften:* Sprache ermöglicht nicht nur die Darstellung von Objekten, sondern erlaubt, diese Objekte mit Eigenschaften zu qualifizieren, darunter auch abstrakte, sinnlich nicht wahrnehmbare Eigenschaften.
- *Tatsächliches und Mögliches:* Sprache erlaubt durch die Verwendung von Indikativ und Konjunktiv, Reales und Mögliches zu unterscheiden. Sprache kann dadurch den Realitätsgehalt von Aussagen variieren und Faktisches von Potenziellem, Reales von Irrealem und Gedachtes von Wirklichem trennen.
- *Behauptung, Frage, Befehl:* Sätze können in Aussageform, Frage- oder Befehlsform auftreten. Sie können also informieren, Information abrufen oder zu bestimmtem Verhalten veranlassen.
- *Abstraktion:* Sprache erlaubt, zu abstrahieren und beliebige Klassen von Objekten zu Begriffen zusammenzufassen. Sprache ist eindeutiger als beispielsweise die bildlichen oder szenischen Repräsentationen des Denkens. Sprache kann allerdings auch unscharfe, unbestimmte oder widersprüchliche Begriffe hervorbringen, die Wissen vorspiegeln oder fehlendes Wissen überbrücken können.
- *Informationsaufbewahrung:* Sprache ermöglicht, größere Mengen von Wissen zu verarbeiten und zu konservieren, während das Denken nur eine begrenzte Anzahl von Informationen gleichzeitig zu erfassen erlaubt. Der Denkprozess kann also entlastet werden, indem man Teilergebnisse sprachlich ausdrückt und schriftlich festhält. Dadurch können nicht nur mehr, sondern auch komplexere Zusammenhänge bearbeitet und dargestellt werden, als dies im Denken allein möglich ist.
- *Systematik:* Sprache erlaubt eine systematische Wissensorganisation. Sprache ermöglicht sowohl eine beliebige Wiederholung ähnlicher Elemente als auch eine hierarchische Strukturierung von Wissen.

Die Schriftsprache stellt also ein grammatikalisches System der Wissens- und Erfahrungsorganisation zur Verfügung, dessen sich die Wissenschaft bedienen muss. Sie zwingt dadurch das Denken in bestimmte Strukturen. Die Präzisierungsmöglichkeiten, die sie bietet, engen das Denken auch ein. Sprachliches Denken ist oft mit einem beträchtlichen Ringen um die richtige Formulierung verbunden. Darin liegt aber auch ein Prüfstein für das Denken: Erst wenn Gedachtes in die sperrige Struktur der Sprache transformiert ist, lässt sich feststellen, ob es konsistent ist.

Schreiben lässt sich als ein Mittel zum Entdecken von Strukturen, Zusammenhängen, persönlichen Bezügen usw. verwenden. Das Schreiben kann helfen, Ordnung in eine disparate Welt von Objekten, Ideen, Bezügen und Eigenschaften zu bringen. Man kann das Schreiben zur Dokumentation von Ideen und Ereignissen verwenden. Man kann es als heuristisches Mittel verwenden, d.h. als Mittel zur Wissensgewinnung. Man kann es zum Systematisieren von Objektbereichen benutzen, indem man Objekte vergleicht, miteinander kontrastiert und dann Gruppen oder Kategorien zuordnet. Man kann Schreiben dialogisch anlegen, indem man Argument und Gegenargument wie in einem Disput aufeinanderfolgen lässt. Man kann Standpunkte entwickeln, indem man eigene Bewertungen mit wertfreien Aussagen kontrastiert. Man kann Schreiben zum Anleiten und Ergründen von Handlungsstrukturen nutzen.

Schreibanregung

▶ Nehmen Sie Ihre letzte schriftliche Arbeit (besser noch einen Text, an dem Sie gerade schreiben) und überarbeiten Sie einige Abschnitte davon in folgender Weise: Schreiben Sie mit Bleistift zu jedem Begriff, Abschnitt oder Absatz dazu, was Sie sich beim Schreiben jeweils gedacht haben. Schreiben Sie also Ihre Überlegungen zur Begriffswahl, zur Genauigkeit des Ausdrucks, Ihre Zweifel oder Ihren Stolz bei einzelnen Formulierungen, Auslassungen, inhaltliche Bedenken usw. dazu. Sie erhalten dadurch einen Text, an den Sie die Gedanken bzw. Gefühle wieder angefügt haben, die Sie beim Schreiben aus ihm eliminiert haben. Schreiben Sie dann den Abschnitt neu, indem Sie Ihre Gedanken wieder in den Text einfügen. Schreiben Sie den Text aber für sich selbst, sodass Sie selbst dessen Adressat sind. Vergleichen Sie anschließend Originaltext und neu formulierten Text. Was hat sich verändert?

Wissenschaftssprache

Es ist viel darüber spekuliert worden, ob es eine eigene Wissenschaftssprache gibt. Man spricht vom Soziologen- oder Juristendeutsch, was andeutet, dass diese Wissenschaften einen eigenen Jargon pflegen. Fast alle Wissenschaftsdisziplinen entwickeln einen solchen Jargon, der allerdings immer nur zeitweise in Mode ist und mit einem Paradigmenwechsel meist wieder verschwindet. Kuhn (1978, S. 44) weist darauf hin, dass eine gemeinsame Sprache ein wichtiges Bindeglied zwischen den Mitgliedern jeder wissenschaftlichen Gemeinschaft ist. Der Besitz einer gemeinsamen (Sonder-) Sprache ist ein Unterscheidungsmerkmal gegenüber den Mitgliedern anderer Gruppen. Verständnisschwierigkeiten zwischen Wissenschaftlern sind auch Folge davon, dass sie unterschiedliche Sprachen sprechen, die jeweils wiederum verschiedene kognitive Positionen ausdrücken.

Es gibt einige handfeste Regeln der Wissenschaftssprache bzw. der wissenschaftlichen Darstellung, die wissenschaftliche Texte von anderen unterscheiden. Keine der aufgeführten Regeln sollte dogmatisch verwendet werden; es erfordert einige Erfahrung, um sicher im Umgang mit ihnen zu werden. Achten Sie beim Lesen wissenschaftlicher Texte darauf, wie stringent andere sich an diese Regeln halten. Beachten Sie auch, dass an unterschiedliche Textmuster (vgl. S. 117-184) unterschiedliche Anforderungen gestellt werden.

- *Belegen:* Behauptungen müssen in wissenschaftlichen Texten belegt werden. Ausnahmen sind triviale Aussagen, Erläuterungen, eigene Erwägungen oder Aussagen, die sich nicht belegen lassen. Belegt wird eine Aussage durch Verweise auf Quellen, auf empirische Daten oder die Behauptungen anderer Autoren. Besonders wichtig ist es, Meinungen anderer Personen zu belegen. Hierfür können Zitate unerlässlich sein.

- *Paraphrasieren:* Ideen und Meinungen, die anderen wissenschaftlichen Texten entnommen sind, müssen paraphrasiert, d.h. in anderer Sprache wiedergegeben werden als im Originaltext, sonst macht man sich eines Plagiats schuldig.
- *Zitieren:* Wörtlich wiedergegebene Textstellen müssen zitiert, d.h. in Anführungszeichen gesetzt werden. Die Herkunft des Textes muss eindeutig erkennbar sein.
- *Begründen:* Es ist legitim, in wissenschaftlichen Arbeiten Behauptungen aufzustellen, die man nicht belegen kann. Pflicht ist in diesem Fall nur zu begründen, warum man diese Meinung vertritt. Begründet wird eine Meinung mit Argumenten. Begründungspflichtig sind in wissenschaftlichen Arbeiten u.a. die verwendete Methode, der Umfang der verwendeten Literatur und der Quellen, die Fragestellung und die Schlussfolgerungen.
- *Bezüge herstellen:* Wissenschaftliche Aussagen müssen auf die vorhandene wissenschaftliche Literatur bezogen werden. Wie umfassend diese Bezüge sind, variiert mit den Ansprüchen an die Arbeit. In Dissertationen und Habilitationen beispielsweise wird eine umfassende Berücksichtigung der Literatur als Beurteilungskriterium verwendet. In Examensarbeiten werden in der Regel Abstriche in Bezug auf die Vollständigkeit der Literaturerfassung gemacht.
- *Begriffe definieren:* Wissenschaftliche Darstellungen verlangen eine Definition der verwendeten Begriffe. Definieren heißt im Prinzip nicht mehr, als zu erklären, wie man Wörter verwenden will. Da Begriffe in der wissenschaftlichen Literatur uneinheitlich verwendet werden, ist damit oft auch eine Zuordnung zu einer Theorie, Schule oder einem Diskurs verbunden. Die Verwendung vieler Begriffe ist durch eine entsprechende Wahl also bereits festgelegt und muss nicht wiederholt werden. Im Allgemeinen kann man sich auf Definitionen der verwendeten Schlüsselbegriffe beschränken.

- *Präzisieren:* Über die Definition hinaus sollten Begriffe präzisiert werden. Begriffe sind die wichtigsten Instrumente einer analytischen Untersuchung, und von ihrer Genauigkeit hängt u.a. die Qualität des Ergebnisses ab.
- *Systematisch vorgehen:* Wissenschaftliches Vorgehen bedient sich in der Regel einer nachvollziehbaren Systematik. Diese Systematik kann durch die Struktur des Gegenstandes selbst, durch den Ablauf der Argumentation, durch Notwendigkeiten der Darstellung oder durch die verwendete Methode begründet sein. Wie auch immer: Es empfiehlt sich, die Systematik des Vorgehens darzustellen und zu begründen.
- *Differenzieren:* Von wissenschaftlichen Texten wird eine differenzierte Betrachtung erwartet. Das heißt es wird erwartet, dass nicht nur eine Meinung dargestellt, sondern auch die wichtigsten Gegenmeinungen zumindest benannt werden, dass Alternativen aufgezählt werden und die Auswahl eines bestimmten Elements (einer Lösung, eines Ansatzes usw.) begründet wird.
- *Widersprüche eliminieren:* Von wissenschaftlichen Texten wird idealiter Widerspruchsfreiheit erwartet. In den getroffenen Aussagen sollen nicht gegenteilige Meinungen oder Kontradiktionen enthalten sein.
- *Logisch schließen:* Schließlich wird erwartet, dass Schlussfolgerungen in wissenschaftlichen Texten logisch folgerichtig sind.
- *Werte explizieren:* Werte kann man nicht ableiten oder belegen. Werte können nicht richtig oder falsch sein. Werte kann man, genau genommen, nur setzen; sinnvoll ist dennoch, sie zu beschreiben und zu begründen. Wichtig ist vor allem, Werte nicht stillschweigend als gegeben vorauszusetzen, sondern zu explizieren.

 Schreibanregungen

▶ Nehmen Sie einen wissenschaftlichen Text Ihres Faches in die Hand und suchen Sie Passagen heraus, in denen viel zitiert wird. Versuchen Sie, alle unterschiedlichen Arten zu zi-

tieren und alle unterschiedlichen Arten, Aussagen zu belegen, herauszufinden.
► Schreiben Sie einen wissenschaftlichen Text zum Thema »Duplizität und Dichotomie« oder zum Thema »Sinn und Sein« für die »Zeitschrift für hirnverbrannte Psychologie«. Nutzen Sie die begrifflichen und rhetorischen Möglichkeiten der Wissenschaftssprache voll aus!

5.
Die erste wissenschaftliche Hausarbeit

Mit der ersten Hausarbeit beginnt Ihre Schreibkarriere an der Universität. Sie bekommen zum ersten Mal sozusagen ein »Werkstück« zur selbstständigen Bearbeitung in die Hand und werden aufgefordert, es in der wissenschaftsüblichen Manier fertig zu stellen. Leider bekommen Sie dabei wenig Anleitung im Gebrauch der einzelnen »Werkzeuge«, die Sie einsetzen müssen. Auch wird Ihnen wenig darüber gesagt, wie das Produkt, das Sie herstellen sollen, eigentlich auszusehen hat. Das fünfte Kapitel erläutert Ihnen Schritt für Schritt die wichtigsten Arbeitsschritte, mit denen Sie Ihr erstes Thema bearbeiten können, und stellt einige Formen (Textmuster) vor, die Ihre Hausarbeit annehmen kann.

Das Vorgehen Schritt für Schritt

Im Großen und Ganzen entspricht das Vorgehen beim Schreiben der ersten Hausarbeit (bei den weiteren ist es nicht anders) dem folgenden Dreischritt:

1. Sich mit einem wissenschaftlichen Gegenstand oder Thema vertraut machen,
2. die gefundenen Erkenntnisse entsprechend der Aufgabenstellung strukturieren und
3. sie dann versprachlichen und in eine akzeptable Form bringen.

Entsprechend diesem Dreischritt lassen sich auch die »Werkzeuge« grob klassifizieren: Es gibt Werkzeuge zum Orientieren und zum Auffinden von Informationen, Werkzeuge zum Verstehen und Strukturieren von Ideen und Werkzeuge zum Versprachlichen und zur Sprachgestaltung. Da die erste Hausarbeit fast immer aus Elementen gefertigt wird, die anderen wissenschaftlichen Texten entnommen sind, nehmen Lesen, Verstehen und Exzerpieren von Texten dabei einen großen Raum ein.

Jedes rein sequenzielle Schema zur Anleitung von Schreibprozessen ist natürlich eine Vereinfachung. Es gibt beim Schreiben keine eindeutige Folge von Handlungsschritten wie beim Kuchenbacken, sondern man muss mitunter zu früheren Schritten zurückkehren oder zwei Schritte gleichzeitig ausführen. Dennoch gibt es so etwas wie eine logische Reihenfolge, in der die Verwendung der einzelnen »Werkzeuge« ihren Platz hat. Sie ist jedoch flexibel zu handhaben.

Schritt 1: Themenstellung präzisieren

Die Arbeit an der Hausarbeit beginnt mit der Übernahme eines Themas. Ihre erste Aufgabe besteht darin, das Thema zu verstehen, zu präzisieren und einzugrenzen. Sie müssen Antworten auf folgende drei Fragen finden:

1. Was ist der Gegenstand meiner Hausarbeit? »Gegenstand« kann z.B. ein materielles Objekt, eine Theorie, ein Text oder ein Problem sein.
2. Mit welcher Fragestellung soll ich an meinen Gegenstand herangehen? Soll ich einen Sachverhalt darstellen, problematisieren, erkunden oder analysieren?
3. Welches Material (wissenschaftliche Texte oder Quellen) soll der Bearbeitung zugrunde liegen?

Antworten auf diese drei Fragen sind die Grundlage dafür, Ihr Hausarbeitsthema einzugrenzen und zu präzisieren. Die Vorgaben, die Sie in Ihrer Lehrveranstaltung dazu erhalten, können sehr unterschiedlich sein. Es ist im Seminarbetrieb durchaus üblich, bei Hausarbeiten Gestaltungsspielraum zu lassen.

Selten gibt es ganz eng abgesteckte Themen. Mit wachsender Semesterzahl gehört es immer mehr zu Ihrer Aufgabe, das Thema zu präzisieren und die Darstellung zu fokussieren, d.h. auf einen Teilausschnitt des Themas zu begrenzen (siehe dazu auch Schritt 5 und S. 228-236). Bei der ersten Hausarbeit können Sie Glück haben und an ein gut abgegrenztes, auf seine Machbarkeit hin getestetes Thema stoßen. Sie können aber auch an ein schlecht definiertes Thema geraten, das sich Ihrem Versuch, es zu verstehen, eher verschließt, statt sich zu öffnen.

Es kommt nicht in erster Linie darauf an, die *einzig richtige* Auffassung eines Themas zu finden, sondern eine mögliche, die Ihren Interessen entgegenkommt und dem thematischen Rahmen des Seminars entspricht. Bieten Sie gegebenenfalls Ihrer Seminarleiterin oder Ihrem Seminarleiter eine Interpretation des Themas an, und handeln Sie diese mit ihr oder ihm aus.

Fragen Sie nach bei der Themenvergabe! Lassen Sie sich genaue Angaben geben über die Art der zu erstellenden Arbeit, über die zu verwendende Literatur und über die Kriterien, nach denen die Arbeit beurteilt wird. Folgende Fragen können Sie bei der Themenannahme stellen:

- Was ist das genaue Thema der Arbeit?
- Wo sollen Grenzen gesetzt werden?
- Worauf soll der Schwerpunkt der Arbeit liegen?
- Wie ist die Hausarbeit auf den Themenplan des Seminars bezogen?
- Welcher Art soll der mündliche Beitrag (Referat) sein, welcher Art der schriftliche?
- Welche ist die wichtigste Literatur, die der Arbeit zugrunde liegen soll?
- Wieweit wird eine selbständige Literatursuche erwartet, bzw. reicht die angegebene Literatur?
- Welchem Textmuster soll die Hausarbeit folgen (siehe dazu S. 117-128)?

Grenzen Sie das Thema bereits bei der Annahme ein, sonst werden Sie von Anfang an Ihre Arbeit zu breit anlegen. Denken Sie aber auch daran, dass Eingrenzen Vertrautheit mit dem Thema erfordert und deshalb oft nur schrittweise zu erreichen ist.

Mit Ihrem Thema haben Sie in der Regel einige Literaturangaben erhalten, auf deren Basis die Hausarbeit zu schreiben ist. Es empfiehlt sich zwar immer, sich selbst noch einmal nach Literatur umzusehen (siehe Schritt 2), aber Sie sollten mit Ihrer Nachfrage sichergehen, wieweit dies zu Ihrer Aufgabe gehört.

Schritt 2: Überblick verschaffen

Der zweite Schritt beim Schreiben einer wissenschaftlichen Hausarbeit besteht darin, sich ein Bild zu machen von dem Gegenstand, über den man schreibt. Das schließt ein, dass man die angegebenen Texte liest, aber damit ist es meist nicht getan. Gerade wenn ein Thema sehr eng eingegrenzt ist, braucht man ein Minimum an Information über den Forschungskontext, in dem es behandelt wurde. Das kann sich auf wissenschaftshistorische Aspekte, auf Theorien, Personen, empirische Zugänge und Anwendungsfelder beziehen. In der Regel dient die Lehrveranstaltung, in der Sie Ihre Hausarbeit schreiben, genau diesem Zweck. Es ist jedoch ratsam, auch selbst zu recherchieren, damit Sie ein Stück Unabhängigkeit in Ihren Erkenntnisbemühungen gewinnen. Um einen Überblick zu erhalten, können Sie folgende Quellen in Anspruch nehmen:

- *Konversationslexikon:* Es dient der schnellen Orientierung und hilft, komplexe Sachverhalte auf der Basis der Alltagssprache zu verstehen.
- *Fachlexikon:* Übersichtsdarstellungen finden sich regelmäßig in Fachlexika. Je nach Wahl erhält man z.B. Darstellungen der historischen, sozialpädagogischen, psychologischen oder juristischen Aspekte eines Themas.
- *Schlagwortkatalog der Bibliothek:* Er gibt Auskunft darüber, was sich an Büchern oder Zeitschriftenartikeln über ein Thema in der Bibliothek findet. Leider sind nicht alle Bibliotheken mit einem solchen Katalog ausgestattet.
- *Suche in den Regalen:* Außerdem sollten Sie sich die Systematik der Bibliothek erläutern lassen und in den entspre-

chenden Regalen nach Büchern zu Ihrem Thema suchen. Dort finden Sie weitere Literaturangaben, die für Sie nützlich sein könnten.
- *Bibliographische Suchsysteme:* Die meisten Bibliotheken besitzen heute computergestützte Recherchesysteme. Das sind Literaturdatenbanken, die alles gesammelt haben, was in Bereichen wie Sozial- und Wirtschaftswissenschaften, Psychologie, Pädagogik, Medizin usw. veröffentlicht worden ist. Gibt man beispielsweise das Stichwort »Ärger« ein, erhält man eine Liste aller Veröffentlichungen zu diesem Thema, meist mehr, als man verarbeiten kann. Für die erste Hausarbeit sind derart umfangreiche Recherchen in der Regel nicht erforderlich, aber im Einzelfall könnte ein Suchsystem dabei helfen, die passende Übersichts- oder Spezialliteratur zu finden.

Einen Überblick verschafft man sich nicht, indem man alle Literatur, die man findet, zur Gänze liest, sondern indem man sie *sichtet*. Sie sollten sich nur mit solchen Texten eingehender beschäftigen, die auch tatsächlich Überblickswissen vermitteln. Dazu gehören Handbuchartikel, Überblicksdarstellungen, Klappentexte von Büchern und Zusammenfassungen aus Literatursuchsystemen.

Es gibt keine Kriterien dafür, wann Sie einen Überblick über ein Thema besitzen. Insofern ist etwas Vorsicht bei Arbeitsschritt 2 geboten, da man sich im Prinzip unendlich lange damit aufhalten kann. Sehen Sie also zu, dass Ihre Suche sehr eng an dem Thema bzw. dem Gegenstand Ihrer Arbeit orientiert ist, und vermeiden Sie es, zu allgemeine Überbegriffe Ihres Themas zu erkunden.

Schritt 3: Begriffe klären

Haben Sie Ihr Thema nach außen etwas eingeordnet, können Sie daran gehen, sich ein Verständnis der wichtigsten Textinhalte zu erarbeiten. Dabei sollten Sie berücksichtigen, dass »Verstehen« ein vielschichtiger Prozess ist. Textverständnis beginnt auf der begrifflichen Ebene. Solange zentrale Begriffe nicht klar sind, können auch komplexere Texteinheiten nicht nachvollzogen werden. Das Verständnis der zentralen Begriffe hilft dabei, die inneren Textstrukturen zu entschlüsseln. Von dieser Basis aus lassen sich weitere Sinndimensionen erschließen.

Begriffe zu erschließen erfordert wissenschaftliches Handwerkszeug. Die wichtigsten Instrumente sind wiederum Wörterbücher und Lexika. Sie bieten folgende Hilfen:

- *Fachwörterbücher:* Sie geben Definitionen von zentralen Begriffen, liefern meist aber auch eine Einführung in das Thema und vermitteln ein Grundverständnis davon, wie der Begriff in der entsprechenden Wissenschaft verwendet wird. Es ist nützlich, jeweils mehrere Lexika zu konsultieren.
- *Fremdwörterbuch:* Es ist unentbehrlich bei komplizierteren wissenschaftlichen Texten. Machen Sie es sich zur Gewohnheit, jedes Fremdwort, das Sie nicht kennen, nachzusehen.
- *Herkunftswörterbuch* (auch: etymologisches Wörterbuch): Es gibt Auskunft über die historische Entstehung von Wörtern, darunter auch alle gängigen Fremdwörter, und ist nützlich, um ein vertieftes Sprachwissen zu erwerben.
- *Fremdsprachenwörterbücher:* Vor allem englischsprachige Texte sind in vielen Wissenschaften unumgänglich. Selbst bei guten Fremdsprachenkenntnissen brauchen Sie ein entsprechendes Lexikon, um die Fachterminologie verstehen zu können.

Scheuen Sie sich nicht, ein *Glossar* der wichtigsten Begriffe zusammenzustellen, das Definitionen und Verwendungsweisen enthält. Es kann auch auf widersprüchliche Verwendungen von Begriffen oder auf Verständnisschwierigkeiten eingehen, die Sie mit Begriffen haben. Sie können dieses Glossar entweder für sich selbst als Arbeitsbasis verwenden oder es Ihrer Arbeit als Anhang anfügen.

Schritt 4: Texte verstehen

Wissenschaftliche Literatur erschließt sich oft nicht beim ersten Lesen, sondern erfordert einiges Nachdenken und Knobeln. Es wäre aussichtslos, Hegel oder Heidegger einfach durch Lesen des Originals verstehen zu wollen. Die Klassiker vieler Fächer sind häufig kommentiert und erläutert worden, und Sie benötigen diese Erläuterungen, um sie zu verstehen. Machen Sie Gebrauch von Lese- und Verständnishilfen. An der Universität wird von Ihnen darin eine gewisse Selbstständigkeit erwartet. Weitere Hilfen für ein vertieftes Textverständnis finden Sie bei Stary & Kretschmer (1994).

Texte stellen ihre LeserInnen vor unterschiedliche Anforderungen. Es gibt wissenschaftliche Texte, die in einer abschreckend komplizierten Sprache geschrieben sind, und solche, die sehr leserfreundlich formuliert sind. Manche Texte bewegen sich auf einem schwer verständlichen Abstraktionsniveau, andere sind sehr konkret und anschaulich. Es lässt sich schwer vorhersagen, ob ein komplizierter Text inhaltlich ergiebig ist oder nur Schaum enthält. Auf folgende Arten von Texten können Sie beispielsweise stoßen:

- Texte, die ein Thema auf einer *logisch-begrifflichen Ebene* entwickeln. Bei ihnen kommt es darauf an herauszuarbeiten, wie Begriffe verwendet werden, wie mit ihnen Behauptungen über einen Gegenstand getroffen und wie sie mit anderen Behauptungen in Beziehung gesetzt werden. Solche Texte stammen meist aus der Philosophie. Hilfe dazu, wie man philosophische Texte liest, gibt Rosenberg (1993, S. 154ff.).
- Texte, die *sachzentriert* sind und empirische Ergebnisse über ein bestimmtes Thema darstellen. Bei ihrer Lektüre geht es darum, zu einem Verständnis davon zu kommen, wie die AutorInnen ihren Gegenstand verstehen und wie sie ihre Sicht durch die Verwendung von empirischen Forschungsergebnissen begründen.
- Texte, die *argumentativ* sind. Sie wollen von einer bestimmten Meinung überzeugen. Sie zu verstehen heißt, die wich-

tigsten Argumente herauszuarbeiten und ihre Begründungen zu analysieren.
- Texte, die ein *Forschungsprojekt beschreiben*. Sie dokumentieren eine bestimmte empirische Vorgehensweise. Sie zu verstehen heißt nachzuvollziehen, was die AutorInnen getan, welche Resultate sie dabei erzielt und wie sie diese interpretiert haben.

In jedem dieser Fälle müssen Sie unterschiedliche Wege einschlagen, um zu einem Textverständnis kommen. Die meisten Texte allerdings tun mehreres gleichzeitig: Sie definieren z.B. ihre Begriffe, stellen Forschungsergebnisse dar und versuchen nebenbei, theoretische Positionen abzustecken. In diesen Fällen müssen Sie entsprechend flexibel lesen.

Schritt 5: Exzerpieren und Paraphrasieren

Den Versuch, Texte zu verstehen, verbindet man oft mit einem weiteren Schritt, der darin besteht, wichtige Elemente aus einem Text herauszuschreiben. Das können Elemente sein, die man braucht, um den Text in eigener Sprache wiedergeben zu können oder um daraus einen neuen Text herzustellen.

Der Begriff *Exzerpieren* (siehe auch S. 215-220 für eine ausführliche Darstellung dazu) kommt aus dem Lateinischen (ursprünglich »herausgreifen«) und bedeutet soviel wie einen Auszug aus einem Text zu machen. Während das Lesen, das dazu dient, eine Übersicht zu erhalten, auch ohne Mitschrift erfolgen kann, muss das Lesen der Kerntexte unbedingt mit schriftlichen Aufzeichnungen verbunden sein. Und diese schriftlichen Aufzeichnungen sollten von Anfang an in einer Form gehalten sein, die ihre Verwendung in einem eigenen Text erlaubt. Dazu müssen die Aussagen zusammengefasst und paraphrasiert (in eigene Worte gefasst) werden.

Wenn man beginnt, systematisch zu exzerpieren, ist es wichtig, sich noch einmal auf die Themeneingrenzung zu besinnen. Daraus leitet sich ab, auf welche Fragen die gelesenen Texte

Antwort geben sollen und welche Textpassagen man systematisch exzerpieren muss.

Zum Exzerpieren schwer verständlicher Texte empfiehlt sich eine Methode von Franck & Stary (1989, vgl. dazu auch Kruse & Püschel 1994, S. 69 ff.). Nach dieser Methode geht man abschnittweise vor und erfasst den Inhalt jedes Abschnitts in zwei Aspekten:

1. Was ist das (allgemeine) Thema des Abschnitts?
2. Welche spezifische Aussage (ggf. mehrere Aussagen) wird über dieses Thema getroffen?

Dieses Vorgehen zwingt Sie dazu, das Allgemeine jedes Abschnitts herauszuarbeiten und mit der speziellen Behauptung über dieses Thema in Verbindung zu bringen. Es hilft weiterhin dabei, aktiv zu lesen und einen Text auf wesentliche Elemente zu reduzieren. Dies ist eine gute Basis, um einen Text zusammenzufassen.

Beim Exzerpieren von wissenschaftlicher Literatur ist darauf zu achten, dass Sie die übernommenen Passagen *paraphrasieren*, d.h., sie in eigenen Worten wiedergeben, und gleichzeitig auf die fremde Autorschaft hinweisen. Formulierungen folgender Art sind dazu geeignet (vgl. Veit, Gould & Clifford 1990):

Nach Meinung der Autorin ist ...
Die Autoren vertreten die Position, dass ...
Der Autor hält ... für ein Grundproblem, das ...
Die Autorin interpretiert die bisherige Forschung dahingehend, dass ...
Wenn ich die Autoren richtig verstehe, vertreten sie eine Position, die ...

Der Kasten »Beispiel für das Zusammenfassen und Paraphrasieren eines Textes« zeigt die schrittweise Umformulierung eines Originaltextes. Er zeigt zunächst, dass die Umformulierung in Thema/Aussage dabei hilft, den Text auf zentrale Behauptungen zu reduzieren. Dies bildet eine wichtige Grundlage für eine kompetente Zusammenfassung, die im nächsten Schritt dargestellt ist.

Originaltext:
»Die Soziologin Hochschild (1979) hat die Vorstellung, dass der Emotions*ausdruck* durch soziale Regeln geleitet wird, durch ein zweites Prinzip ergänzt. Sie geht davon aus, dass wir Emotionen nicht nur oberflächlich verbrämen müssen, sondern dass ›feeling rules‹ existieren, die festschreiben, welche Emotion in einer gegebenen Situation überhaupt zu *empfinden* bzw. *nicht* zu empfinden ist. Beschneidet beispielsweise ein erwachsener Mensch böswillig unsre Rechte, so ›dürfen‹ oder sollten wir uns ärgern, zerreißt die Dreijährige vergnügt das neue Buch, so ›dürfen‹ wir uns nicht ärgern. Gefühlsregeln sind radikaler als Ausdrucksregeln, und sie stellen die Annahme angeborener Emotionen weitaus mehr in Frage. Wenn wir Emotionen empfinden, weil Regeln sie vorschreiben, sind sie vor allem *sozial konstruierte* und weniger angeborene Phänomene. Diese Idee wird uns in der Theorie von Averill im Abschnitt 1.7 wieder begegnen.«*

Reduktion auf Thema/Aussage:
Thema: feeling rules (Gefühlsregeln?), Theorie von Hochschild (1979)
Aussage: Anders als Ausdrucksregeln, die den emotionalen Ausdruck beeinflussen, bestimmen *feeling rules* die Empfindung der Emotion; ihre Existenz weist darauf hin, dass Emotionen sozial konstruiert sind.

Zusammenfassung:
Hochschild (1979) stellt die Behauptung auf, dass es neben Ausdrucksregeln auch *feeling rules* (Gefühlsregeln) gibt, die bestimmen, wie Emotionen empfunden werden. Dies würde auf eine soziale Konstruktion der Emotionen hinweisen.

Paraphrasierte Zusammenfassung:
In ihrer Darstellung der Einfüsse sozialer Regeln auf die Emotionen führt Weber (1994, S. 23) auch eine Theorie der Soziologin Hochschild (1979) an, die die Existenz von »feeling rules« postuliert. Diese Gefühlsregeln (der deutsche Begriff wird von Weber nicht verwendet) seien entsprechend der Theorie von Hochschild dafür verantwortlich, wie Emotionen empfunden werden. Weber weist darauf hin, dass die Annahme von Gefühlsregeln die Emotionen als »sozial konstruierte« Phänomene ausweisen würde.

---

* Originaltext entnommen aus: H. Weber (1994). *Ärger. Psychologie einer alltäglichen Emotion.* Weinheim, S. 23.

Beispiel für das Zusammenfassen und Paraphrasieren eines Textes

Allerdings hat die einfache Zusammenfassung eine Form, die wissenschaftlich nicht legitim ist. Sie übernimmt die Aussage einer fremden Autorin, ohne dies zu markieren. Würden wir also in einem eigenen Text die Zusammenfassung so verwenden, wäre dies ein Plagiat, also Diebstahl geistigen Eigentums.

Die paraphrasierte Fassung schützt vor dem Plagiieren. Sie erlaubt, genau zu unterscheiden, wer welche Aussage getroffen hat und welchen Status die jeweilige Aussage hat. So kann die paraphrasierte Zusammenfassung eindeutig auseinander halten, welche Aussage auf Hochschild und welche auf Weber zurückzuführen ist. Ebenfalls erlaubt sie, genauer zu fassen, ob Weber selbst nun der Meinung ist, Emotionen seien »soziale Konstruktionen«, oder ob dies nur eine bedingte Interpretation darstellt für den Fall, dass die Annahme wahr wäre. In der ersten Zusammenfassung hätte die Interpretation (»Dies würde auf eine soziale Konstruktion der Emotionen hinweisen«) von Hochschild, von Weber oder von der zusammenfassenden Person stammen können.

Gewiss ist die paraphrasierte Zusammenfassung um einiges umständlicher und sprachlich aufwändiger. Dies ist der Preis, den wir für Genauigkeit in wissenschaftlichen Texten zahlen müssen.

Verwendet man diese Art des Paraphrasierens nicht, übernimmt man Texte unkritisch und unterscheidet sie nicht hinreichend von einfachen Sachaussagen (etwa: »Gefühlsregeln beeinflussen die Wahrnehmung der Emotionen«) und von eigenen Behauptungen. Paraphrasieren schützt also vor falschen Interpretationen und unmarkierter Übernahme fremder Gedanken.

Wissenschaftlichkeit ist eng damit verbunden, die Urheberschaft fremder Ideen und Forschungsbeiträge zu respektieren, und Paraphrasieren ist die wissenschaftsübliche Form, mit fremden Gedanken umzugehen.

Das paraphrasierte Exzerpieren verlangt, dass eigene Gedanken von den übernommenen säuberlich getrennt werden. Das heißt nicht, dass man Erstere unterdrücken muss, im Gegenteil: Schon beim Exzerpieren (und erst recht bei der späteren Darstellung oder Präsentation) ist es wichtig, auch die eigenen Überlegungen festzuhalten. Es wäre also sinnvoll gewesen, an das obige Beispiel gleich einen Kommentar anzuschließen, der die eigene Meinung über die Existenz von *feeling rules* enthält.

Schritt 6: Kernaussagen sammeln und strukturieren

Alle exzerpierten Textelemente, die für die eigene Arbeit nützlich sein könnten, sowie eigene Gedanken, Statistiken und Zitate gilt es zu sammeln. Am besten versieht man sie mit einer Überschrift oder einem Stichwort, sodass sie für eine spätere Verwendung gut erkennbar bereitliegen. Dies geschieht sinnvollerweise auf einer Karteikarte oder mit einem Computerprogramm, mit dem sich Textelemente speichern und sortieren lassen.

Nachdem das Material gelesen und ausgewertet ist, muss man es ordnen, d.h. verschiedene Aspekte des Themas unterscheiden, um zu einer Gliederung zu gelangen. Das beste Verfahren hierfür ist die *Mind-Map*-Methode (Buzan 1984, Kirkhoff 1992). Dies ist ein grafisches Ordnungs- und Strukturierungsverfahren, das es erlaubt, viele Informationen zu gruppieren und miteinander in Beziehung zu setzen. Es wird um ein Kernwort oder ein Thema herum aufgebaut. Die wichtigsten Gesichtspunkte, unter denen sich das Thema betrachten lässt, werden als »Äste« direkt an das Kernwort angefügt. An die Hauptäste lassen sich wiederum Zweige anbringen, die untergeordnete Gesichtspunkte repräsentieren. Diese können sich weiter verzweigen. Oft sind mehrere Versuche nötig, bis alles Material in einer *Mind Map* untergebracht ist.

Material zu strukturieren heißt, unterschiedliche Ordnungsgesichtspunkte auszuprobieren und zu sehen, ob sich das Material durch sie gut aufteilen und zuordnen lässt. Voraussetzung für sinnvolles Ordnen ist, dass Sie das, was Sie ordnen wollen, d.h. einzelne Ideen, Argumente, Fakten, Forschungsergebnisse usw., gut vorbereitet haben. Die Abbildung 2 zeigt eine *Mind Map* zum Thema »Ärgerentwicklung in der frühen Kindheit«.

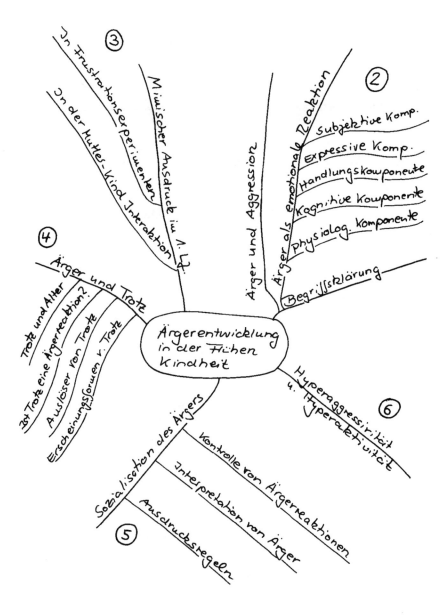

Abbildung 2: Beispiel für Mind Map zum Thema »Ärgerentwicklung in der frühen Kindheit«

Mind Maps lassen sich in der Regel unmittelbar in Gliederungen überführen. Wenn man die Hauptäste der *Mind Map* durchnummeriert, hat man bereits die Überschriften der Hauptgliederungspunkte. Die untergeordneten Äste entsprechen den Gliederungspunkten niederer Ordnung. So ergibt sich aus der *Mind Map* die Gliederung aus dem Kasten »Beispielhafte Gliederung ...«.

1. Einleitung
2. Begriffsklärung
    2.1 Ärger und Aggression
    2.2 Komponenten der Ärgerreaktion
        2.2.1 Physiologische Komponente
        2.2.2 Expressive Komponente
        2.2.3 Handlungskomponente
        2.2.4 Kognitive Komponente
        2.2.5 Subjektive Komponente
3. Mimischer Ausdruck des Ärgers im ersten Lebensjahr
    3.1 Beobachtung von Mutter-Kind-Interaktion
    3.2 Frustrationsexperimente
4. Ärger und Trotz
    4.1 Erscheinungsformen von Trotz
    4.2 Ist Trotz eine Ärgerreaktion?
    4.3 Auslöser von Trotz
    4.4 Veränderung der Trotzreaktion mit dem Alter
5. Sozialisation des Ärgers
    5.1 Kontrolle von Ärger
    5.2 Verständnis von Ärgerreaktionen
    5.3 Ausdrucksregeln
6. Hyperaggressivität und Hyperaktivität
7. Schlussbemerkungen

Beispielhafte Gliederung zum Thema »Ärgerentwicklung in der frühen Kindheit«

Sicherlich ist diese Gliederung (und die für ihre Realisierung zu verarbeitende Literatur) für eine Hausarbeit im ersten Semester etwas zu umfangreich; aber zum Zweck der Demonstration ist es sinnvoll, eine etwas komplexere Struktur zu wählen.

Schritt 7: Referat halten

Viele Hausarbeitsthemen müssen im Seminar mündlich vorgetragen werden. Das erfordert in der Bearbeitung des Themas einen Zwischenschritt, der sich gut als Vorarbeit für die eigentliche Schriftfassung eignet. Eines sollten Sie bedenken: Hausarbeiten eignen sich nicht als Referatvorlagen. Sie sind meist zu abstrakt und verdichten Informationen zu stark, als dass sie für den mündlichen Vortrag geeignet wären.

Für die Referatvorlage brauchen Sie eine andere Gliederung. Die wichtigsten Gesichtspunkte für diese Gliederung ergeben sich aus folgenden Fragen: »Was muss ich meinen ZuhörerInnen vermitteln, damit sie mein Thema verstehen?« Und: »In welcher Reihenfolge muss ich dies tun?« Anders als bei einem schriftlichen Text können Sie ZuhörerInnen nur relativ kurze Textpassagen zumuten, wenn Sie ihre Aufmerksamkeit erhalten wollen. In ein Referat können etwa folgende Punkte aufgenommen werden:

- Thema oder Fragestellung
- theoretischer oder sachlicher Zusammenhang, in dem das Thema steht
- Bezug zum Thema des Seminars
- Ziel des Referats, grobe Gliederung, Überblick
- Schwierigkeiten bei der Erarbeitung des Themas
- Präzisierung des Gegenstandes, Definition, evtl. konkretes Beispiel
- Darstellung zentraler Thesen
- Illustration wichtiger Passagen durch Beispiele
- Formulierung offener Fragen und Diskussionsanregungen

Es ist nicht nötig, dass Sie für Ihr Referat alle diese Punkte schriftlich formulieren. Jeder Vortrag wird lebendiger, wenn einzelne Passagen frei gesprochen werden, und Sie verlieren dann nicht so leicht den Bezug zum Publikum. Dort allerdings, wo Sie präzise sein wollen und müssen, sollten Sie eine schriftliche Vorlage haben. Näheres über Referate erfahren Sie bei Bromme & Rambow (1993).

Schritt 8: Rohfassung schreiben

Wenn Sie eine Gliederung, und sei es auch nur eine vorläufige, erstellt haben, können Sie mit dem Schreiben beginnen. Nehmen Sie dabei eine Art Erzählhaltung ein. Erläutern Sie einem fachwissenschaftlich interessierten (nicht zu hoch spezialisierten) Publikum Ihren Gegenstand, und belegen Sie Ihre Äußerungen mit wissenschaftlichem Material. Während wissenschaftliche Texte im Allgemeinen an die Fachwelt adressiert sind, sollten Sie Hausarbeiten eher an eine studentische Leserschaft richten, sonst werden Sie zu abstrakt und zu wenig explizit und laufen Gefahr, einen hoch spezialisierten Diskurs mit Experten zu beginnen, zu dem Ihnen vorläufig noch die Wissensbasis und die rhetorischen Mittel fehlen.

Orientieren Sie sich also an der Frage: Was müssen meine KommilitonInnen wissen, damit sie mein Thema verstehen können? Diese Orientierung hilft Ihnen, das Komplexitätsniveau Ihres Textes richtig anzusetzen. Stellen Sie dar, was Sie bei der Lektüre alles in Erfahrung gebracht haben. Berichten Sie von den Erlebnissen mit Texten, AutorInnen, Begriffen, Forschungsergebnissen, theoretischen Zusammenhängen und Erkenntnissen über Ihren Arbeitsgegenstand. Diese Erzählhaltung hilft Ihnen, als denkendes Subjekt im eigenen Text existent zu bleiben.

Ein Hauptproblem beim Schreiben wissenschaftlicher Texte liegt nämlich darin, Ihre eigenen Gedanken zum Thema mit dem zu verbinden, was Sie in der Literatur gelesen haben. Viele, die ihre erste Hausarbeit schreiben, stehen vor einem Dilemma, das ein Student in einer Veranstaltung folgendermaßen ausdrückte: »Was ich sagen könnte, das weiß ich, aber das zu schreiben wäre nicht wissenschaftlich. Was in den wissenschaftlichen Veröffentlichungen steht, könnte ich auch sagen, aber das zu schreiben wäre einfach eine Verdoppelung, denn es ist schon geschrieben.«

In allen wissenschaftlichen Arbeiten besteht eine Spannung zwischen dem eigenen Beitrag, den man leisten möchte, und den vorhandenen Erkenntnissen, die bereits veröffentlicht sind. Beide müssen gut aufeinander bezogen sein. Sie zu integrieren ist ein Vorgang, der einige Übung erfordert. Man muss sowohl dem Stand der Forschung gerecht werden als auch den eigenen Überzeugungen und Intentionen.

Wichtig für Ihre erste Hausarbeit ist, dass Sie die Rohfassung schnell und ohne große Skrupel aufs Papier bringen. Sie muss sprachlich nicht perfekt sein. Lassen Sie sich nicht auf einen großen Kampf mit der Sprache ein, sondern konzentrieren Sie sich darauf, Ihren Adressaten das Thema in einfachen Worten nahe zu bringen, und arbeiten Sie dabei die *Mind Map* ab. Nach der Fertigstellung der Rohfassung kommt ohnehin noch eine Phase der Überarbeitung, in der Sie sich mit den einzelnen Formulierungen beschäftigen müssen.

Schritt 9: Umgang mit Zitaten, Belegen und Verweisen

Selbst Studierende, die ihre Diplomarbeit schreiben, haben oft noch elementare Probleme mit dem Zitieren. Das hat seinen Grund nicht nur darin, dass diese Fähigkeit unzureichend gelehrt wird, sondern auch darin, dass es keine ganz eindeutigen Regeln gibt. Die Regeln unterscheiden sich von Fach zu Fach und von Diskurs zu Diskurs. Es ist deshalb wichtig, den Sinn des Zitierens zu verstehen und nicht einfach Regeln zu lernen.

Wissenschaftliche Texte sind immer Teil eines großen Flickenteppichs, der sich Forschung nennt. Jeder Beitrag ist eine Ergänzung zu oder eine Abgrenzung von vorhandenen Positionen. Veröffentlichungen haben das Ziel, einen arbeitsteilig entstandenen Pool von Erkenntnissen zu ergänzen. Das Zitieren hat dabei die Aufgabe, die Bezüge zur existierenden Forschung herzustellen und somit das bereits existierende Wissen von dem neu formulierten zu unterscheiden.

Beim Schreiben wissenschaftlicher Arbeiten gibt es zwei entgegengesetzte Strategien, die beide ihre Befürworter haben. Die eine Strategie besteht darin, so viele (direkte und indirekte) Zitate wie möglich zu sammeln, zu sortieren und um sie herum den eigenen Text aufzubauen. Die zweite Strategie besteht darin, sich selbst ein Bild vom Gegenstand zu machen und in eigenen Worten niederzuschreiben, um in einem zweiten Schritt dann Zitate, Belege und Verweise in diesen Text hineinzumontieren.

Die erste Strategie hat den Nachteil, dass sie es erschwert, die eigene Meinung auszudrücken und eine eigene Sprache zu entwickeln. Die zweite hat den Nachteil, dass der Bezug zur vorhandenen Literatur mitunter nicht ganz einfach herzustellen ist. Empfehlenswert ist eine Strategie, die einen Mittelweg einschlägt. Sie sollten jedoch bedenken, dass ein Text immer *Ihr* Produkt ist, ein Produkt, das *Sie* gestalten, strukturieren und mit einer verständlichen Mitteilung versehen müssen. Aus einer reinen Zitatsammlung ergibt sich kein eigener Text. In *Ihrem* Text haben Zitate, Verweise und Belege immer nur die Funktion, das von Ihnen Gesagte zu stützen, einzubetten, zu belegen und abzusichern. Alle fremden Materialien sind nur Hilfsmittel für Ihre Aussagen.

Viele Studierende versuchen es andersherum: Sie schieben den Zitaten die Kernaussagen zu und verwenden eigene Textbestandteile nur als Verbindung zwischen ihnen. Das führt zu leblosen Texten, die letztlich überflüssig sind, da alles bereits an anderer Stelle gesagt worden ist. Leider entspricht die Mehrzahl der Hausarbeiten dieser Collage-Technik. Zu Beginn Ihrer Schreibkarriere empfiehlt es sich daher, den Text zunächst ganz in eigenen Worten auszudrücken und ihn dann mit fremden Literaturteilen, mit Verweisen und Belegen »anzureichern«. Es gibt verschiedene Arten, diese Bezüge herzustellen:

- *Zitieren* bezeichnet das sinngemäße oder wörtliche Anführen fremder Behauptungen, Ideen oder Forschungsergebnisse. Es gibt *direkte Zitate*, die wörtlich übernommen und in Anführungszeichen gesetzt werden, und *indirekte Zitate*, die paraphrasiert (d.h. in eigene Worte gefasst) werden, aber Erkenntnisse oder Meinungen anderer unverfälscht wiedergeben. Zitate müssen mitnichten die eigene Meinung darstellen. Sie können auch Gegenmeinungen, mögliche Meinungen usw. repräsentieren.
- *Belegen* bezeichnet das Anführen von Forschungsergebnissen oder Quellen, die eigene Behauptungen stützen können.

	Schriftliche Studienleistungen werden oft gefordert, ohne dass spezifiziert wird,	
Vornamen werden üblicherweise weggelassen.	»welcher Art der erstellte Text eigentlich sein soll« (Albert Schreibschnell 1988, S. 17). Daraus resultieren Probleme bei der	*Direktes Zitat wird durch Anführungszeichen markiert.*
Üblicher Kurzbeleg mit Autoren- und Jahresangabe	Textherstellung, die nach Writing (1991) vermieden werden könnten, wenn in Lehrveranstaltungen mehr Wissen über Textmuster vermittelt würde. Oft werden in Seminaren Thesenpapiere verlangt, obwohl andere	*Seitenangabe muss bei direktem Zitat angegeben sein.*
Indirektes Zitat	Textmuster angemessener wären (Schmierfink 1967, S. 7). Es wäre also wichtig, »wenn Anforderungen an Hausarbeiten . . .	
Auslassungen im Zitat werden üblicherweise durch Punkte markiert.	variabler gehandhabt (werden) würden« (Ratgeb 1986, S. 59), damit die Studierenden sich im Gebrauch verschiedener Textsorten üben können.	*Grammatikalische Anpassungen oder Ergänzungen im Zitat werden in Klammern gesetzt.*

Zitatübernahme aus einem fremden Text; ist möglichst zu vermeiden.	Schreibprobleme Studierender sind oft mit fehlender Textmusterkenntnis verbunden. Wie eine Untersuchung von Textmann (1987, zit. nach Schreibschnell 1988, S. 44) ergab, sind weniger als 5 % aller Studierenden in der Lage, mehr als drei wissenschaftliche Textmuster zu benennen. Dagegen konnten Lerngut et al. (1992) zeigen, dass sich die Textqualität von Hausarbeiten erheblich verbessert, wenn die Studierenden zuvor Instruktionen über Textmuster erhalten. Auch Sprachschön (1978a, S. 55) betont, dass »das Schreiben wesentlich producktiver (sic!) ist, wenn Textmusterwissen vorhanden ist«. Es ist Studyskill (1987, S. 5, eigene Übersetzung) zuzustimmen, dass »Schreiben, das erfolgreich sein will, durch explizite Pläne und Regeln geleitet sein muss«.	*Beleg für vorhergehende Behauptung*
Bei mehr als 3 Autoren wird nur der erste Name mit »et al.« aufgeführt.		*»sic!« in einem Zitat bedeutet, dass der vorhergehende Begriff genau so im Original steht (mit Rechtschreibfehler in diesem Fall).*
Mehrere Schriften eines Autors aus dem gleichen Jahr werden durch Kleinbuchstaben a, b, c ... unterscheidbar gemacht. Sie müssen entsprechend im Literaturverzeichnis gekennzeichnet sein.		*Fremdsprachige Texte sollten im Original zitiert sein; eigene Übersetzung ist kenntlich zu machen.*

Beispieltext: Regeln des Zitierens im Kurzbelegverfahren (mit fiktiven Literaturangaben)

Alle nicht trivialen Kernaussagen, die man in wissenschaftlichen Texten trifft, sollten belegt werden. Davon abgehen können Sie, wenn Sie allgemein anerkannte Meinungen referieren oder wenn Sie aus eigener Expertise sprechen. Jedes Fach und jeder Diskurs besitzt eigene rhetorische Muster des Belegens. Man kann Aussagen dadurch belegen, dass man empirisches Material oder den Inhalt einer Quelle anführt, die sie stützen. Zum Belegen sollte man nur Primärliteratur verwenden, also originäre Forschungsberichte. Dies lässt sich in der ersten Hausarbeit nicht einhalten, da man viele Angaben aus zweiter Hand übernehmen muss. Sie sollten aber die Regel kennen.

- *Verweisen* bezeichnet den Hinweis auf Schriften, in denen ähnliche Aussagen zu finden sind. Behauptungen, die nicht belegt werden können oder die zu kompliziert sind, als dass man sie kurz belegen könnte, werden oft durch einen Verweis auf andere AutorInnen gestützt. Verweise beziehen sich oft auf Sekundärliteratur, die eine differenzierte Auseinandersetzung mit primären Forschungsergebnissen leistet. Verweise werden durch Ausdrücke wie »siehe« oder »vgl.« bei den entsprechenden Literaturangaben deutlich gemacht. Verweise ähneln oft indirekten Zitaten.

Zur formalen Gestaltung des Zitierens kann man zwei unterschiedliche *Beleg-* oder *Verweissysteme* heranziehen. Das erste arbeitet mit Kurzbelegen, das zweite mit Anmerkungen. Das Kurzbelegverfahren benennt Textquellen im Text mit dem Namen des Autors und der Jahreszahl der Veröffentlichung, sodass der Text, auf den verwiesen wird, im Literaturverzeichnis identifizierbar ist. Das Kurzbelegverfahren hat sich in den Sozialwissenschaften weitgehend durchgesetzt, ohne dass jedoch Anmerkungen deshalb geächtet wären. Das Kurzbelegverfahren hat für die LeserInnen den Vorteil, dass der Text alle Informationen enthält und kein Blättern nach den Literaturhinweisen in den Anmerkungen notwendig ist. Der Nachteil besteht darin, dass der Textfluss durch viele Einschübe unterbrochen wird. Details dieses Belegverfahrens zeigt der Beispieltext dazu.

Schriftliche Studienleistungen werden oft gefordert, ohne dass spezifiziert wird, »welcher Art der erstellte Text eigentlich sein soll«.[1] Daraus resultieren Probleme bei der Textherstellung, die nach Writing[2] vermieden werden könnten, wenn in Lehrveranstaltungen mehr Wissen über Textmuster vermittelt würde. Oft werden in Seminaren Thesenpapiere verlangt, obwohl andere Textmuster angemessener wären[3]. Es wäre also wichtig, »wenn Anforderungen an Hausarbeiten ... variabler gehandhabt (werden) würden«[4], damit die Studierenden sich im Gebrauch verschiedener Textsorten üben können.

Schreibprobleme Studierender sind oft mit fehlender Textmusterkenntnis verbunden. Wie eine Untersuchung von Textmann[5] ergab, sind weniger als 5 % aller Studierenden in der Lage, mehr als drei wissenschaftliche Textmuster zu benennen. Dagegen konnten Lerngut et al.[6] zeigen, dass sich die Textqualität von Hausarbeiten erheblich verbessert, wenn die Studierenden zuvor Instruktionen über Textmuster erhalten. Auch Sprachschön[7] betont, dass »das Schreiben wesentlich producktiver (sic!) ist, wenn Textmusterwissen vorhanden ist«. Es ist Studyskill[8] zuzustimmen, dass »Schreiben, das erfolgreich sein will, durch explizite Pläne und Regeln geleitet sein muss«.[9]

---

1 Schreibschnell, 1988, *Textherstellung*, S. 17.
2 Writing, 1991, *Schreiben im Studium*.
3 Diese Beobachtung teilte Schmierfink, 1967, in einem Symposium mit.
4 Ratgeb, 1986, *Seminarmaterialien zum Erstellen von Hausarbeiten*, S. 59; Ratgeb hält es darüber hinaus für sinnvoll, wenn Hausarbeiten in Gruppen geschrieben werden, damit Textmuster besser besprochen werden können.
5 Textmann, 1987, *Textmuster kennen und lieben*; hier zitiert nach Schreibschnell 1988, S. 44.
6 Lerngut, A., Lehrgenau, B., Schreibviel, C. & Rednicht, D., 1989, *Benennung von Textmustern im Kontext des Studiums*.
7 Sprachschön, 1978, *Schneller, schöner und effektiver schreiben!*, S. 55.
8 Studyskill, 1987, *Professional Writing*, S. 5, eigene Übersetzung.
9 Diese These wird in Kapitel 7 weiter ausgeführt werden.

Beispieltext: Zitieren mit Fußnotensystem

Das Anmerkungssystem geht sparsam mit Namen im Text um und gibt alle Verweise in die Anmerkungen. Diese können am Fuß der Seite stehen (Fußnoten), sie können aber auch am Kapitelende oder am Ende der ganzen Schrift stehen. Der Vorteil von Anmerkungen besteht darin, Verweise und Nebengedanken, die nicht der Linie der Gedankenführung entsprechen, aus dem Text zu entfernen und so den Textfluss nicht zu unterbrechen. Durch Textverarbeitungssysteme im PC ist die Arbeit mit Fußnoten sehr viel einfacher geworden, da sich mit ihnen Fußnoten separat speichern, durchnummerieren und an die richtige Stelle platzieren lassen. Fußnotensysteme sind dann angebracht, wenn in einem Text viele einzelne Belege und viele Belege aus nicht wissenschaftlichen Quellen anfallen. Details dieses Belegverfahrens zeigt der Beispieltext im Kasten dazu.

Schritt 10: Eigene Meinung formulieren

Aus Ihrem Text sollte nicht nur hervorgehen, woher die angeführten, fremden Ideen stammen, sondern auch, wie Sie sich zu diesen Ideen verhalten. Stimmen Sie mit ihnen überein oder nicht? Halten Sie sie z.B. für richtig, fraglich, bedenkenswert, überspitzt, vorschnell formuliert, tendenziell richtig, glaubwürdig, empirisch unzureichend belegt, subjektiv? Den Hausarbeiten, die in der typischen Collage-Technik verfasst sind, fehlen gerade die Aussagen darüber, wie die AutorInnen zu den ausgeführten Gedanken stehen.

Hausarbeiten werden oft als einfache Wiedergabe wissenschaftlicher Meinungen und Materialien missverstanden, so als müssten sich die Schreibenden dazu selbst nicht äußern. Das entspricht aber weder dem Sinn eines wissenschaftlichen Textes noch dem didaktischen Zweck einer Hausarbeit. Ihr Kern – wie der jeder wissenschaftlichen Arbeit – ist die eigenständige Strukturierung und Darstellung eines Themas. Als eigenständige Leistung kann darin eingehen:

– eine selbst gestaltete Textstruktur, in der das Thema entwickelt wird und in die das verwendete Material eingebettet ist

- eine eigene Sprache, die sich von der der verwendeten Literatur unterscheidet
- eigene Einschätzungen, Bewertungen, Interpretationen und Zusammenfassungen der dargestellten Sachverhalte, Theorien und Positionen

Wie viel eigene Meinung in einem Text vorhanden sein soll, schwankt von Textmuster zu Textmuster. Interpretationen und kritische Essays verlangen relativ viel eigene Strukturierung, Deutung und Bewertung. Kommentierte Textwiedergaben dagegen erfordern über lange Passagen vorwiegend ein Referieren des fremden Textes. Allerdings steht und fällt auch dieses Textmuster mit der Qualität der kommentierenden Bewertung des Textes.

Es ist immer etwas Augenmaß nötig, um herauszufinden, wie viel eigene Meinung in einer Hausarbeit verlangt wird. Sicher ist allerdings, dass Hausarbeiten speziell dem Zweck dienen, sich in der schwierigen Kunst zu üben, wissenschaftliches Material unter einer bestimmten Fragestellung korrekt aufzugreifen und mit der eigenen Meinung in Beziehung zu setzen. Sie können eigene Positionen an verschiedenen Stellen einbringen.

- In der *Einleitung* können eigene Positionen als Fragestellung und eigenes Interesse an einem Thema formuliert werden.
- Als *zusammenfassende Stellungnahme oder resümierende Schlussbemerkung* sollte am Ende Ihrer Hausarbeit eine eigene Stellungnahme stehen, die Ihre Meinung zum Thema wiedergibt.
- Im Text können *reflexive Passagen* auf darstellende Passagen folgen, die Ihre Gedanken zu dem Thema enthalten. Dies eignet sich für kritische Essays, Interpretationen und bestimmte Arten von Berichten.
- Als *Teil der paraphrasierten Wiedergabe* fremder Texte können eigene Gedanken und Bewertungen einfließen (Beispiel: «Die Autorin führt *etwas unvermittelt* den Begriff ›feeling rules‹ der Soziologin Hochschild [1979] ein, der ausdrücken soll, dass auch die subjektive Wahrnehmung von Emotio-

nen sich nach sozialen Regeln richtet. Dieser *empirisch nicht verankerte* und *in der psychologischen Forschung nicht verwendete* Begriff wird von der Autorin als Beleg dafür verwendet, dass Emotionen sozial konstruiert sind.« – (Die eigenen Gedanken sind jeweils kursiv gedruckt).

Die eigene Meinung kann sich auf sehr unterschiedliche Aspekte des Themas beziehen (siehe dazu auch S. 149-156). Versuchen Sie, folgende Fragen zu beantworten, um zu Ihrer Meinung zu finden:

- Wie hätten Sie den Sachverhalt mit Ihrem Vor- oder Alltagswissen erklärt?
- Welchen Erkenntnisgewinn oder -verlust bringt die wissenschaftliche Betrachtungsweise?
- Ist der dargestellte wissenschaftliche Standpunkt plausibel? Welche Zweifel haben Sie?
- Sind die Kernaussagen der dargestellten Theorien oder Positionen in sich stimmig? Wo ergeben sich Widersprüche?
- Wie ist ein Sachverhalt moralisch zu bewerten? Welche ethischen Bedenken haben Sie?
- Welche Einseitigkeiten, Lücken, Mängel haben Sie in der Forschung zu Ihrem Thema entdeckt?
- Ist eine Methode oder eine Verfahrensweise wirksam, begründet, akzeptabel?

Versuchen Sie, am Ende der Hausarbeit zu schreiben, was Sie bei der Erarbeitung des Themas gelernt haben, was neu für Sie war, was Sie interessant fanden und womit Sie nicht einverstanden waren. Das sind gute Ausgangspunkte, um wissenschaftlich begründete Kritik zu lernen.

Beispiel: Am Ende der Hausarbeit über »Ärgerentwicklung in der frühen Kindheit« hätte unter der Überschrift »Schlussbemerkungen« oder »Diskussion« stehen können: »Neu war für mich, dass Ärger bereits so früh in der Entwicklung auftritt und offensichtlich eine starke biologische Wurzel hat. Plausibel scheint mir, dass Ärger eine wichtige Entwicklungsfunktion hat, indem er schon dem kleinen Kind Möglichkeiten an die Hand gibt, sich gegen Eltern und ältere Menschen durchzusetzen. Wenn schon kleine Kinder ein so hohes Niveau an Ärger-Potenzial haben, dann wird die Frage nach der sozialen Kontrolle oder der kulturellen Einbindung des Ärgers wichtig. Darüber habe ich kaum Informationen in der Literatur gefunden. Bisher war ich der Meinung, dass Ärger etwas ist, das eine sozial eher negative, schädliche Wirkung hat. Die Beschäftigung mit der Literatur hat mich davon überzeugt, dass Ärger auch eine positive Funktion hat. Unklar ist mir allerdings geblieben, wie eine Sozialisation auszusehen hat, die verhindern kann, dass Ärger in destruktive Aggressivität übergeht.«

Schritt 11: Text überarbeiten

Der häufigste Fehler, der in Hausarbeiten gemacht wird, ist der, sie nicht (gründlich genug) zu überarbeiten. Da das Überarbeiten ausführlich auf den Seiten 199-205 dargestellt wird, kann ich mich hier auf einige wesentliche Punkte beschränken.

Das Überarbeiten dient zunächst dazu, den roten Faden der Arbeit zu überprüfen. Sind die einzelnen Darstellungselemente folgerichtig aufeinander bezogen? Ist der Text verständlich? Gibt es überflüssige Teile darin? Ist die Gliederung stimmig? Ist die Einteilung in Abschnitte der Gedankenführung angemessen?

Als Zweites ist der Text auf seine sprachliche Angemessenheit zu prüfen. Komplizierte oder schwer verständliche Passagen sind zu vereinfachen, Wiederholungen zu eliminieren. *Alle* Ausdrücke sind zu überprüfen. Wer wissenschaftliche Texte schreibt, ist meist so sehr mit inhaltlichen Aspekten beschäftigt, dass er oder sie die sprachliche Angemessenheit aus dem Auge verliert. Deshalb braucht man einen Überarbeitungsdurchgang, der sich ausschließlich auf die Formulierungen bezieht.

Während wissenschaftliche Texte zu schreiben etwas ist, das man alleine tun muss, kann man beim Überarbeiten von der Hilfe anderer gut profitieren, wenn man sie den Text auf Verständlichkeit, roten Faden und Stimmigkeit probelesen lässt. Folgende Checkliste kann Ihnen beim Überarbeiten helfen:

- Haben Sie den Gegenstand, über den Sie schreiben, hinreichend präzisiert?
- Haben Sie die Fragestellung, unter der Sie Ihren Gegenstand betrachten, dargestellt?
- Sind Sie darauf eingegangen, in welchem Bezug die Hausarbeit zum Thema des Seminars steht?
- Haben Sie die zentralen Begriffe definiert und erläutert?
- Ist die Gliederung in sich stimmig?
- Sind die einzelnen Punkte oder Teile folgerichtig aufeinander aufgebaut?
- Ist erkennbar, von wem welche Aussagen stammen und aus welcher Quelle sie zitiert sind?
- Haben Sie alle verwendete Literatur zitiert?
- Haben Sie Ihren eigenen Standpunkt ausgedrückt und kenntlich gemacht?
- Zu welchen Schlussfolgerungen gelangen Sie? Gibt es so etwas wie ein resümierendes Fazit?
- Ist Ihr Text für andere verständlich?

Schritt 12: Literaturverzeichnis anlegen

Alle Literatur, die in einer Arbeit erwähnt wird, muss im Literaturverzeichnis aufgeführt werden, auch dann, wenn die Literatur bereits in den Anmerkungen angegeben ist (dort ist sie nicht gut auffindbar, weil nicht alphabetisch geordnet) oder wenn sie aus einer fremden Schrift übernommen ist (Zitatübernahme). Alles, was aus wissenschaftlichen Quellen stammt, gehört in das Literaturverzeichnis. Im Literaturverzeichnis sollte aber auch nur das aufgeführt sein, was im Text zur Stützung von Aussagen herangezogen wurde. Es ist kein Verzeichnis der *verwendeten,* sondern nur der im Text *erwähnten* Literatur. Wenn es wichtige Literatur gibt, die Sie unberücksichtigt gelassen haben, müssen Sie sie in der Arbeit selbst anführen, dann kann sie ins Literaturverzeichnis aufgenommen werden. Das Literaturverzeichnis steht am Ende des Textes, jedoch vor einem Anhang.

Zeitschriftenartikel mit einem Autor	Hermer, M. (1994). Kleine Psychopathologie des Klinischen Psychologen. *Report Psychologie*, 48 (11), 12-18
Monographie mit einer Autorin	Heller, A. (1981). *Theorie der Gefühle*. Hamburg.
Beitrag in einem Sammelband	Gruber-Kliem, J. (1992). »Schreiben als Versuch ...«. Ein Balanceakt zwischen Wissenschaftlichkeit und Selbstfindung. In: M. Schratz & S. Steixner (Hrsg.), *Betreuung wissenschaftlicher Abschlußarbeiten. Forschen im Dialog* (S. 38-52). Innsbruck.
Zeitschriftenartikel mit mehreren AutorInnen	Horowitz, L.M., French, R.S., Wallis, K.D. & Siegelman, E. (1981). The prototype as a construct in abnormal psychology. *Journal of Abnormal Psychology*, 90, 575-585
Sammelband mit mehreren AutorInnen	Schratz, M. & Steixner, S. (Hrsg.) (1992). *Betreuung wissenschaftlicher Abschlußarbeiten. Forschen im Dialog*. Innsbruck.
Unveröffentlichte Diplomarbeit	Krause, A. (1994). *Theoretische und methodische Probleme der familienbezogenen Schizophrenieforschung*. Universität Marburg, Psychologisches Institut (unveröffentl. Diplomarbeit)
Zeitungsartikel	Leffers, J. (1994). Der qualvolle Weg zum Examen. Hilfen beim wissenschaftlichen Schreiben sind rar. *Süddeutsche Zeitung* Nr. 244, 22.-23. Oktober, S. H3
Vortrag(smanuskript), unveröffentlicht	Brauns, H.P. & Schmitz, B. (1981). *Erste Ergebnisse einer Reanalyse zum Autokinetischen Effekt mit der SHERIF-Technik*. Vortrag gehalten auf der 23. Tagung experimenteller Psychologen Berlin
Veröffentlichung ohne Autorenangabe	Zentraleinrichtung Studienberatung und Psychologische Beratung (1984). *3. Tätigkeitsbericht*. Berlin, Freie Universität

Häufig verwendete Arten von Literaturangaben

Die Angaben im Literaturverzeichnis lassen sich auf unterschiedliche Weise formulieren. Ich schlage Ihnen einen Weg vor, der von der American Psychological Association (1991) vertreten und mittlerweile auch in den benachbarten Sozialwissenschaften relativ breit akzeptiert wird. Egal wie man die Information einer Literaturangabe gruppiert, die einzelnen Angaben müssen auf alle Fälle vorhanden sein (siehe Kasten »Häufig verwendete Arten von Literaturangaben« auf S. 113).

Schritt 13: Deckblatt, Inhaltsverzeichnis, Seitengestaltung

Wenn der Text überarbeitet ist und entweder neu geschrieben oder im Computer für den endgültigen Ausdruck formatiert werden muss, sind einige Überlegungen über die formale Gestaltung der Hausarbeit angebracht. Möglicherweise gibt es in Ihrem Institut Muster für die Gestaltung von Hausarbeiten (oft bestehen solche Vorschriften für Abschlussarbeiten). Meistens aber haben Sie einigen Spielraum dafür. Folgende Bestandteile gehören auf jeden Fall zu einer Hausarbeit:

- *Deckblatt:* Es sollte Informationen über Titel, AutorIn, Semesterzahl der AutorIn, Seminar, SeminarleiterIn, Datum, Hochschule, Institut, Studiengang, evtl. Haupt- oder Nebenfachstudium, Art des Abschlusses (Diplom, Magister, Staatsexamen) und Matrikelnummer enthalten. Das Arrangement des Deckblatts selbst bleibt Ihrer gestalterischen Kreativität überlassen.
- *Seitengestaltung:* Für die Seitenformatierung empfiehlt Theisen (1993, S. 159) folgende Randgestaltung: vom linken Rand ca. 4 bis 4,5 cm, vom rechten 2 cm, vom oberen Rand 4 cm und vom unteren 2 cm Abstand. Der Zeilenabstand ist meistens 1 1/2-zeilig, um die Textseiten nicht zu dicht werden zu lassen. Hausarbeiten sind mit Seitenzahlen zu versehen. Die Paginierung (Seitenzählung) beginnt mit der ersten Textseite.
- *Inhaltsverzeichnis:* Es ist unumgänglich, dem Text eine Gliederung mit Seitenangaben voranzustellen, selbst wenn sie

nur drei Punkte umfasst. Erwartet werden in der Regel numerische Gliederungsschemata.
- *Einleitung:* Dem Text kann eine Einleitung voranstehen, die in das Thema einführt und das Vorgehen skizziert. In ihr sollte dargestellt sein, welches Thema behandelt wird, wie Sie an das Thema herangegangen sind, welches Material Sie verwenden und gegebenenfalls welche Probleme Sie bei seiner Erarbeitung hatten.
- *Literaturverzeichnis:* Das Verzeichnis ist alphabetisch geordnet und steht am Ende der Arbeit. Sind mehrere Arbeiten der gleichen Autorin oder des gleichen Autors aufgeführt, so werden sie nach Erscheinungsjahr geordnet. Bei gleichem Autor und gleicher Jahreszahl werden die Arbeiten mit Kleinbuchstaben a, b, c unterschieden.
- *Quellenverzeichnis:* Neben dem Literaturverzeichnis ist ein spezielles Quellenverzeichnis anzulegen, wenn nicht wissenschaftliche Materialien in größerem Umfang verwendet wurden. Es enthält Übersichten über wichtige Quellen, z.B. ein Verzeichnis von Kunstwerken, Fotografien oder Dokumenten.
- *Anhang:* Materialien, die für die Vorgehensweise oder das Textverständnis notwendig, aber für den Text selbst zu umfangreich sind, können im Anhang untergebracht werden. Dazu zählen wichtige Quellen, Auswertungsrichtlinien, Computerprogramme, Musterbeispiele, Interviewleitfäden.

Unter die formalen Aspekte wird oft die Frage geschmuggelt, wie lang eine Hausarbeit eigentlich zu sein hat. Hintergrund ist meist die Sorge, nicht genügend Seiten zustande zu bekommen. Nun mögen einzelne Dozentinnen und Dozenten Richtzahlen für die Länge einer Hausarbeit angeben, an die Sie sich halten können. Ich empfehle Ihnen, sich auf die Inhalte zu konzentrieren. Wenn Sie einen Zugang zu Ihrem Thema und einen gradlinigen Weg gefunden haben, es darzustellen, dann ist die Seitenzahl, die Sie dafür brauchen, genau die richtige. Die größere Gefahr liegt ohnehin darin, dass Sie zu viel schreiben als zuwenig.

Schritt 14: Schlusskorrektur

Ist eine Arbeit ausgedruckt oder abgetippt und mit Deckblatt und Literaturverzeichnis versehen, kommt der letzte Akt der Herstellung: die Schlusskorrektur. Beim Korrekturlesen ist es immer angezeigt, fremde Hilfe in Anspruch zu nehmen, denn Fehler, die man beim Überarbeiten mehrfach übersehen hat, findet man auch beim Korrekturlesen nicht mehr. Auch gängige Textverarbeitungssysteme für Computer bieten heute Rechtschreibeprogramme. Sie helfen zumindest beim Eliminieren von Rechtschreibefehlern. Kommasetzung wird von Studienanfängern oft als lästige Nebensache angesehen. Professorinnen und Professoren denken allerdings mitnichten so und vermuten in einer Häufung von Kommafehlern eher ein Zeichen von Kulturverfall. Verbessern werden Kommafehler die Beurteilung einer Arbeit in keinem Fall. Häufig sind Kommafehler aber auch einfach sinnentstellend und deshalb zu vermeiden.

Schritt 15: Rückmeldung sichern

Die beste Hausarbeit erfüllt ihren Zweck nicht, wenn Sie keine Rückmeldung dazu erhalten. An vielen Instituten hat sich eingebürgert, dass Hausarbeiten von den DozentInnen nicht mehr gelesen werden, sondern dass automatisch ein Schein ausgeschrieben und im Sekretariat deponiert wird. Dort holen Sie ihn ab, ohne je zu erfahren, ob Ihre Mühen nun erfolgreich waren und was Sie hätten besser machen können. Dies ist ein gängiges Arrangement zwischen den StudentInnen, die froh sind, wenn ihnen eine Beurteilung erspart wird, und den HochschullehrerInnen, die froh sind, wenn sie Hausarbeiten nicht gründlich lesen müssen. Geben Sie sich damit nicht zufrieden, und bitten Sie um Rückmeldung. Das ist unbequem und weckt viele Assoziationen an Deutschaufsätze und Schulzensuren, aber es ist der Preis dafür, dass Sie Bestätigung für Ihre Leistung erhalten und sich von Unsicherheiten befreien können.

Sechs elementare Textmuster

In diesem Abschnitt lernen Sie einige Textmuster kennen, die Ihnen eine grobe Orientierung dafür geben können, wie unterschiedliche wissenschaftliche Texte aufgebaut sind. Zunächst möchte ich Ihnen dazu einige prinzipielle Möglichkeiten aufzeigen und dann die dazugehörigen Textmuster im Detail vorstellen.

Als »Textmuster« oder »Textsorten« bezeichnet die Linguistik die globalen Strukturen, die Texte mit jeweils eigener »Architektur« voneinander unterscheiden (Heinemann & Viehweger 1991, S. 129). Ich werde Ihnen eine pragmatische Einteilung von Textmustern geben, die für Hausarbeiten geeignet sind. Dazu habe ich sechs Textmuster mit jeweils eigener »Architektur« ausgewählt, die sich u.a. danach unterscheiden, wie und auf welche Aspekte des verarbeiteten Materials sie sich beziehen.

Nehmen wir noch einmal an, Sie würden in einer Lehrveranstaltung über die Entwicklung von Ärger und Aggression ein Referat zum Thema »Ärgerentwicklung in der frühen Kindheit« übernehmen. Sie hätten dann mehrere Möglichkeiten, dieses Thema zu bearbeiten:

- Sie können sich in Ihrer Hausarbeit primär auf einen *einzelnen Text* über das Thema »Ärgerentwicklung in der frühen Kindheit« beziehen. Ihre Aufgabe wäre dann, den Text zusammenzufassen und entsprechend der im Seminar erarbeiten wissenschaftlichen Gesichtspunkte zu kommentieren. Das Textmuster, das Sie dazu heranziehen können, nennt sich *kommentierte Textwiedergabe*.
- Sie können sich in Ihrer Bearbeitung zweitens auf *zentrale Behauptungen* über die Ärgerentwicklung beziehen. Diese Form zu wählen ist dann sinnvoll, wenn es strittige Meinungen oder Kontroversen über das Thema gibt. Ein geeignetes Textmuster dazu ist das *Thesenpapier*. Es reduziert Texte auf Kernaussagen. Wegen seiner pointierten Darstellung ist es besser als Diskussionsanregung in einem Referat geeignet als dafür, komplexere Zusammenhänge schriftlich zu entwickeln.

- Als Drittes können Sie versuchen, *ein Bild von Ihrem Gegenstand* »Ärgerentwicklung« zu skizzieren unter Verwendung wissenschaftlicher Meinungen und empirischer Forschungsergebnisse. Bei diesem Vorgehen beziehen Sie sich also direkt auf den Gegenstand und versuchen, ihn in abstraktere Bestandteile zu zerlegen, um ihn somit zu erläutern, einzuordnen und verständlich zu machen. Das dazugehörige Textmuster kann man *analytische Sachdarstellung* nennen.
- Als Viertes könnten Sie eine *kontroverse Ausgangsfrage* wählen, wie beispielsweise die Frage »Ist Ärger angeboren oder erlernt?« Sie hätten dann freie Hand, Argumente und Gegenargumente dazu anzuführen und zu bewerten. Das passende Textmuster dazu ist der *kritische Essay*. Darin geht es primär um die Diskussion eines strittigen Problems, also um ein kritisches Abwägen von Argumenten für oder gegen eine Behauptung.
- Eine fünfte Möglichkeit besteht darin, einen *Text oder ein Fallbeispiel über Ärgerentwicklung zu interpretieren.* Damit beziehen Sie sich nicht in erster Linie auf den Ärger selbst, sondern auf ein literarisches Produkt oder einen konkreten Fall zum Thema Ärger. Das entsprechende Textmuster nennt sich *(Text-)Interpretation*.
- Als sechste Möglichkeit können Sie sich auf *eigene Erfahrungen* mit dem Thema Ärgerentwicklung beziehen, z.B. auf ein Praktikum im Kindergarten oder auf Beobachtungen aus einem Forschungsprojekt. Das entsprechende Textmuster ist ein *Bericht* oder *Protokoll*.

Diese sechs Textmuster sind Typisierungen, die Ihnen Strukturierungs*möglichkeiten* für Ihre Hausarbeit aufzeigen sollen. Sie sind keine erschöpfende Aufzählung. Es gibt Mischformen, deren Logik Sie sich selbst erschließen können. Kapitel 6 informiert Sie ausführlich über wissenschaftliche Textmuster.

Kommentierte Textwiedergabe

Gut geeignet für erste Hausarbeiten ist ein Textmuster, das in den Wissenschaften unter dem Namen »Rezension« bekannt ist und hier »kommentierte Textwiedergabe« genannt wird. Dabei geht es um die Wiedergabe eines Textes plus Kommentar dazu. Gerade am Studienanfang ist es sinnvoll, sich in diesem Genre zu üben, da dies sowohl dem Textverständnis als auch dem Formulieren einer eigenen Meinung dient. Es ist ideal dazu geeignet, das Paraphrasieren und Zusammenfassen zu üben. Außerdem ist es ein »ehrliches« Textmuster, das die Verfasserin oder den Verfasser nicht dazu nötigt, ein Expertentum vorzuspielen, das nicht vorhanden ist. Seltsamerweise wird es im Studienalltag selten verlangt.

Von einer Rezension wird erwartet, dass sie einen Text so wiedergibt, dass die LeserInnen ein Bild von seinem Inhalt bekommen. Sie ist also primär eine Inhaltsangabe des Textes. Eine subjektive Gewichtung in der Auswahl der Passagen ist dabei durchaus erwünscht und notwendig. Im Gegensatz zu einer reinen Zusammenfassung ist sie umfangreicher, selektiver und enthält mehr strukturierende Metaaussagen.

Die Wiedergabe des Inhalts sollte bzw. kann mit mehreren Elementen kombiniert werden (Poenicke 1988, S. 103). Eine erste Kombinationsmöglichkeit ist die *vorausgehende Einordnung* des Textes in einen übergeordneten Zusammenhang. Sie kann sich nach folgenden Fragen richten:

- In welchem Diskurs ist der Text entstanden?
- Welchem Zweck dient er?
- Wer ist die Autorin oder der Autor?
- Welche Rolle spielen Autorin oder Autor in der Wissenschaft?
- Welche Positionen vertreten sie?
- Mit welchen Intentionen und Zielsetzungen ist die Arbeit geschrieben?
- Für welchen Adressatenkreis ist der Text geschrieben?
- Wie kann man sein Entstehen (seinen Inhalt, seine Funktion usw.) historisch, politisch oder fachpraktisch einordnen?

Der zweite Bestandteil einer kommentierten Textwiedergabe ist eine *wertende Stellungnahme* des dargestellten Textes. Die Stellungnahme ist wahrscheinlich das eigentliche Spezifikum dieses Textmusters. Sie kann sich auf verschiedene Qualitätskriterien wissenschaftlicher Arbeiten beziehen:

– Sind Aufbau und innere Logik des Textes stimmig?
– Ist die Fragestellung sinnvoll? Wird die Frage schließlich beantwortet?
– Ist die Arbeit nützlich? Welches ist ihr Erkenntnisgehalt? Was für eine praktische Bedeutung hat sie?
– Ist der empirische Teil der Arbeit nachvollziehbar und sinnvoll?
– Ist die Arbeit originell? Wie ordnet sie sich in die vorhandene Forschung ein?

Die wertende Stellungnahme ist ein legitimer Ort, Kritik zu üben. Je nach Kompetenz der Rezensentin oder des Rezensenten kann die Kritik subjektiv gehalten oder objektivierend formuliert sein, also die Form einer persönlichen Meinung oder die eines wissenschaftlich fundierten Urteils haben. Buchberichte und Rezensionen sind ideal, um verschiedene Arten der Kritik zu üben. Wie Literaturkritiken anzufertigen sind, erklärt anschaulich Ueding (1991).

Kommentierte Textwiedergaben sind Ausgangspunkt für komplexere *Textkompilationen* (Sammelreferate, Literaturberichte). Als Beurteilungskriterien sind Textverständnis, Genauigkeit in der Wiedergabe und Begründetheit der Kritik hervorzuheben. Die wertende Stellungnahme ist natürlich der schwierigste Teil und stellt die eigentlich eigenständige Leistung dar. Lehrveranstaltungen sind in der Regel dafür da, das Analysieren, Wiedergeben und Bewerten komplexer Texte zu üben; die kommentierte Textwiedergabe ist somit eine ideale Vorbereitung für die Diskussion, wie umgekehrt die Diskussion im Seminar die Fähigkeit zur Textbewertung fördert.

Ein Textmuster, das in den USA sowohl in der Schule als auch im Studium einen großen Stellenwert einnimmt, bei uns merkwürdigerweise keine Bedeutung hat, ist der *Book Report*, für den ich kein besseres deutsches Wort als Buchbericht finde. Buchberichte gehören im amerikanischen Unterrichtssystem zu den gängigsten Leistungsanforderungen und sind Anzeichen dafür, dass dort systematischem Lesen ein größerer Stellenwert beigemessen wird als bei uns. Während im Seminarbetrieb an deutschen Hochschulen vor allem die *Verarbeitung* von Gelesenem in einem neuen Text verlangt wird, gibt es dort das vorgeschaltete Prüfen des Leseverständnisses und Üben von kompetenten Textzusammenfassungen und -bewertungen. Ich glaube, dass das eine wichtige Voraussetzung für das Verfassen komplexerer Abhandlungen ist.

Book Reports sind allerdings nicht einfach Zusammenfassungen von Büchern. Sie erfordern eine aktive Auswahl der Aspekte, auf die sich der Bericht beziehen soll. Buchberichte haben die Aufgabe, eine synoptische (d.h. übersichtlich zusammengestellte) Zusammenschau des Textes zu geben und dann die Aspekte herauszugreifen, die für einen bestimmten Kurs oder Zusammenhang von Bedeutung sind (Sorenson 1988). Weiterhin ist die oben dargestellte Form der Paraphrasierung zu beachten. Ein Buchbericht kann enthalten (nach Sorenson 1988, S. 85):

- Titel des Buches
- Autorenname
- Gegenstand, Charaktere, Kontext und Meinung des Autors
- übersichtliche Zusammenstellung des Inhalts in einem Abschnitt (Synopse)
- Bezug des Buchinhalts zur Lehrveranstaltung oder dem in Frage stehenden Thema
- Reaktion der Rezensentin oder des Rezensenten auf das Buch; persönlicher Gewinn daraus
- Zitate aus dem Buch zur Stützung von Behauptungen

Thesenpapier

Das Thesenpapier reduziert einen Text oder Themenbereich auf zentrale Behauptungen bzw. Aussagen. Der Zweck des Thesenpapiers liegt darin, einen Text oder einen thematischen Zusammenhang von allem Beiwerk zu entkleiden, um ihn einer Diskussion besser zugänglich zu machen. Thesenpapiere sind eine gute Basis für den mündlichen Vortrag in einem Seminar und für die Diskussion eines Themas in einer Prüfung, während die schriftliche Ausarbeitung besser an einem anderen Textmuster auszurichten ist.

Ein Thesenpapier soll die argumentative Struktur eines Textes oder Themenbereiches so reproduzieren, dass die Kernaussagen pointiert wiedergegeben werden. Da Thesenpapiere der Auseinandersetzung mit einem Thema dienen, ist es sinnvoll, in ihnen Argumente zugespitzt und nicht ausgewogen darzustellen.

Thesen können die eigene Meinung wiedergeben, müssen dies aber nicht unbedingt. Sie können sich ebenso auf die Meinung fremder AutorInnen beziehen. Wenn Thesen zu plausibel sind, als dass sie eine brauchbare Grundlage für eine Diskussion abgeben, kann man sie jeweils in ihr Gegenteil verkehren, damit sich die Diskussion an ihnen entzünden kann. Das geht aber nur, wenn die Thesen unabhängig von ihrer Herkunft diskutiert werden sollen.

Die Thesen zur Ärgerentwicklung sind hier ohne Literaturnachweise formuliert. Das kann für die Darstellung in einer Lehrveranstaltung auch angemessen sein. Für Prüfungen sollten Thesenpapiere dagegen durch Literatur belegt sein. Die Thesen in unserem Beispiel besitzen die Form von Behauptungen und sind nicht darum bemüht, *unterschiedliche* wissenschaftliche Positionen zum Thema zur Geltung zu bringen. Es gibt mehrere Auffassungen über Ärgerentwicklung, die in einem anderen Textmuster auch erwähnt werden müssten. Das Thesenpapier als Textmuster erlaubt aber, einseitig zu sein.

Thesenpapiere sollten eine Einleitung haben, in der das Thema dargestellt und die Art der Thesen erläutert wird,

> *Einleitung:* Die folgenden Thesen sollen Grundlage für eine Diskussion über die Entwicklung von Ärger und Aggression sein. Sie sind für das Seminar »Entwicklung von Ärger und Aggression« formuliert und entstanden auf der Basis der im Seminarplan angegebenen Literatur.
>
> *These 1:* Ärger ist eine elementare Emotion, die alle Menschen in allen Kulturen besitzen. Ärger ist eine komplexe emotionale Reaktion, die eine physiologische, eine expressive, eine subjektive, eine kognitive und eine handlungsbezogene Komponente besitzt.
>
> *These 2:* Ärger erhält im Verlauf der individuellen Entwicklung eine Vielzahl von Funktionen in der Handlungssteuerung und der Beziehungsregulation, darunter die Funktion der Energetisierung von Handlungen, der Verteidigung des Selbstwertes und der Durchsetzung eigener Handlungsintentionen.
>
> *These 3:* Die Ärgerentwicklung beginnt im ersten Lebensjahr. Nach wenigen Lebensmonaten lässt sich Ärger in der Mimik des Kindes in Interaktionssituationen und in Frustrationssituationen beobachten.
>
> *These 4:* Etwa ab dem 6. bis 8. Monat lassen sich Ärgerreaktionen bei Kontaktunterbrechung mit wichtigen Bezugspersonen feststellen. Ärger scheint ab diesem Alter eine Emotion zu sein, die ein Instrument zur Aufrechterhaltung von Bindung bzw. Vermeidung von Trennung ist.
>
> *These 5:* Im zweiten Lebensjahr ist Ärger eine emotionale Basis von Trotzreaktionen. Trotz tritt in der Regel dann auf, wenn die Handlungsintention eines Kindes durch Erwachsene oder ältere Kinder unterbrochen wird. Trotz scheint dabei für das Kind ein Mittel zu sein, mit dem es seine Handlungsintentionen gegenüber anderen Familienmitgliedern durchsetzt.

Beispiel für Thesen zum Thema »Ärgerentwicklung in der frühen Kindheit«

sowie einen Schlusskommentar, der die eigene Position und/oder ein resümierendes Fazit zu den referierten Thesen enthält.

Thesen sollten knapp formuliert sein. Halbseitige Ausführungen zu einem Punkt sind keine Thesen. Gegebenenfalls kann man Thesen eine Erläuterung beigeben, wenn sie nicht für sich allein verständlich sind. Zur Erläuterung können Begründungen, theoretische Erwägungen oder illustrierendes Material (Statistiken, Belege, Fallmaterial, eigene Erfahrungen usw.) angeführt werden.

Mit Thesenpapieren kann man sich einen Zugang zur argumentativen Struktur eines Gegenstandsbereiches erarbeiten. Dementsprechend passen sie dann, wenn man kontroverse, argumentativ strittige, emotional aufgeladene oder aktuelle Themen zu bearbeiten hat. Sie eignen sich als Grundlage für Diskussionen, als Übung für pointiertes Darstellen von Argumenten und als Mittel zum Klären von Meinungen. Um Sachverhalte zu beschreiben, zu analysieren oder zu interpretieren, eignen sich andere Textmuster.

Kritischer Essay

Unter »Essay« versteht das DUDEN-Herkunftswörterbuch (1989) »eine Abhandlung, die eine literarische oder wissenschaftliche Frage in knapper und anspruchsvoller Form behandelt«. Im Englischen wird »Essay« als Überbegriff für alle Hausarbeiten oder kurzen Texte verwendet, die man an der Universität schreibt. Im Deutschen dagegen hat »essayistisch« unverständlicherweise einen Beigeschmack von »unwissenschaftlich« und wird zur Bezeichnung von Texten verwendet, die zu eloquent und zu wenig wissenschaftlich fundiert sind. Dem kritischen Essay ähnliche Textmuster sind »Reflexionen« und »Erörterungen«.

Ein kritischer Essay eignet sich zur Bearbeitung von Themen, die Freiraum für Überlegungen und Nachdenken bieten. Kritische Essays fördern das schriftliche Erkunden eines Gegenstandes und das kritische Reflektieren und Prüfen wissenschaftlicher Positionen.

Ausgangspunkt für einen kritischen Essay ist in der Regel ein Problem, eine strittige Frage oder eine These, die in dem Essay dann diskutiert werden soll. Organisieren Sie Ihren Essay am besten um die zentralen Argumente, die für oder gegen die in Frage stehende These sprechen. Anregungen zur Gliederung Ihrer Darstellung finden Sie auf den Seiten 170-176. Zur Stützung von Argumenten können Sie auf unterschiedliche Materialien wissenschaftlicher oder außerwissenschaftlicher Herkunft zurückgreifen:

- auf wissenschaftliche Materialien wie Statistiken, Daten, Fakten
- auf wissenschaftliche Positionen (Theorien, Meinungen etc.)
- auf Autoritäten Ihres Fachs oder der Wissenschaft allgemein
- auf Ihre eigenen Ansichten und Lösungsvorstellungen zu dem Problem
- auf soziale, wissenschaftsethische oder allgemein menschliche Wertvorstellungen

Ein kritischer Essay über die Entwicklung der Emotion Ärger ließe sich z.B. über die Frage schreiben, ob Ärger biologisch bedingt ist oder in der Sozialisation erworben wird. Dazu wäre zunächst nötig, das Problem selbst zu beschreiben und die wichtigsten Vertreter der biologischen und der sozialisationstheoretischen Positionen zu nennen. Als zweiter Schritt wäre es sinnvoll, die eigene Position zu formulieren und kurz zu begründen, also z.B. darzustellen, warum eine sozialisationstheoretische Position plausibler erscheint als eine biologische. In einem dritten Schritt wäre es angebracht, verschiedene Aspekte des Themas zu unterscheiden und die Parteinahme für die gewählte Position in jedem dieser Aspekte zu begründen. Ebenfalls möglich wäre es, den Essay entlang der wichtigsten Argumente aufzubauen.

Analytische Sachdarstellung

Der Begriff »analytische Sachdarstellung« ist keine gängige oder gar standardisierte Bezeichnung. Ich beschreibe damit ein Textmuster, das der »darstellenden« Behandlung eines Sachverhalts unter Verwendung wissenschaftlicher Theorien und Ergebnisse dient. Die analytische Komponente liegt darin, dass der Gegenstand in seine abstrakteren Bezüge und Determinanten zergliedert und dann in deren Licht betrachtet wird.

Eine analytische Arbeit zum Thema »Ärgerentwicklung in der frühen Kindheit« beispielsweise hätte die Aufgabe, die wichtigsten Gesichtspunkte zu unterscheiden, die helfen können, die Ärgerentwicklung zu verstehen. Ärger lässt sich beispielsweise als Emotion verstehen, und aus der Kenntnis der Struktur emotionaler Reaktionen können Aussagen über die Ärgerreaktion abgeleitet werden. Ärger lässt sich auch unter dem Verhaltensaspekt betrachten, und dementsprechend könnte man dort gewonnene Lerngesetze auf die Ärgerentstehung übertragen. Ebenso lässt sich Ärger unter dem Aspekt seiner kognitiven Steuerungsmechanismen, seiner Sozialisation, seiner biologischen Bedingtheit, seiner sozialen Funktion usw. betrachten.

Das analytische Vorgehen überlässt Ihnen viele Freiheiten in der Auswahl der relevanten Gesichtspunkte. Eine große Bedeutung kommt empirischen Informationen und Belegen zu, die die von Ihnen behaupteten Zusammenhänge stützen können.

In einer analytischen Sachdarstellung werden, anders als im kritischen Essay, nicht primär Argumente diskutiert, sondern es wird ein Gegenstand dargestellt, erläutert oder erklärt. Wichtig an diesem Textmuster sind die Strukturierung oder Systematisierung der analytischen Gesichtspunkte und die Stringenz, mit der die empirische Information dazu in Beziehung gesetzt wird.

Wenn Ihr Thema eine analytische Sachdarstellung erfordert, dann sollten Sie darauf achten, dass es ausreichend eingegrenzt ist, dass das wissenschaftliche Material überschaubar ist und Ihnen auch tatsächlich zur Verfügung steht. Ein Beispiel für eine Bearbeitung des Themas »Ärgerentwicklung in der frühen Kindheit« findet sich im gleichen Kapitel weiter oben in Schritt 6.

Interpretation

Die Interpretation gibt Ihnen Gelegenheit, Ihr Wissen dazu zu verwenden, ein Werk (wissenschaftliches Buch, Kunstwerk, Gedicht usw.) oder einen sozialen Sachverhalt in einen erklärenden

Zusammenhang zu stellen. Bei Ihrer ersten Hausarbeit genügt es wahrscheinlich, wenn Sie sich für den Fall wappnen, dass Sie eine Textinterpretation vornehmen müssen. In manchen Fächern wird die Interpretation mit einer vorgängigen Textanalyse verbunden. Obwohl Analysieren und Interpretieren unterschiedliche gedankliche Arbeitsweisen sind (wie im nächsten Kapitel ausführlich dargestellt wird), sind in der Textarbeit oft beide unmittelbar ineinander verschränkt vorzunehmen.

Interpretationen stellen Sachverhalte im Licht übergeordneter Zusammenhänge dar. Wenn Sie wissenschaftliche Texte interpretieren, dann haben Sie zunächst die Aufgabe, den Text in zentrale Aussagen oder Behauptungen zu zerlegen. Sie müssen ihn also dekomponieren und können dann die einzelnen Elemente oder Aspekte für sich betrachten und interpretieren.

Die Interpretation literarischer Werke erfordert eine breite Palette von literaturtheoretischen, stilistischen, historischen und genrespezifischen Kenntnissen, um einem bestimmten Werk gerecht zu werden (siehe z.B. Gelfert 1990, 1992). In Ihrer ersten Hausarbeit sollten Sie Absprachen darüber treffen, welche Aspekte Sie tatsächlich für eine Interpretation heranziehen sollen.

Eine Textinterpretation gibt Ihnen Gelegenheit, eine kritische Perspektive zu dem in Frage stehenden Werk zu entwickeln und Ihr gegenwärtiges Fachwissen einzubringen. Eine Textinterpretation dringt weiter als eine kommentierte Textwiedergabe in die ästhetische oder argumentative Grundstruktur einer Arbeit ein und hat weitere Freiheiten, darin Bezugspunkte zur Deutung oder Auslegung des Textes auszuwählen. Ausführliches zur Interpretation finden Sie auf den Seiten 165-170.

Berichte und Protokolle

Der Bericht bezieht sich auf Konkretes. Etwas, das man getan, gesehen, bearbeitet, verwendet oder untersucht hat. Der Bericht basiert primär auf *Beschreibungen* oder *Schilderungen*. Er gibt zunächst nur wieder, was ist.

Protokolle sind Berichte, die eine standardisierte Form haben. Das Protokoll dient der möglichst exakten Wiedergabe einer Ereigniskette. Das kann eine Sitzung, ein Experiment, ein Gespräch oder eine Prüfung sein. Die Genauigkeit des Protokolls bemisst sich an einem Zweck. Protokolle haben das zu dokumentieren, was für diesen Zweck relevant ist. Das Protokoll einer Lehrveranstaltung hat z.B. alle relevanten »Lernereignisse« wiederzugeben, aber keine Witze oder Zwischenbemerkungen. Das Prüfungsprotokoll muss Prüfungsfragen und -antworten enthalten, nicht aber den angstlösenden »Small Talk« zu Beginn der Prüfung.

In der Wissenschaft haben Protokolle auch als Dokumente der Forschung eine Bedeutung. Protokolle sind die Urschriften experimenteller Forschung und geben Zeugnis von Untersuchungen, Messoperationen, Ergebnissen usw. Protokolle geben dabei Beschreibungen des Geschehenen. Sie sollen so abgefasst sein, dass auch nicht anwesende Personen über die Ereignisse und Beschlüsse objektiv informiert werden (Theisen 1993, S. 154). Protokolle haben also auf Zusätze, Umstellungen, Zusammenfassungen, Interpretationen, Bewertungen zu verzichten (Rückriem, Stary & Franck 1992, S. 61). Sie können auch in standardisierter Form vorgenommen werden, wozu ein »Protokollblatt« nützlich ist, das, ähnlich wie ein Fragebogen, bestimmte Informationen abruft. Allen Protokollen ist gemeinsam, dass sie zu einer genauen Dokumentation des Datums, der Uhrzeit, der beteiligten Personen, des Ortes und ungewöhnlicher Ereignisse (Unterbrechungen usw.) verpflichtet sind.

Berichte kann man z.B. geben über Gelesenes, Erlebtes, Diskutiertes, Ausgedachtes, Ausprobiertes, Erhobenes, Entdecktes. Berichte können eigene Gefühle, Reflexionen und Erlebnisse einschließen, etwa wenn man die Sitzung einer Selbsterfahrungsgruppe oder die Erfahrungen in einer Praktikumsstelle darstellt. Die wichtigsten Tugenden von Berichten sind ihre Präzision, ihre Nachvollziehbarkeit und ihre Vollständigkeit. Sie sollen anderen erlauben, etwas nachzuvollziehen, was diese selbst nicht erlebt haben.

6.
Erkenntniswege in wissenschaftlichen Schreibprojekten

Dieses Kapitel soll Ihnen zeigen, welche prinzipiellen Wege Sie haben, um sich schreibend mit einem Thema auseinander zu setzen. Es geht dabei nicht um rein technische Herangehensweisen, sondern um Erkenntniswege in Schreibprojekten. So unterschiedliche Vorgehensweisen wie Beschreiben, Analysieren, Interpretieren oder Diskutieren werden dargestellt und erläutert.

Überblick

Schreiben kann – wie mehrfach gesagt worden ist – ein Instrumentarium der Gewinnung, Strukturierung und Dokumentation von Wissen sein. Schreiben lässt sich als ein heuristisches Mittel des Forschungsprozesses verstehen, das der forschenden Person hilft, ihren Gegenstand zu erkunden und zu erschließen. Schreiben organisiert dadurch den Erkenntnisprozess. Mit den verschiedenen Funktionen, die das Schreiben dabei einnehmen kann, beschäftigt sich dieses Kapitel.

Wissenschaftlich schreiben zu lernen heißt unter anderem, sich diese verschiedenen Erkenntniswege anzueignen. Nicht alle sind für alle Wissenschaftsdisziplinen gleich relevant. Dementsprechend muss man nicht alle Formen in gleicher Weise beherrschen. Was jedoch wichtig ist für den Lernprozess: Versuchen Sie, bevor Sie einen Text schreiben, die entsprechende Erkenntnisfigur zu identifizieren. Sie fühlen sich dann wesentlich sicherer beim Schreiben. Tabelle 2 gibt einen Überblick über die Grundformen wissenschaftlichen Schreibens und die dazugehörigen Textmuster.

Tabelle 2: Grundformen wissenschaftlichen Schreibens

Beschreiben: Darstellen eines beobachteten, wahrgenommenen Sachverhalts, Ereignisses, Erlebnisses
Textmuster: Protokoll, Schilderung, Exzerpt, Bericht

Zusammentragen, Kompilieren: Sammeln und Zusammenstellen von Daten, Informationen, Aussagen, Literaturdarstellungen etc.
Textmuster: Sammelreferat, Literaturbericht, Übersichtsarbeit, Dokumentation

Vergleichen und Kontrastieren: Gegenüberstellungen von Ereignissen, Objekten, Sachverhalten; Beschreibung von Ähnlichkeiten und Unterschieden
Textmuster: Textvergleich, Kulturvergleich

Systematisieren: Herstellen von Ordnungen und Systematiken
Textmuster: Systematik, Klassifikation, Lehrbuch

Analysieren: »Zergliedern« eines Gegenstandes in seine abstrakten Bezüge und Eigenschaften
Textmuster: Abhandlung, Analyse, Reflexion, Betrachtung

Modell/Theorie konstruieren: Postulieren allgemeiner Zusammenhänge und Funktionsweisen
Textmuster: Axiomatisches Modell, Theorie, Thesenpapier

Interpretieren: Ergründen der Bedeutung eines Textes oder Werkes
Textmuster: Interpretation, Exegese, Auslegung

Argumentieren: Gegeneinanderhalten und Abwägen unterschiedlicher Positionen und wissenschaftlicher Ideen
Textmuster: Erörterung, Essay, Plädoyer, Streitschrift, Flugblatt, Polemik

Bewerten: Bewertung eines Sachverhaltes nach definierten Werten oder Kriterien
Textmuster: Gutachten, Bericht, Evaluation, Rechtfertigungsschrift

Vorschreiben: Aufforderungen und Regeln zu nachvollziehbaren Handlungsanleitungen oder methodischen Vorschriften zusammenfügen
Textmuster: Bedienungsanleitung, Gesetzestext, Methode, Handlungsmanual

Wissenschaftliche Vorgehensweisen und Methoden unterscheiden sich u.a. deshalb stark voneinander, weil Wissenschaft unterschiedliche Bezugspunkte hat.

- Wissenschaftliche Erkenntnis (und dementsprechend ein wissenschaftlicher Text) kann sich erstens direkt auf einen bestimmten *Bereich der Wirklichkeit* selbst beziehen. Man kann diesen Bereich beschreiben, mithilfe empirischer Methoden untersuchen oder abbilden, experimentell erkunden oder mithilfe des Verstandes analysieren.
- Wissenschaftliche Erkenntnis kann sich zweitens mit den *wissenschaftlichen Ideen und Theorien* beschäftigen, die über einen Gegenstand existieren. Dann ist man indirekt mit der Realität befasst, primär mit dem Wissen über sie. Dieses Wissen kann man sammeln, vergleichen, systematisieren oder analysieren. Man kann sich mit ihm argumentativ auseinander setzen oder eine eigene Meinung dazu formulieren.
- Drittens kann man es mit *Werten* zu tun haben. Damit ist die ethische oder moralische Dimension der Wissenschaft angesprochen. Sind Werte im Spiel, hat man zu bewerten, zu beurteilen oder zu evaluieren.
- Viertens kann Wissenschaft mit *Texten, Werken* oder *Quellen* befasst sein. Das sind (in der Regel schriftliche) Materialien, die Aussagen, Meinungen, Darstellungen, Arbeitsprotokolle oder Urteile von Menschen enthalten. Der Umgang mit Texten kann ein interpretatives Vorgehen erforderlich machen.
- Fünftens kann man es mit der *Anleitung von Handlungen und der Beschreibung von Handlungssystemen* (d.h. mit Methoden) zu tun haben. In diesem Fall operiert man nicht mit Aussagen, sondern mit Handlungsaufforderungen oder Regeln, die zu differenzierteren Methoden bzw. Begründungen von Methoden und Regeln zusammengefügt werden können.

Will man eine wissenschaftliche Arbeit beginnen, muss man sich klarmachen, worüber man schreiben bzw. womit man sich beschäftigen will. Es macht einen großen Unterschied, ob man sich mit einem Gegenstand selbst, z.B. mit der Entwicklung des Lächelns, oder ob man sich mit einer Theorie über die Entwicklung des Lächelns auseinander setzt. Im ersten Fall hat man ein *psychologisches Phänomen* vor sich, das man untersuchen, beobachten, analysieren, mit anderen Phänomenen vergleichen oder über das man eine Theorie entwickeln kann. Im zweiten Fall hat man ein *theoretisches Konstrukt* vor sich, an das man mit einem anderen analytischen Instrumentarium herangehen muss als an den Gegenstand selbst. Das methodische Vorgehen in der Auseinandersetzung mit Meinungen ist anders geartet als das Vorgehen, das man zu wählen hat, wenn man sich direkt mit dem Gegenstand befasst.

Natürlich ist man nicht darauf festgelegt, in einer Arbeit nur mit einem Bezug zu arbeiten. In der Regel kombiniert man verschiedene Vorgehensweisen. So kann man sich z.B. zunächst mit einer Theorie des Lächelns befassen, um sich dann dem Phänomen selbst zuzuwenden (in einem empirischen, analytischen oder interpretativen Vorgehen). Oder man kann eine Theorie analysieren und anschließend bewerten, oder man verbindet eine Analyse mit dem Versuch einer Neukonstruktion einer Theorie. Ebenso kann man ein interpretatives Vorgehen mit einer Theoriebildung oder einer Bewertung verbinden. Ein kompilierendes Vorgehen kann man mit einer Systematisierung verbinden oder einen Vergleich mit einer Diskussion oder Bewertung. Die kombinatorischen Möglichkeiten sind groß.

 Schreibanregungen

Sie haben in diesem Abschnitt einige Grundvarianten wissenschaftlichen Schreibens kennen gelernt. Bevor Sie Ihr Wissen darüber vertiefen, sollten Sie versuchen, selbst einiges dazu herauszufinden und Fragen zu formulieren:

▶ Nehmen Sie Ihre letzte Hausarbeit oder eine Arbeit, an der Sie gerade schreiben. Schreiben Sie die Gliederung mit Ihren Unterpunkten auf und ordnen Sie die einzelnen Punkte den Grundvarianten des Schreibens zu. Notieren Sie gesondert, wo Sie objekt- und wo theoriezentriert arbeiten wollen oder gearbeitet haben. Wo ergeben sich doppelte Zuordnungen, wo Unklarheiten? Wie hätten Sie Ihren Text konsistent strukturieren können?

In den nächsten Abschnitten werden die einzelnen Grundvarianten wissenschaftlichen Schreibens näher erläutert.

▶ Formulieren Sie, welches Interesse Sie daran haben. Was möchten Sie genauer erläutert haben? Wo haben Sie Fragen? Welche kritischen Gedanken wollen Sie weiterverfolgen?

Beschreiben

Überblick

Beschreiben ist ein Vorgang, mit dem wahrnehmbare Eigenschaften eines Ereignisses, Objektes oder Vorgangs sprachlich abgebildet werden. Beschreiben schließt, genau genommen, Analysieren, Schlussfolgern, Abstrahieren, Interpretieren und Evaluieren aus. Beschreiben setzt jedoch oft solche Aktivitäten voraus oder baut auf ihnen auf, denn Beobachtungseinheiten oder -kategorien zu finden ist ein analytischer Vorgang, der gegebenenfalls vor dem Beschreibungsvorgang zu leisten ist. Beschreiben setzt Erkennen voraus, und Erkennen bedarf analytischer Urteile oder interpretativer Schlüsse.

Beschreiben kann die eigene Wahrnehmung einschließen: *Ich* sehe oder höre etwas, *ich* lese etwas von einem Messgerät ab usw. Beschreiben kann man auch eigene Gefühle, Vorstellungen, Denkabläufe, Assoziationen usw. Wissenschaftliches Beschreiben ist oft formalisiert oder standardisiert, dann spricht man von *Protokollieren*.

Beschreiben ist eine Grundform wissenschaftlichen Arbeitens. Beschreiben ist eng mit Beobachten verbunden, also der Basisaktivität empirischer Arbeit. Der logische Empirismus beispielsweise sah in »Protokollsätzen« die Verbindung zwischen (sprachlichen) Theoriesystemen und empirischer Untersuchung der Realität. Auch für Popper (1982) ist Empirie an sprachliche Aussagen über die Wirklichkeit gebunden. Er nennt die Beobachtungseinheit der Empirie »Basissätze«. In seiner Definition müssen solche Basissätze intersubjektiv nachprüfbar sein und Behauptungen über die Realität enthalten, die der Falsifizierung von Hypothesen dienen können.

Alle Wissenschaft hat einen wichtigen Ausgangspunkt in der Deskription. Piaget beispielsweise, der Begründer der kognitiven Psychologie, begann seine Forschung mit Beschreibungen davon, wie seine eigenen Kinder Denkaufgaben lösten, die er ihnen stellte. Er arbeitete also mit der einfachsten Form der Empirie, dem naiven Experiment, und der einfachsten Form der Auswertung dieser Experimente, ihrer Beschreibung. Indem er die Aufgaben den Kindern in regelmäßigen Zeitabständen immer wieder stellte, konnte er beobachten, wie sich ihre Intelligenz verändert.

Beschreiben stellt relativ hohe Anforderungen an die Präzision der Sprache. Versuchen Sie beispielsweise, die Interaktion zwischen zwei Menschen zu beschreiben. Welche Ereignisse aus dem Gesamtablauf der Interaktion würden Sie auswählen? Wie würden Sie Ereignisse, die sich wiederholen, beschreiben? Welche Ereignisse würden Sie weglassen? Die Beschreibung lässt viel subjektiven Spielraum in der Auswahl der Ereignisse, ihrer Bezeichnung und in der Benennung von Eigenschaften, Veränderungen und Beziehungen.

Diese subjektive Komponente kann man kontrollieren, wenn man vor Beobachtungsbeginn festlegt, was von Interesse ist, wenn man also eine Hypothese, einen Beobachtungsauftrag und eine definierte Ereignisklasse, auf die man sich beziehen kann, vorab definiert hat. Man muss das Beobachtungsfeld vorab einschränken oder Beobachtungseinheiten definieren, um ohne Rückgriff auf subjektive Entscheidungen beschreiben zu können. Will man z.B. die Interaktion zwischen zwei Personen beschreiben, muss man festlegen, ob man sich für die verbale oder nichtverbale Kommunikation interessiert, ob man emotionale Sequenzen festhalten will oder sich mehr für die Sprachinhalte interessiert usw.

Das heißt nicht, dass es beim Beschreiben immer erstrebenswert ist, die subjektive Komponente zu kontrollieren. Manchmal interessiert gerade das Erleben oder die subjektive Wahrnehmung der beobachtenden Person. Das Resultat kann Qualitäten eines Erlebnis- oder Erfahrungsberichts haben.

Wenn man soziale Zusammenhänge ohne Vorab-Strukturierung beschreibt, geht Beschreiben in *Interpretieren* über. Es ist mitunter schwer zu sagen, ob man noch beschreibt oder schon interpretiert. Interpretieren wird weiter unten als eigenständige Form wissenschaftlicher Erkenntnisgewinnung dargestellt. Interpretieren bringt zusätzlich zum Beschreiben *Deutungen* des Gegenstandes ins Spiel. Bei der Interpretation bezieht man also Sinnelemente in die Darstellung ein, die nicht unmittelbar wahrnehmbar sind.

Man könnte nun sagen, dass alle Beschreibungen auch schon Interpretationen beinhalten. Damit läge man sicher nicht falsch, wenn man konkrete Beschreibungen analysiert. Wenn man allerdings normativ vorgeht, dann kann man sagen, dass Beschreibungen sich nur auf das Wahrgenommene beziehen *sollten*. Beschreiben kann auch in Analysieren übergehen, wenn man den Gegenstand in seinen elementaren Bestandteilen und deren Beziehungen zueinander darstellt.

Beschreiben eignet sich gut als Einführungsübung für wissenschaftliches Schreiben. Es sensibilisiert für Probleme wissenschaftlicher Darstellung und Genauigkeit, ohne zu überfordern. Suchen Sie sich Objekte Ihrer Wissenschaft aus und beschreiben Sie sie. Haben Sie keine Scheu davor, dass das »unwissenschaftlich« sei. Denken Sie daran: Wissenschaft beginnt damit, dass man genau hinschaut und beschreibt, was man wahrnimmt und erlebt, so etwa, wie es Piaget gemacht hat. Nutzen Sie das Schreiben, um beobachten zu lernen, und trauen Sie Ihren Beobachtungen, um eine eigene Sprache zu finden. Variieren Sie den Darstellungsstil. Versuchen Sie, die Sprache mal persönlicher, dann wieder »objektiver« zu gestalten, schließen Sie ihre Gefühle abwechselnd ein oder aus.

Stilistisch sticht bei der Beschreibung die Betonung von Sinneswahrnehmungen hervor: die Beschreibung von Anblicken, Geräuschen, Berührungen, Gerüchen, Geschmacksempfindungen und mit ihnen die Beschreibung von Bewegungen, Aktionen, Konturen, Linien, Flächen, Farben, von Klängen, Wörtern, Sätzen, die Empfindung von Oberflächen, Berührungen, Flüssigkeiten. Zu ihnen kommen die Gefühlsschilderungen: Stimmungen, Ausdruck von Emotionen, emotionale Erlebnisse und Anmutungen. Ein wichtiges Element der Beschreibung ist die Zeit. Sie kann chronologisch, psychologisch oder historisch dimensioniert sein. Beschreibungen können mit Metaphern und Vergleichen das dargestellte Objekt für LeserInnen anschaulicher machen.

Textmuster

Eine Textart, die auf freiem Beschreiben beruht, ist die *Schilderung*. Sie ist im wissenschaftlichen Zusammenhang nicht sehr gebräuchlich, zumindest nicht als eigenständige Textform. Dennoch lassen sich Schilderungen auffinden als Art von unsystematischer, unkontrollierter Empirie. Schilderungen haben in der Regel einen interpretativen oder analytischen Anteil.

Häufiger anzutreffen ist der *Bericht*. Er hat die Funktion, eine zusammenfassende Beschreibung eines Vorgangs oder Sachverhalts zu geben. Berichte können in der Zusammenfassung von einzelnen Protokollen oder Ergebnissen bestehen. Von einem Bericht erwartet man in erster Linie Sachlichkeit, d.h. eine weitgehende Enthaltung von eigenen Stellungnahmen oder Wertungen.

Eine Standardeinheit wissenschaftlichen Arbeitens, die auf Beschreibung beruht, ist, wie gesagt, das *Protokoll*. Unter *Protokollieren* versteht man eine standardisierte Form des Beschreibens. Meist sind die Ereignisse, die protokolliert werden sollen, vorab definiert. Protokolle erfordern in der Regel, dass der definierte Ereignisraum vollständig und präzise wiedergegeben wird. Beim Protokollieren ist die ästhetische Struktur des Textes irrelevant. Protokolle können von Wiederholungen und Redundanzen gekennzeichnet sein, ohne dass dies die Qualität des Textes mindert.

Eine besondere Form des Protokolls ist das *Exzerpt*. Exzerpieren bedeutet, den Inhalt eines Textes wiederzugeben. Exzerpte fertigt man in der Regel als eine Art Protokoll an über das, was man gelesen hat, um es später verwenden zu können. Exzerpte sollten idealiter in der eigenen Sprache formuliert sein, d.h. man sollte sich von der Sprache des Schriftstückes lösen. Exzerpte enthalten sinnvollerweise auch eine Beschreibung der Ideen, Fragen und Überlegungen, die man beim Lesen hatte. Exzerpte sind eine wichtige Grundlage für spätere eigene Texte.

 Schreibanregungen

▸ Machen Sie sich das Beschreiben von wichtigen Erfahrungen, von Gegenständen und Ereignissen Ihrer wissenschaftlichen Disziplin zur Gewohnheit. Beschreiben Sie darüber hinaus die Städte und Länder, in die Sie reisen, beschreiben Sie die Personen, die Sie kennen lernen, Filme, Ausstellungen und Theateraufführungen, die sie sehen. Beschreiben Sie Geräte aus Ihrem Alltag: Plattenspieler, Kassettengerät, Eisschrank, Staubsauger usw. Benutzen Sie das Schreiben, um die gewohnte Wahrnehmung vertrauter Dinge zu durchbrechen.
▸ Beschreiben Sie Menschen im Kaufhaus, in der Kirche, beim Arbeiten, auf einem Fest, in der Kneipe, beschreiben Sie Kinder auf dem Spielplatz, Parlamentsdiskussionen, Gerichtsverhandlungen, beschreiben Sie Ihre eigenen Gefühle in neuen Situationen; versuchen Sie, das Gesicht Ihres Kindes zu beschreiben, das abends ins Bett geschickt wird oder ein Geschenk bekommt. Beschreiben Sie Tiere und Pflanzen in Ihrer Umgebung, Landschaften, geologische Formationen, fremde Städte, Gebäude, das Wetter, Krankheiten oder körperliche Prozesse. Beschreiben Sie Kunstwerke, Musik, Literatur, Theater. Seien Sie dabei vorsichtig, dass Sie nicht zu schnell interpretieren und Ihre Meinung äußern. Das Beschreiben ist in der Regel die schwierigere und lästigere Aufgabe, denn sie zwingt zu einer Präzision, der wir unsere Meinungen oft nicht unterwerfen. Denken Sie aber daran, dass

Ihre eigenen Wahrnehmungen, Gedanken und Gefühle ein wichtiger Teil jeder Beschreibung sein können.
- ▶ Beschreiben Sie Ihren Alltag an der Universität. Machen Sie ihn für eine Person erlebbar, die noch nie eine Universität betreten hat.
- ▶ Beschreiben Sie sich selbst: (a) wie Sie sich selbst sehen, (b) wie Sie gesehen werden möchten, (c) aus dem Blick einer vertrauten Person, (d) aus dem Blick einer distanzierten Person.
- ▶ Beschreiben Sie Ihren besten Freund/Ihre beste Freundin: (a) von außen, (b) von innen (d.h. was diese Person fühlt, denkt, von sich selbst hält usw.).
- ▶ Machen Sie mit Ihrem Notitzblock einen Spaziergang durch die Nachbarschaft. Notieren Sie alles Beschreibenswerte. Versuchen Sie anschließend, so genau wie möglich zu beschreiben, was Sie wahrgenommen haben. Setzen Sie alle fünf Sinne ein.
- ▶ Beschreiben Sie den deutschen Kapitalismus nach der Vereinigung.

Zusammentragen, Kompilieren, Dokumentieren

Überblick

Ein zweiter elementarer Vorgang wissenschaftlichen Arbeitens ist das Zusammentragen vorhandenen Wissens, was man mit dem nicht ganz gebräuchlichen, aber treffenden Begriff *Kompilieren* (auf deutsch: anhäufen) bezeichnen kann. Im Wissenschaftsbetrieb nehmen solche Zusammenstellungen von Forschungsergebnissen einen wichtigen Stellenwert ein. Es gibt Zeitschriften, die sich ganz auf Literaturzusammenfassungen spezialisiert haben und systematisch bestimmte Themengebiete sichten und auswerten. Im amerikanischen und englischen Wissenschaftsbetrieb ist diese Textgattung als »survey« eine feststehende Größe. Sie zeichnet sich dadurch aus, dass sie primär nur sichtet und zusammenstellt, ohne eine eigene theoretische Position zu formulieren. Als Auswertung einer Übersicht werden in der Regel Tendenzen in den Ergebnissen, Innovationen oder Trends in den Themen dargestellt.

Literaturübersichten sind aber nicht die einzigen Textmuster, die auf dem Prinzip des Kompilierens beruhen. Im Prinzip fallen alle Arten von Daten-, Material-, Text- und Quellensammlungen darunter, sofern sie nicht analysiert und bewertet werden (an jede Zusammenstellung kann sich natürlich eine Analyse oder Bewertung anschließen). Der Wert solcher Kompilationen liegt vor allem darin, dass sie den Lesern eine unverfälschte Übersicht geben.

Die Fragestellungen für kompilatorische Arbeiten können unterschiedlich sein: Welche Literatur gibt es zu einem bestimmten Thema? Welches Wissen existiert über einen bestimmten Gegenstand? Was ist in einem bestimmten Zeitraum publiziert worden? Welche Quellen gibt es, die zur Erhellung eines bestimmten (z.B. historischen) Sachverhalts heranzuziehen sind?

Voraussetzung für kompilatorische Arbeiten sind systematische Recherchen. Gute Literaturzusammenfassungen geben den Suchumfang der Recherche genau an: welche Art von Literatur wurde in welchen Zeitschriften und in welchem Zeitraum gesichtet? Welche bibliografischen Instrumente wurden dabei in Anspruch genommen? Für solche Recherchen gibt es Bibliografien, d.h. Bücher oder Zeitschriften, die systematisch Literatur auswerten und zusammenstellen, sowie computergestützte Literatursuchdienste, die alle veröffentlichte Literatur sammeln und verschlagworten. Die Universitätsbibliotheken informieren über solche Dienste.

Andere Arten von kompilativen Texten, die sich z.B. auf Recherchen zu tagespolitischen Ereignissen stützen, werten systematisch Zeitungen aus und tragen Informationen zu einem bestimmten Thema zusammen. Auch hier ist Vollständigkeit und Systematik (d.h. für den Leser Nachvollziehbarkeit der Informationserfassung) eine wichtige Qualität der Recherche.

Reine Kompilationen sind für die VerfasserInnen oft unbefriedigend, da sie das Material auch analysieren und bewerten wollen. Es empfiehlt sich jedoch, diese Arbeitsschritte von dem kompilatorischen Teil zu trennen. Der Wert einer Arbeit erhöht sich dadurch, denn das Material selbst bleibt von der Meinung und den Analyseversuchen der Autorin oder des Autors unberührt und damit nachvollziehbar. Auch die analytischen Teile gewinnen an Gewicht, denn sie sind wegen der unbearbeitet dargestellten Quellen besser nachvollziehbar. Das Kompilieren von Material schließt in der Regel eine gewisse Form des Systematisierens ein, mit Ausnahme vielleicht der Dokumentation, die Material nur minimal ordnet oder gliedert.

Kompilationen von wissenschaftlicher Forschungsarbeit setzen *Zusammenfassungen* vieler einzelner Texte voraus. Wer eine kompilative Arbeit schreiben will, muss sich auf langes Lesen und Auswerten von Literatur einstellen. Es ist dabei wichtig, den Zweck der Kompilation vorab zu präzisieren, um Auswahl- und Strukturierungskriterien für die Zusammenfassungen zu haben. Jede Kompilation ist höchst selektiv, sonst würde die Sammlung schnell ins Unendliche wachsen.

Textmuster

Im Hochschulbetrieb ist die gängigste Textsorte, die auf reinem Zusammentragen von Wissen beruht, das *Sammelreferat* oder die *Übersichtsarbeit*. Dabei geht es um eine Zusammenfassung des Forschungsstandes zu einem bestimmten Thema.

Ähnlich ist ein *Literaturbericht* strukturiert. In ihm geht es darum, zu referieren, was in der (Sekundär-) Literatur über ein bestimmtes Thema an Informationen oder Positionen aufzufinden ist. Ein solcher Literaturbericht hat mit gewisser Vollständigkeit die Literatur in einem definierten Zeitraum zusammenzutragen. Bewertungen, Urteile oder Analysen sind dabei besonders zu markieren.

Die *Dokumentation* ist eine Zusammenstellung von Material, Theorien, Positionen oder Meinungen ohne weitere Reduktion oder Verarbeitung. Es wird in einer Dokumentation erwartet, dass das Material unbearbeitet präsentiert wird. Allerdings können Kürzungen notwendig und sinnvoll sein. Alle anderen Textmuster schließen eine gewisse Bearbeitung ein.

 Schreibanregungen

▶ Nehmen Sie die Tageszeitungen einer Woche und sichten Sie sie nach dem, was Sie über das Thema Gewalt (aller Art, individuelle wie kollektive) darin finden. Dokumentieren Sie sie zunächst. Beobachten Sie, welche Schwierigkeiten dabei auftreten. Versuchen Sie, diese Berichte zusammenzufassen, ohne sie zu interpretieren, zu analysieren oder zu bewerten. Beobachten Sie, welche Systematisierungsleistung nötig ist, um diese Aufgabe zu erledigen.
▶ Sichten Sie Ihr wissenschaftliches Journal und stellen Sie zusammen, über welche Themen Sie geschrieben haben. Wie lassen sich Ihre Texte klassifizieren? Gibt es zeitliche Muster? Schreiben Sie eine kleine Auswertung. Vergleichen Sie Ihre Eintragungen mit der Liste auf S. 36.

Vergleichen und Kontrastieren

Überblick

Ein weiterer elementarer wissenschaftlicher Denk- und Untersuchungsvorgang liegt darin, Dinge miteinander zu vergleichen und ihre Ähnlichkeiten und Unterschiede festzuhalten (vgl. Robinson & Tucker 1991, S. 124 ff.). Die Wirklichkeit steht uns in der Regel ungeordnet, unsystematisch gegenüber. Sie bietet uns eine Oberfläche zur Wahrnehmung an, der wir weder die Eigenschaften noch die Systematik der einzelnen Erscheinungen und Objekte unmittelbar entnehmen können. Um dazu zu kommen, müssen wir erst vergleichen (Ähnlichkeiten feststellen) und kontrastieren (Unterschiede feststellen). Dies ist eine gedankliche Vorstufe für das Analysieren, Generalisieren und Systematisieren.

Miteinander vergleichen lassen sich alle Objekte, Ereignisse und Erscheinungen, die ein wesentliches Bestimmungsmerkmal teilen oder, anders ausgedrückt, die Teil einer wissenschaftlich relevanten Klasse von Objekten sind. Nach Ähnlichkeiten und Gemeinsamkeiten sucht man bei Objekten, die sonst unterschiedlich sind. Unterschiede und Gegensätzlichkeiten sucht man bei Objekten, die sonst einander eher ähnlich sind (Sorenson 1992). Robinson & Tucker (1991, S. 126) geben verschiedene Möglichkeiten an, um Vergleiche zu ziehen:

Modell 1

Einleitung
Objekt A
Charakteristikum 1
Charakteristikum 2
Charakteristikum 3
Charakteristikum 4
Objekt B
Charakteristikum 1
Charakteristikum 2
Charakteristikum 3
Charakteristikum 4
Schlussfolgerung

In diesem Fall würde zunächst das erste Objekt (Theorie, Kunstwerk etc.) mit seinen Eigenschaften 1 bis 4 beschrieben, dann in der gleichen Reihenfolge das zweite Objekt. Unterschiede und Ähnlichkeiten würden nachfolgend in einem schlussfolgernden Absatz oder Kapitel dargestellt. Eine andere Möglichkeit wäre folgende:

Modell 2

Einleitung
Charakteristika 1 von Objekt A und B
Charakteristika 2 von Objekt A und B
Charakteristika 3 von Objekt A und B
Charakteristika 4 von Objekt A und B
Schlussfolgerung

In diesem Ansatz würden Ähnlichkeiten und Unterschiede Punkt für Punkt behandelt, d.h. jedes Charakteristikum würde für beide Objekte dargestellt und unmittelbar kontrastiert. Anders wäre es in einem Modell, in dem zunächst die Ähnlichkeiten und nachfolgend die Unterschiede dargestellt werden:

Modell 3

Einleitung
Ähnliche Charakteristika von A und B
Charakteristikum 1
Charakteristikum 2
Unterschiedliche Charakteristika von A und B
Charakteristikum 3
Charakteristikum 4
Charakteristikum 5
Schlussfolgerung

Die Wahl des Modells hängt von den Besonderheiten des Gegenstands ab und sollte so getroffen werden, dass die Darstellung optimal nachvollziehbar ist.

Die Auswahl der Charakteristika, nach denen man Objekte vergleicht, sollte festgelegt sein, bevor man systematisch zu recherchieren beginnt. Allerdings zeigt erst der Vergleich selbst, welche Größen überhaupt für einen Vergleich lohnenswert sind. Will man z.B. die Situation des Einzelhandels in Frankreich und Deutschland in den achtziger Jahren vergleichen, so muss man, bevor man Informationen über einzelne Branchen des Einzelhandels sammelt, festlegen, welche Momente des Themengebietes lohnende Objekte für einen Vergleich darstellen. Es kann sein, dass man das bereits aus vorherigen Studien oder aus der Literatur weiß. Es kann aber auch sein, dass man das erst eruieren muss, bevor man sich festlegt. Nicht jeder Vergleich ist wissenschaftlich gleich ergiebig.

Vergleiche können mit anderen Erkenntniswegen des Schreibens verknüpft werden. Man kann sowohl vergleichende Analysen als auch vergleichende Interpretationen anstellen. Vergleiche können auch ohne weiteres mit systematisierenden

Ansätzen verbunden werden, da die Untersuchung von Ähnlichkeiten und Unterschieden bereits die Basis für eine Klassifikation darstellt.

Textmuster

Ein verbreitetes Genre im akademischen Alltag ist der *Theorievergleich*. Darunter kann man einen Vergleich zweier Theorien über den gleichen Gegenstand verstehen, z.B. kann man eine funktionalistische mit einer konstruktivistischen Emotionstheorie vergleichen. Theorievergleiche erfordern zunächst eine Explizierung der Theoriestruktur, ihrer Grundannahmen und der unterschiedlichen Schlussfolgerungen, die sie über einen Gegenstand erlauben. Wichtig bei Theorievergleichen ist es, genau festzulegen, auf welche Autoren man sich bezieht, sonst muss man mit Widersprüchen in den einzelnen theoretischen Positionen rechnen. Es gibt z.B. mehrere Autoren, deren Emotionskonzepte sich »funktionalistisch« nennen lassen. Zwischen ihnen gibt es aber erhebliche Unterschiede. Erst wenn man im Beurteilen von Theorien sicher ist, sollte man sich an den Vergleich von Theorien machen, die in sich selbst widersprüchlich sind. Man muss sich dann auf die differenzierten Lösungen, die einzelne Autoren anzubieten haben, gesondert beziehen. Besonders vorsichtig sollte man mit dem Vergleich globaler Theorien wie etwa dem Marxismus oder der Philosophie der Postmoderne sein. Zwar kann man daran sicherlich sein wissenschaftliches Verständnis schulen, man wird aber vom Wesen des Theorievergleichs abgelenkt, da man mit zu vielen unterschiedlichen Strömungen, Abstraktionsebenen und theoretischen Vagheiten konfrontiert ist.

Eine weitere Textsorte lässt sich unter dem Titel *Strukturvergleich* zusammenfassen. Dabei geht es um den Vergleich von Objekten selbst, nicht um den Vergleich der Theorien. Dieses Vorgehen erfordert, zunächst beide Objekte darzustellen und die Objekte anhand der Darstellungen dann zu vergleichen.

Einen *Methodenvergleich* nimmt man vor, wenn man zwei unterschiedliche Verfahrensweisen gegeneinander hält und sie hinsichtlich ihres Erfolges oder ihrer inneren Struktur vergleicht. Dann geht der Vergleich in eine evaluative (vgl. S. 177-180) oder eine präskriptive Studie (vgl. S. 181-184) über.

Eine vierte Vorgehensweise befasst sich mit *Veränderungen über die Zeit*. Sie vergleicht die Eigenarten eines Sachverhalts zu unterschiedlichen Zeitpunkten. Das kann Ausgangspunkt einfacher Entwicklungsstudien sein, wie sie in ökonomischen, entwicklungspsychologischen oder soziologischen Studien verwendet werden. Damit geht eine Vergleichsstudie in die Untersuchung von Veränderungen über.

Schreibanregungen

▶ Vergleichen Sie das Fernsehprogramm von heute mit dem vor 30 Jahren. Suchen Sie aus einer Zeitung eine Woche von damals und heute aus, notieren Sie sich die Titel und eruieren Sie die Gemeinsamkeiten und Unterschiede in den Programmthemen und innerhalb der einzelnen Genres.

▶ Vergleichen Sie die Haushaltsdebatte des Bundestages heute mit der vor 20 (30, 40) Jahren. Welche Dimensionen von Veränderung fallen Ihnen dabei auf? Welche Entwicklungsprozesse scheint dieses Parlament durchzumachen?

▶ Vergleichen Sie das Verhalten eines Kindes (a) in seiner Familie, (b) im Kindergarten und (c) bei der Großmutter zu Besuch.

▶ Vergleichen Sie Ihr eigenes Arbeitsverhalten in unterschiedlichen Situationen, z.B. zu Hause und in der Bibliothek oder am Arbeitsplatz. Versuchen Sie festzulegen, welche Charakteristika Ihres Arbeitsverhaltens für einen Vergleich lohnend sind.

▶ Vergleichen Sie eine Fahrt mit dem Auto mit einer Fahrt mit den öffentlichen Verkehrsmitteln zum gleichen Ziel. Suchen Sie zunächst eine Einteilung in einzelne Sequenzen, die überhaupt miteinander vergleichbar sind. Beziehen Sie subjektive und objektive Faktoren in den Vergleich ein.

▶ Vergleichen Sie zwei Politikerinnen oder Politiker, die sich für das gleiche Amt bewerben (oder die ein ähnliches Amt besitzen).
▶ Vergleichen Sie zwei Ihrer Geschwister miteinander. Wo sind Gemeinsamkeiten, wo Unterschiede?

Systematisieren

Überblick

Unter *Systematisieren* versteht man die Einordnung eines Phänomens in seine allgemeineren Bezüge oder die Generierung von Gesichtspunkten, nach denen eine Gruppe von Phänomenen klassifiziert werden kann. Systematisieren ist eine wichtige Form wissenschaftlicher Arbeit, die jedoch selbst nur unzureichend expliziert und systematisiert ist.

Systematisieren setzt eine Reihe anderer wissenschaftlicher Aktivitäten voraus. Eine Voraussetzung ist das *Erkunden der Extension* eines Phänomenenbereichs. Was gibt es für Objekte, Ereignisse, Gesichtspunkte, die für den interessierenden Sachverhalt von Bedeutung sind? In welchen Varianten, Erscheinungsformen, Typen oder Grundmustern tritt er auf? An welchen Orten, zu welchen Zeiten, in welchen Verbindungen ist er aufzufinden? Voraussetzung für Systematisieren ist oft intensives Sammeln, Beschreiben, Vergleichen und Analysieren von Daten, wie beispielsweise die Arbeit von Darwin zeigt, dessen theoretischen Systematiken Jahrzehnte systematischen Recherchierens vorausgingen.

Ein zweiter elementarer Vorgang des Systematisierens ist das *Klassifizieren*. Die untersuchten Phänomene müssen in kleinere Gruppen eingeteilt oder Klassen zugeordnet werden. Dabei taucht die Frage auf, wonach man klassifizieren soll. Welcher Gesichtspunkt ist wesentlich für eine Einordnung der phänomenologischen Vielfalt in bedeutungsvolle Kategorien? Wonach beispielsweise kann man Staaten klassifizieren? Es bieten sich folgende Möglichkeiten an: Nach ihrer geografischen Lage

(Kontinent, Eingebundenheit, Meerzugang usw.), nach der Homogenität ihrer Bevölkerung (Sprachen, Nationalitäten, Kulturen), nach kultureller Zugehörigkeit, nach wirtschaftlicher Dynamik (Pro-Kopf-Einkommen, Nationalprodukt, Exportmenge etc.), nach politischen Bündniszugehörigkeiten usw. Es gibt also viele Gesichtspunkte, nach denen man klassifizieren kann. Welchen man wählt, ist abhängig von dem Zweck der Systematik. Will man beipielsweise Migrationsbewegungen analysieren, wird man günstigerweise nach irgendeiner Dimension suchen, die Armut/Reichtum abbilden kann, oder nach einer Dimension, die politische Toleranz und Gewaltfreiheit erfasst.

Ein dritter Vorgang des Systematisierens kann sich auf *Determinanten, kausale Mechanismen oder Bedingungsgefüge* richten. In diesem Fall ist das Systematisieren mit analytischem Vorgehen verknüpft. Wenn man beispielsweise versucht, ein komplexes Themengebiet wie die emotionale Entwicklung zu systematisieren, steht man vor dem Problem, dass man viele Daten, Informationen und Gesichtspunkte gleichzeitig zu berücksichtigen hat. Man muss also die wichtigsten Faktoren eruieren, die an der emotionalen Entwicklung beteiligt sind (auf sie einwirken, sie bestimmen), also z.B. kognitive, motorische, soziale, genetische Faktoren. Man kann ebenfalls versuchen, Ordnungen in den zeitlichen Parametern aufzufinden und zeitliche Muster abstecken, die die Entwicklung gliedern, also z.B. Entwicklungsstadien, Reihenfolgen, qualitative Veränderungen, Wendepunkte, Widersprüche. Das Ergebnis einer gelungenen Systematisierung zeigt sich zunächst darin, dass sich alles Material logisch einordnen lässt.

Fast alle längeren wissenschaftlichen Texte besitzen auch einen systematischen Teil. Eine Systematik liegt allein schon in der Gliederung des Textes, wenn man nicht eine rein anekdotische Gliederung wählt. Beispiele für Fragestellungen in systematisierenden Schreibprojekten:

- Welche Ordnung lässt sich in einem heterogenen Feld von Ereignissen, künstlerischen Bemühungen, historischen Ereignissen, Handlungsweisen, Tier- oder Pflanzenarten finden?

- Welche Determinanten wirken auf eine konkrete Variable (Ereignisklasse, historische Größe) ein? Wie lassen sich diese Determinanten gruppieren in übergeordnete und periphere Faktoren?
- Nach welchen Gesichtspunkten lassen sich die Forschungsergebnisse zu einem bestimmten Thema systematisieren und einordnen?
- Welche Regeln existieren in einem bestimmten methodischen Handlungsfeld? Wie sind diese Regeln hierarchisch organisiert? Wie kann man sie so darstellen, dass sie eine sichere methodische Anleitung bestimmter Handlungen ermöglichen?

Schreibanregungen

▶ Systematisieren Sie die Parteienlandschaft der Gegenwart. Verzichten Sie dabei auf das übliche Rechts-Links-Schema.
▶ Schreiben Sie die Determinanten auf, die zum Untergang der DDR geführt haben. Klassifizieren Sie diese Determinanten und ordnen Sie sie in wesentliche und unwesentliche.
▶ Tragen Sie alles zusammen, was das Phänomen »Emotion« oder »Gefühl« ausmacht. Suchen Sie wesentliche Klassen, in die sie die Phänomene einordnen.
▶ Schreiben Sie alle typischen Verhaltensweisen von Kleinkindern auf. Sammeln Sie (in der Gruppe evtl. gemeinsam) zunächst alle möglichen Verhaltensweisen, sortieren und klassifizieren Sie sie dann. Versuchen Sie dann zu beschreiben, welche Zusammenhänge zwischen diesen Klassen im Entwicklungsverlauf bestehen.
▶ Beschreiben Sie alle Handlungsschritte, die man ausführen muss, um eine Partei zu gründen und in einem Wahlkampf zum Erfolg zu führen. Strukturieren Sie diese Handlungsschritte so, dass sie die Kapitelüberschriften für ein Handbuch »Wie gründe ich erfolgreich eine Partei« bekommen.
▶ Listen Sie alles auf, was Sie in der letzten Woche getan haben. Versuchen Sie, Ihre Handlungen in Gruppen einzutei-

len. Setzen Sie die gefundenen Klassen mit Ihrer jeweiligen Stimmung oder Gefühlslage in Beziehung.

Analysieren

Überblick

Analysieren ist ein Vorgang, der eng mit dem *Abstrahieren* verbunden ist, also dem »Zergliedern« eines Gegenstands in seine abstrakten Bezüge und Beschaffenheiten. Analytisches Vorgehen geht von der Prämisse aus, dass man Erkenntnisse dadurch gewinnt, dass man den Gegenstand in elementare Einheiten einteilt und diese in Beziehung zueinander setzt. Analysen dienen der Erklärung, der Einordnung eines Sachverhalts und der Darstellung der Bezüge, in denen er zu verstehen ist. Analysieren soll Beschaffenheit, Struktur, Determinanten, kausale Abhängigkeiten, Bedingungsgefüge oder Dynamiken eines Gegenstands aufklären.

Abstrahieren bedeutet laut DUDEN-Herkunftswörterbuch (1989) »das Allgemeine aus dem zufälligen Einzelnen begrifflich heraussondern; verallgemeinern«. Es gibt keinen festgelegten Weg, wie dies zu tun sei. Deshalb bleibt vieles der Intuition vorbehalten, wenn man einen Sachverhalt analysiert. Schon die Wahl der Begriffe legt den Gang der Analyse fest und schränkt sie in vielerlei Hinsicht ein. Die Begriffswahl bestimmt, auf welche Aspekte der Blick in der Untersuchung gerichtet wird.

Das Ergebnis einer Wahl beispielsweise ist durch die Entscheidung vieler Personen zustande gekommen. Den Entscheidungen liegen individuelle Überlegungen, Motive, Intentionen usw. zugrunde, die für jede einzelne Person einmalige Charakteristika tragen. Eine Analyse kann versuchen, über die zufälligen, einmaligen Ereignisse hinweg das herauszufinden, was den Entscheidungen vieler Menschen gemeinsam ist und dadurch das Wahlergebnis erklären kann. Eine entsprechende Wahlanalyse wäre also bestrebt, Motive aufzudecken, die für

Gruppen von Wählern gemeinsam gelten und somit das Entscheidungsverhalten eines Wahlkollektivs erklären können. Um eine solche Analyse vornehmen zu können, benötigt man Informationen, aus denen man auf die Motive von Gruppen schließen kann, etwa Informationen über die Zusammensetzung der Wähler einzelner Parteien, die Wahlergebnisse einzelner Wahlkreise, Orte und Regionen, die Veränderungen im Wahlverhalten und Wählerwanderungen, die Beliebtheit einzelner Parteien und Politiker usw. Diese statistischen Informationen selbst sind noch keine Analyse, sie sind deren informationelle Basis.

Einen Zusammenhang kann man nach mehreren Gesichtspunkten oder Kriterien analysieren. Eine politische Wahl beipielsweise kann man nach ihren Ursachen (was erklärt das Zustandekommen der Wahl?) und ihren politischen Folgen (welche Veränderungen der politischen Landschaft ergeben sich aus ihr?) analysieren. Für eine Analyse ist wichtig, dass vorab festgelegt wird, nach welchen Gesichtspunkten der Gegenstand analysiert werden soll: Welche verallgemeinernde Aussagen sollen getroffen werden? Davon ist abhängig, welche Informationen herangezogen und welche Schlüsse gezogen werden müssen.

Das Festlegen von Analysekriterien oder -gesichtspunkten ist vor allem in umfangreicheren wissenschaftlichen Arbeiten mit analytischem Charakter besonders wichtig. Wenn Sie beispielsweise eine Theorie analysieren, so ist es wichtig, zu sagen, wonach Sie analysieren: Sind es formale Theoriestrukturen wie Kernaussagen, Konsistenz, postulierte Kausalaussagen, die Sie interessieren, oder ist es das Menschenbild, der Bezug zu anderen Theorien oder die innere Entwicklungslogik in der Theorieentstehung?

Eine Analyse braucht also eine klare analytische Fragestellung, damit Sie wissen, wie Sie Ihr Material bearbeiten sollen. Tabelle 3 gibt Beispiele für Analysegesichtspunkte.

Analytische Arbeiten können sich auf die Realität selbst, auf Theorien über diese Realität, auf Texte bzw. Quellen und auf subjektive Zusammenhänge, etwa auf motivationale Bedingungen oder Bewusstseinsstrukturen beziehen.

Tabelle 3: Beispiele für Analysegesichtspunkte

Theorieanalysen	*Quellenanalytische Arbeiten*
Geltungsbereich	Aussagekraft der Quellen
Kernaussagen	Glaubwürdigkeit
Konsistenz der Theorie	Vollständigkeit
Postulierte Kausalzusammenhänge	Widersprüchlichkeit
Systematik der Theorie	Übereinstimmung mit einer Hypothese
Widersprüche	Schlüsse auf Autoren
Verhältnis zu anderen Theorien	Schlüsse auf soziale oder politische Zusammenhänge
Menschenbild	
ethische, moralische Annahmen	Authentizität
Objektanalysen	*Analyse subjektiver Zusammenhänge*
Kausale Mechanismen	Motivationale Bedingungen
Bedingungsgefüge	Interessen
Systemzusammenhänge	Absichten
Funktionale Zusammenhänge	Pläne
Strukturelle Beziehungen	Bewusstseinsstrukturen
Entwicklungszusammenhänge	moralische Werte
Abstammung, Herkunft	soziale Beziehungen
Dynamiken	Emotionale Determinanten
Regeln	

Varianten dieses Typs sind Theorieanalysen oder theoriekritische Arbeiten. Sie bestehen im Wesentlichen in der Auseinandersetzung mit einer speziellen Theorie/Position/Schule und erfordern neben einer klaren Darstellung der analysierten Position einen Standpunkt, von dem aus die Arbeit analysiert (und in weiteren Schritten beurteilt und kritisiert) wird.

Analysieren ist immer damit verbunden, die Erscheinungsvielfalt auf wenige, für eine Fragestellung relevante Gesichtspunkte zu reduzieren. Für Analysen ist es deshalb wichtig, das *Abstraktionsniveau* zu spezifizieren, auf dem sie sich bewegen soll. Darin liegt eine wichtige methodische Frage des analytischen Vorgehens. Es ist ein wichtiger Unterschied, ob man eine Theorie über einen Gegenstand oder ob man den Gegenstand selbst analysiert. Analysiert man eine Theorie, so nutzt man Kenntnisse, Daten und andere Theorien als Hilfsmittel zur Analyse der in Frage stehenden Theorie. Es geht aber letztlich immer um Aussagen über die Theorie. Analysiert man einen Gegenstand, so nutzt man Kenntnisse, Daten und Theorien als Hilfsmittel, um zu Aussagen über diesen Gegenstand zu kommen. Viele Examensarbeiten sind eine schwer verdauliche Melange aus beidem. Folgende Abstraktionsebenen sind immer zu beachten:

- *Objektebene:* Soll sich die Analyse mit dem in Frage stehenden Gegenstand selbst beschäftigen oder mit der Theorie über den Gegenstand? Auf der Objektebene kann sich eine Analyse mit der Struktur, Funktion, Dynamik usw. des Gegenstands befassen.
- *Theorieebene:* Theorieanalysen befassen sich mit der Struktur, dem Aussagegehalt, der Konsistenz oder Systematik einer Theorie. Gegenstand kann ebenfalls das Verhältnis der Theorie zum Gegenstand, d.h. die Angemessenheit oder der Wahrheitsgehalt der Theorie sein. Auf alle Fälle ist bei einer Theorieanalyse primär ein System von Aussagen, Postulaten und Behauptungen Gegenstand der Analyse, nicht der Gegenstand selbst, dem die Aussagen usw. gelten.
- *Metatheoretische Ebene:* Eine dritte Ebene analytischen Arbeitens bezieht sich auf erkenntnistheoretische, methodologische, moralische oder ethische Aspekte, die einer Theorie oder der Meinung der Theoretikerin bzw. des Theoretikers zugrunde liegen. Dabei geht es nicht unbedingt um die expliziten Aussagen der Theorie, sondern um deren Basisannahmen höherer Ordnung. Beispielsweise enthalten Theorien Annahmen über das Menschenbild der Autorin oder des Autors, über deren Gesellschaftsverständnis oder über ihre grundlegenden Annahmen bezüglich der Erkennbarkeit der Welt.

Die Notwendigkeit, diese drei Aspekte zu unterscheiden, ergibt sich daraus, dass es logisch illegitim ist, von einer auf die andere Ebene zu schließen. Eine stimmige, konsistente Theorie beispielsweise mag vom Gesichtspunkt der Theoriekonstruktion aus zufrieden stellend sein. Das sagt aber nichts darüber aus, ob die Gesetzmäßigkeiten des Gegenstands der Theorie folgen oder nicht. Analog mag eine Theorie auf der Metaebene, d.h. z.B. in ihrem Menschenbild sehr humanistisch und ansprechend sein. Das sagt leider nichts darüber aus, wie gut und richtig die Theorie selbst ist oder wie humanistisch die sich aus ihr ergebende Praxis ist.

Es kann in analytischen Arbeiten nötig sein, auf zwei oder allen drei Ebenen zu arbeiten. Oft sind Theorien erst dann zu verstehen, wenn man auf die Objektebene geht (d.h. die Erfahrungen der Autorin oder des Autors mit dem Gegenstand in Rechnung stellt) oder wenn man die metatheoretische Ebene berücksichtigt (z.B. die Philosophie der Autorin oder des Autors einbezieht). Wichtig ist nur, diese Wechsel bewusst zu machen und sie im Text zu markieren.

Die Unterscheidung zwischen Theorieebene und metatheoretischer Ebene ist manchmal vor allem deshalb schwierig, weil viele TheoretikerInnen selbst diese Unterscheidung nicht treffen und die LeserInnen im Unklaren darüber lassen, auf welcher Ebene sie ihre Theorie ansiedeln. Sie schwanken zwischen beidem hin und her und erschweren dadurch ein präzises Verständnis. Viele Autoren versuchen beipielsweise, metatheoretisch zu begründen, warum ihre Theorie anderen Theorien vorzuziehen sei, indem sie moralische Argumente herbeiführen: Ihre Theorie oder ihre Grundhaltung sei demokratisch, sozialistisch, christlich usw. Das mag den entsprechenden Autoren zur Ehre gereichen, es ist aber für den Wahrheitsgehalt ihrer Theorie belanglos. Der bemisst sich letztlich daran, in welchem Verhältnis die Aussagen der Theorie zu ihrem Gegenstand stehen und nicht daran, ob sich die Verfasserin oder der Verfasser selbst für einen guten Menschen hält.

Analytische Arbeiten sind auf die Verwendung von empirischem und theoretischem Material angewiesen. Sie verwenden dieses Material anders als beschreibende, kompilierende, vergleichende, systematisierende, Theorie konstruierende oder interpretierende Arbeiten. *Kompilierende Vorgehensweisen* addieren das Wissen im Prinzip zu komplexeren Einheiten. *Systematisierende Vorgehensweisen* ordnen Material. Vergleichende Vorgehensweisen kontrastieren das Material miteinander. *Analytische Arbeiten* verwenden Material dazu, Erkenntnisse über die abstrakten Zusammenhänge, Eigenschaften, Wirkprinzipien usw. des Gegenstands zu gewinnen. Analytisches Vorgehen ist, wie gesagt, ein gedankliches Zergliedern des Gegenstands. Empirisches Material kann dabei die Rolle eines Belegs für Behauptungen haben; es kann der Illustration dienen; es kann Ausgangspunkt für Begriffswahl, -explikation oder -bildung sein; es kann der Einordnung in Zusammenhänge dienen; es kann kausale Determinanten entdecken helfen, es kann helfen, Aussagen zu untermauern, zu begründen, abzugrenzen, zu präzisieren oder zu differenzieren.

Abgrenzen sollte man analytische Arbeiten von anderen Textmustern. Analysieren hat primär nichts mit *Bewerten* zu tun. Eine Analyse sagt im Prinzip nur, was ist, nicht, ob es – im weitesten Sinne – *gut* oder *schlecht* ist. Bewerten ist ein separater Vorgang, der nach einer Analyse durchgeführt werden kann (siehe dazu S. 177-180). Die Analyse selbst sollte wertneutral sein. Sie soll aussagen, wie ein Sachverhalt oder eine Theorie nach bestimmten Kriterien oder Gesichtspunkten einzuordnen oder zu verstehen ist. Davon logisch zu trennen ist der Bewertungsvorgang. Allerdings implizieren analytische Kategorien oft bestimmte Bewertungen, etwa wenn man eine Theorie nach ihrer Konsistenz beurteilt oder eine Gesellschaft nach ihren demokratischen Strukturen analysiert. In der Wissenschaft gilt Konsistenz als positiver Wert, Inkonsistenz als negativer. Ebenso gilt »demokratisch« als positiver Wert. In den Sozialwissenschaften gibt es wenige Begriffe, die keine wertenden Konnotationen haben. Dennoch ist der Vorgang, mit dem eine Theorie analysiert wird, von dem zu unterscheiden, mit dem sie bewertet wird, sonst ist weder das eine noch das andere genau nachzuvollziehen. Analysekriterien – das ist ein weiterer Grund für die Trennung von Analyse und Bewertung – sind wissenschaftlich zu begründen, während Werte nur gesetzt werden, nicht aber wissenschaftlich abgeleitet werden können.

Unterscheiden muss man Analysen auch von Interpretationen. Bei diesen geht es nicht um die Dekomposition eines Objekts in seine Bestandteile, sondern vielmehr um die Herstellung oder Rekonstruktion von Sinn in einem Objekt (Werk,

Text o.ä.). Interpretieren ist also (siehe dazu S. 165-170) eher ein *Kompositionsvorgang* (der allerdings oft auch analytische Komponenten besitzt).

Textmuster

Analytische Texte werden oft *Abhandlung* genannt. Der wissenschaftliche Sprachgebrauch ist nicht sehr präzise, wenn es um analytische Arbeiten geht, weder in der Spezifizierung der Textmuster noch in der Spezifizierung des methodischen Vorgehens bei Analysen. Unter einer Abhandlung lässt sich ein relativ frei strukturierter analytischer Text verstehen.

Quellenanalytische Arbeiten erfordern eine kritische Auseinandersetzung mit definierten (historischen oder literarischen) Quellen. Auch hier ist der theoretische Bezugspunkt (Analysekriterien) wichtig, von dem aus diese Quellen betrachtet und beurteilt werden.

Textvergleichende Arbeiten lassen sich als Sonderfall von Theorieanalysen auffassen. Sie bestehen im Wesentlichen aus einer vergleichenden Analyse mehrerer Arbeiten, in der die Analysegesichtspunkte jedoch wesentlich durch den Vergleichszweck geprägt sind.

Begriffsanalysen sind analytische Arbeiten, die vorwiegend auf der begrifflichen Ebene arbeiten, d.h. den Gegenstand definitorisch und bedeutungsanalytisch erschließen.

Textanalytische Arbeiten untersuchen die Struktur von Texten nach semantischen, syntaktischen oder pragmatischen Gesichtspunkten.

Kausal- oder Bedingungsanalysen untersuchen die kausale Struktur von komplexeren Variablensystemen.

 Schreibanregungen

▶ Notieren Sie alle Faktoren, die zum Untergang der DDR beitrugen. Versuchen Sie, diese Faktoren zu klassifizieren. Analysieren Sie, welche Faktoren *wesentlich* zum Untergang beitrugen und welche Faktoren eher einen untergeordneten Beitrag dazu leisteten. Hierarchisieren Sie die Faktoren, indem Sie sie zu Clustern zusammenfassen und in allgemeinere und spezifischere Faktoren ordnen. Versuchen Sie, Ihre Analysekriterien zu erläutern.

▶ Notieren Sie alles, was auf die Intelligenzentwicklung des Kindes einwirkt. Spezifizieren Sie die Einflüsse, die diese Determinanten auf die Intelligenzentwicklung haben. Achten Sie dabei besonders auf die unterschiedlichen Wirkungen, die die Faktoren auf die Intelligenz haben. Versuchen Sie, diese Elemente so zu klassifizieren, dass Sie eine Liste der entwicklungsfördernden und entwicklungshemmenden Faktoren der Intelligenzentwicklung erhalten.

▶ Sammeln Sie alle Faktoren, die Ihnen zu der Frage einfallen, wodurch eine historische Epoche von einer nächsten abgelöst wird. Systematisieren Sie diese Faktoren und spezifizieren Sie ihre Einflüsse auf den Epochenwechsel.

▶ Tragen Sie die wichtigsten Umweltschäden zusammen, die uns in der Gegenwart bedrohen. Analysieren Sie sie (1) nach Wirkmechanismen, (2) nach den Kosten, die sie verursachen, (3) nach ihrer Bedrohlichkeit für den Globus bzw. die Menschheit und (4) danach, wie Sie persönlich davon betroffen sind.

▶ Überlegen Sie, welcher Film Sie in der letzten Zeit beeindruckt hat. Schreiben Sie kurz eine Inhaltsangabe auf. Analysieren Sie den Film dann nach (1) seiner emotionalen Atmosphäre, (2) seiner ideologischen Grundausrichtung, (3) der Logik seines Aufbaus bzw. der dargestellten Handlungen oder Beziehungen und (4) seinem filmtechnischen Zuschnitt. Beobachten Sie, wie unterschiedlich analytisches Denken sein kann, entsprechend den Kriterien, nach denen Sie analysieren.

Theorie konstruieren

Generalisieren

Während analytisches Vorgehen einen Gegenstandsbereich (Objekte, Texte, Quellen) in seine (gedanklichen) Bestandteile zerlegt, geht man bei der Konstruktion einer Theorie den entgegengesetzten Weg: Man baut gedankliche Systeme aus einzelnen Bestandteilen auf. Dabei ist der wichtigste logische Bestandteil die *Behauptung,* der wichtigste gedankliche Schritt die *Induktion.* Die Konstruktion einer Theorie ist oft das logische Ergebnis einer Analyse.

Induktion bezeichnet den Schluss von beobachteten Ereignissen oder Objekten auf eine Gesamtheit von ihnen. Mit einer solchen Verallgemeinerung stellt man eine Behauptung von allgemeiner Gültigkeit auf, die man Allaussage oder gesetzesförmige Aussage nennt.

Das Problem der Induktion besteht darin (vgl. dazu z.B. Føllesdal, Walløe & Elster 1986/88, S. 77f.), dass es rational nicht zu rechtfertigen ist, von Ereignissen, die wir in Erfahrung gebracht haben, auf Ereignisse zu schließen, von denen wir keinerlei Erfahrung besitzen. Von einer Anzahl n beobachteter weißer Schwäne gibt es keinen sicheren Schluss darauf, dass *alle* Schwäne weiß sind. Trotzdem ist es in der Wissenschaft legitim und notwendig, Allaussagen zu machen. Dabei müssen wir uns bewusst sein, dass es tatsächlich kein logisch gültiges Verfahren gibt, um Allaussagen zu erschließen. Wir können sie nur *postulieren.* Genau dies tun wir, wenn wir eine Theorie konstruieren. Wir behaupten Zusammenhänge von allgemeiner Gültigkeit.

Verallgemeinernde Schlussfolgerungen sind ein wichtiges Instrument der Wissenschaft. Verallgemeinerungen können das Resultat von empirischen Studien oder von analytischen Erwägungen sein. Was dabei die *wissenschaftliche* Qualität ausmacht: Die begriffliche, analytische, argumentative oder empirische Basis, von der aus man die Verallgemeinerung trifft, will genau expliziert sein, um den Schluss nachvollziehbar zu machen.

Aus unserem Alltagsdenken sind wir an generalisierende Schlussfolgerungen gewöhnt. Wenn wir den Briefträger mehrfach um halb neun am Briefkasten treffen, könnten wir schlussfolgern, daß er *immer* um diese Zeit kommt, oder dass er *früh* kommt. Zu dieser Aussage können wir uns berechtigt fühlen, wenn wir den Briefträger sehr oft treffen. Wenn wir vorsichtiger sein wollten, müssten wir sagen, dass er *wahrscheinlich* früh kommt. Damit haben wir die Sicherheit unserer Aussage eingeschränkt. Wir könnten auch sagen, dass er *manchmal* früh kommt. Damit würden wir nicht mehr eine Aussage über alle Zeitpunkte machen, an denen der Briefträger kommt, sondern nur noch über einige. Wenn wir einen Briefträger früh treffen, schließen wir daraus nicht, dass *alle* Briefträger früh kommen. Mit solchen Verallgemeinerungen sind wir auch im Alltag relativ genau, d.h. wir markieren den Geltungsbereich einer Aussage genau: Diese Aussage gilt nur für einen einzigen Briefträger in einem einzigen Haus. Nicht für alle in allen Häusern.

Eine entscheidende Eigenschaft wissenschaftlicher Texte liegt darin, dass Verallgemeinerungen sehr vorsichtig getroffen werden, dass also die Extension (Geltungsbereich) und die Intension (inhaltliche Bestimmung) von Aussagen sehr genau markiert werden. Darin liegt ein wesentlicher Unterschied zu nichtwissenschaftlichen Texten, die zwar nicht unbedingt ungenau in der Qualifizierung von Aussagen sind, jedoch diese auch nicht besonders hervorheben.

Das Vorgehen beim Konstruieren einer Theorie kann unterschiedlich sein. Man kann Theorien *axiomatisch* aufbauen, d.h. von einzelnen, nicht weiter hinterfragbaren Prämissen ausgehen und von ihnen Sätze ableiten. Dieses Vorgehen ist sehr kompliziert, erfordert eine hohe Präzision in Bezug auf abstrakte Logik und bleibt meistens in abstrakten Erwägungen stehen. Es ist schwer, von Axiomen zur Wirklichkeit zu kommen. Axiomatisches Vorgehen sollte man durchtrainierten Philosophen und Mathematikern überlassen.

Eine zweite Vorgehensart setzt an der Empirie oder am erlebbaren Phänomen an. Man könnte sie *idealisierende Beschreibung* nennen. Dabei beschreibt man ein Objekt und meint alle. Diese Form der Theoriekonstruktion ist in den populärwissenschaftlichen Ansätzen sehr beliebt. Man beschreibt z.B. *den* Mann und *die* Frau und führt zum Beleg Beobachtungen oder statistische Ergebnisse an. In dieser deskriptiven Form ist eine induktive Schlussweise verborgen. Der Griffigkeit einer Aussage wird hier allerdings oft die Präzision geopfert. Es gibt kaum Aussagen, die tatsächlich für *alle* Männer oder *alle* Frauen gelten. Idealisierende Beschreibungen können insofern nützlich sein, als sie sehr anschaulich und leicht nachvollziehbar sind. Sie sind aber nur mit erheblichen Einschränkungen und Relativierungen wissenschaftlich verwendbar, wenn sie sich auf zu globale Themen beziehen. Idealisierung hat dann ihren Sinn, wenn eine Typisierung oder Pointierung verlangt wird. Sie erfordert in der Regel eine problembewusste und methodenkritische Relativierung.

Eine dritte Vorgehensart der Theoriebildung, die in der Wissenschaft wohl die verbreitetste ist, ist ebenfalls mit einer verkappten Art der Generalisierung verbunden. Sie besteht in der *Verknüpfung einer kompilierenden mit einer generalisierenden* (gelegentlich auch *systematisierenden)* Vorgehensweise. Eine Theorie wird gewissermaßen wie ein Teppich aus empirischen Daten, Theorien, Erwägungen und Postulaten gewoben. Dabei verwischen sich oft die Trennungslinien zwischen Postuliertem, Zitiertem und empirisch Erhobenem. Es ist zu empfehlen, in dieser Art der Theoriebildung stärker zu differenzieren zwischen den tatsächlichen Postulaten, die die Autorin oder der Autor als eigenständige theoriebildende Elemente vertritt, und den erläuternden und begründenden Elementen, die der Absicherung oder Illustration der Postulate dienen. Man kann allerdings auch ein im Wesentlichen kompilierendes Vorgehen wählen und darin tentative oder dezidierte Generalisierungen einbauen. Man markiert dabei den Punkt, an dem man vom Referieren fremden Wissens zur Behauptung allgemeingültiger Aussagen übergeht.

Eine vierte Art der Theoriebildung ist mit einem *Wechsel von abstrahierendem und generalisierendem Vorgehen* verknüpft. Das wird auch Analyse und Synthese genannt. Das analytische Vorgehen ergründet oder zergliedert dabei einen

Gegenstand, das synthetische Vorgehen fügt die abstrakten Konzepte wieder zu Behauptungen über den konkreten Gegenstand zusammen.

Eine fünfte Art der Theoriebildung besteht in einer *Verknüpfung von generalisierendem und interpretativem Vorgehen*. Meister dieses Metiers war Sigmund Freud. Für ihn waren die Äußerungen seiner Patientinnen und Patienten in seinen Behandlungen Rohstoff seiner Interpretationen. Eine gelungene Interpretation war für ihn gleichzeitig immer Ausgangsbasis für Generalisierungen, die er manchmal für alle Patienten, manchmal für alle Männer oder Frauen und manchmal für alle Störungen eines bestimmten Typs traf. Diese Art des Vorgehens ist der idealisierenden Beschreibung nicht unähnlich; sie enthält allerdings sehr viel weiter gehende interpretative und analytische Elemente. In diesem Vorgehen bleibt ein Widerspruch enthalten, der darin besteht, dass Interpretationen immer nur für den Einzelfall gelten, Generalisierungen aber für definierte Gesamtheiten.

Arten von Theorien

Ein wesentlicher Bestandteil des theorie- oder modellkonstruierenden Arbeitens liegt in der Behauptung von allgemeinen Zusammenhängen. Damit ist allerdings das Repertoire des Theoriebauens noch lange nicht erschöpft. Zum Konstruieren von theoretischen Zusammenhängen gehört auch die Spezifizierung der Intension der postulierten Aussagen. Hier lassen sich unterscheiden (siehe Tabelle 4):

1. Denkfiguren, die funktionale Zusammenhänge explizieren können,
2. Denkfiguren, die strukturelle Zusammenhänge explizieren können,
3. Denkfiguren, die Entwicklungszusammenhänge explizieren können,
4. Denkfiguren, die intentionale Zusammenhänge explizieren können.

Tabelle 4: Analytische Begriffe in unterschiedlichen wissenschaftlichen Erklärungszusammenhängen

Begriffe zur Explikation funktionaler Zusammenhänge:	Begriffe zur Explikation struktureller Zusammenhänge:
System	System
Ursache und Wirkung	Zusammenhang
Bedingung	Dimension
Abhängigkeit	Ordnung
Determination	Anzahl
Einfluss- und Zielgröße	Reihenfolge
Regel	Verteilung
Funktion	Konfiguration
Einfluss	Organisation
Wechselwirkung	Muster
abhängige u. unabhängige Variable	Feedback
	Entropie
	Chaos

Begriffe zur Explikation von Entwicklungszusammenhängen:	Begriffe zur Explikation intentionaler Zusammenhänge:
System	Motiv
Verlauf	Emotion
Zeitreihe	Absicht
Stufe	Ziel
Phase	Plan
Reihung	Regel
Zyklen	Handlungsentwurf
Frequenz	Kognition
Entwicklungssprung	Wert
Widerspruch	Moral
Dynamik	Bewusstsein
Dialektik	Symbol

Diese vier Momente voneinander zu unterscheiden ist etwas arbiträr, da sie oft ineinander verwoben sind. Es lohnt sich jedoch, sie beim Konstruieren einer Theorie zu unterscheiden, da sie jeweils unterschiedliche Zusammenhänge repräsentieren.

Die entsprechenden Theorien lassen sich wie folgt charakterisieren:

- *Funktionale Theorien:* Sie postulieren Wirkmechanismen und Funktionsprinzipien. Sie finden sich am meisten in den Natur- und Technikwissenschaften, was nicht heißt, dass sie in den Sozialwissenschaften unangebracht sind. In den Sozialwissenschaften sind funktionale Abhängigkeiten sehr viel vorsichtiger zu formulieren, zumal es kaum lineare Determinationen gibt. Eine beobachtbare Wirkung in einem sozialen System ist selten Produkt einer Ursache allein, sondern in der Regel Produkt der Wechselwirkung mehrerer Faktoren. In den Sozialwissenschaften ist deshalb die Verwendung systemtheoretischer Ansätze lohnenswert, die die Wechselbeziehungen vieler Variablen zu erfassen erlauben.
- *Strukturelle Theorien:* Sie postulieren strukturelle Zusammenhänge. Die gebräuchlichste Formulierung struktureller Zusammenhänge ist die stochastische Theorie. Sie drückt Abhängigkeiten zwischen beobachtbaren Phänomenen als numerische Abhängigkeiten (genauer: als Wahrscheinlichkeiten) aus. Aber auch Systematiken können sich darauf beschränken, strukturelle Zusammenhänge zu postulieren, ohne auf kausale Beziehungen zurückzugreifen. Strukturelle Theorien können aber auch rein qualitativ sein, etwa bei der Beschreibung eines systematischen Zusammenhangs. Freuds Konzeption von Ich, Es und Über-Ich ist ein Beispiel für eine solche strukturelle Theorie.
- *Entwicklungstheorien:* Sie postulieren Veränderungen oder Abhängigkeiten über Zeitverläufe hinweg. Entwicklungstheorien können sich auf strukturelle Aspekte von Zeitreihen beziehen und etwa Trends, Schwankungen, Stufen oder Phasen der Entwicklung postulieren. Sie können aber auch kausale Zusammenhänge postulieren, etwa kausale Abhängigkeiten in mehreren Variablen (z.B. der Art, dass die soziale Entwicklung die kognitive und diese wiederum die emotionale determiniert). Da in der Regel in Entwicklungsprozessen keine linearen Abhängigkeiten bestehen, sondern Wechselwirkungen, müssen Entwicklungstheorien dynamische Aspekte berücksichtigen, d. h. zum Beispiel die wechselseitige Beeinflussung von sozialen, kognitiven und emotionalen Faktoren. Eine ähnliche Funktion können auch

dialektische Theorien erfüllen, die besonders auf Widersprüche zwischen zwei oder mehreren Faktoren und deren gegenseitige Beeinflussung, einschließlich qualitativer Veränderungen, Bezug nehmen.
- *Intentionale Theorien:* Sie beschäftigen sich mit subjektiven Prozessen und Handlungszusammenhängen. Sie postulieren die Existenz von Beweggründen (Motiven, Werten, Gefühlen, Zielen), die bestimmte Handlungen veranlassen. Intentionale Theorien erfordern Schlüsse auf die subjektive Realität der menschlichen Existenz. Lange Zeit versuchte die Wissenschaft (sogar die Psychologie), diese Bereiche auszuklammern. Heute ist ihre Funktion unbestritten. Sie spielen in allen Sozialwissenschaften eine große Rolle.

Textmuster

Theoriebildende Textmuster haben keine festen Bezeichnungen. Man findet in der Literatur immer wieder Veröffentlichungen, die den Untertitel »Eine Theorie über ...« oder »Ein Modell zur ...« tragen. Diese Untertitel signalisieren, dass das Kernstück des nachfolgenden Textes in Behauptungen mit einem (weiter oder enger definierten) Anspruch auf Gültigkeit besteht (diese Behauptungen können auch als Formel oder in mathematischer Form vorgebracht werden). Neben den Kernaussagen finden sich in diesen Texten Begründungen, Belege, Beweise, Illustrationen, Hinweise auf andere Theorien oder auf Meinungen anderer Forscher. Gelegentlich werden Kernaussagen als Gesetze, Axiome oder Postulate besonders hervorgehoben und von Hilfssätzen, Begründungen, Erklärungen abgegrenzt. Dies erleichtert die Beurteilbarkeit von Theorien erheblich.

Schreibanregungen

Erlauben Sie sich gelegentlich, eine Theorie zu konstruieren. Das ist keine wissenschaftliche Anmaßung, sondern eine Übung, die Ihre wissenschaftliche Urteilsfähigkeit schärfen kann. Sie wird Ihnen die Grenzen Ihres Wissens ebenso vor Augen führen wie die Schwierigkeiten des exakten wissenschaftlichen Ausdrucks. Wenn Sie auf Themensuche sind, so wird der systematische Versuch einer Theoriekonstruktion Sie unweigerlich mit vielen untersuchenswerten Wissenslücken konfrontieren.

Versuchen Sie, eine Theorie des Rassismus zu konzipieren. Dieses Thema ist trotz seiner aktuellen Bedeutung im deutschen Sprachraum wenig untersucht. Konstruieren Sie eine erste Theorie nach folgender Anleitung.

- *Schritt 1:* Brainstorming: Schreiben Sie, damit Sie Kontakt mit dem Thema aufnehmen, eine Stichwortliste mit etwa 15-20 Begriffen über das Thema Rassismus. Zensieren Sie dabei Ihre Gedanken nicht!
- *Schritt 2:* Schreiben Sie schnell Antworten (Stichworte oder einige Sätze) zu folgenden Fragen auf: 1. wie Rassismus Ihrer Meinung nach historisch entstanden ist, 2. was für eine Bedeutung er in sozialen Zusammenhängen hat, 3. welche politische Bedeutung er hat, 4. in welchen ökonomischen Zusammenhängen Sie seine Entstehung vermuten, 5. welche allgemeinen menschlichen Eigenschaften in ihm zum Ausdruck kommen, 6. welche Emotionen bzw. Gefühlsmuster mit ihm verbunden sind und 7. welche Denkmuster ihm zugrunde liegen. Schreiben Sie zu jeder Frage zumindest einen Satz. Werden Sie dort differenzierter, wo Ihre spezifischen fachlichen Kenntnisse gefragt sind oder wo Sie eine differenziertere Meinung haben.
- *Schritt 3:* Schränken Sie das Thema entsprechend Ihren Vorkenntnissen bzw. Interessen ein: Sie können sich auf die soziale, ökonomische, anthropologische, kognitive, emotionale, historische oder politische Seite des Rassismus beziehen.

- *Schritt 4:* Schränken Sie den Kern Ihrer Theorie ein auf (1) eine kausale Explikation, (2) eine Explikation struktureller Zusammenhänge, (3) die Explikation eines Entwicklungszusammenhangs, (4) die Explikation eines intentionalen Zusammenhangs (Sie werden feststellen, dass eine intentionale Betrachtung keine ausschließliche Kategorie ist; sie können also intentional-kausal, intentional-strukturell oder intentional-genetisch arbeiten).
- *Schritt 5:* Präzisieren Sie Ihre Kernaussage in Form von Behauptungen. Arbeiten Sie den kausalen, strukturellen, genetischen oder intentionalen Kernzusammenhang heraus.
- *Schritt 6:* Begründen Sie Ihre Behauptungen durch Erklärungen, Schilderungen, Heranziehung von Fakten etc.
- *Schritt 7:* Explizieren Sie den Geltungsbereich Ihrer Postulate: Für welche Arten/Teilaspekte von Rassismus gelten Ihre Aussagen? Für welche Zeit gelten sie? Für welche Orte gelten sie?
- *Schritt 8:* Explizieren Sie Hilfsannahmen: Welche Annahmen, die nicht zu den Kernpostulaten gehören, müssen wahr sein, damit Ihre Theorie stimmt?
- *Schritt 9:* Explizieren Sie, welche Informationen Sie brauchen, um Ihre Theorie zu bestätigen oder zu widerlegen.
- *Schritt 10:* Schreiben Sie eine Zusammenfassung Ihrer Theorie, die das Neue, Besondere in kondensierter Form darstellt.

Interpretieren

Überblick

Beim *Interpretieren* geht es im engeren Sinne darum, die Aussage (Wirkung, Bedeutung, Sinn, Struktur usw.) eines Werkes zu verstehen. Damit kann das Nachvollziehen oder Ergründen dessen gemeint sein, was die Schöpferin oder der Schöpfer mit einem Werk (einer Dichtung, einem philosophischen Text, einem Bild, einem Musikstück, einer Skulptur usw.) aussagen wollte. Die interpretative Methode ist unter dem Begriff *Her-*

meneutik entwickelt worden, die zunächst in der Theologie und der Rechtswissenschaft, später in der Philosophie, Philologie und in den Sozialwissenschaften ausgearbeitet wurde. Der Begriff »Hermeneutik« leitet sich von dem griechischen Götterboten Hermes ab, der die Aufgabe hatte, die göttliche Botschaft den Menschen nahe zu bringen. Hermeneutik lässt sich als die Lehre vom Verstehen, Auslegen und Interpretieren (von Texten, von sozialen Sachverhalten) bezeichnen.

Die neuere Hermeneutik, die von Schleiermacher, Dilthey, Husserl u.a. im ausgehenden 19. Jahrhundert entwickelt wurde, grenzte sich sowohl gegen die analytische Methodik, d.h. das »zergliedernde« Vorgehen, als auch gegen die empirische Methodik ab und suchte »nachverstehende« und einfühlende Interpretationsverfahren. Daraus hat sich eine erkenntnistheoretische Strömung herausgebildet, die im Prinzip davon ausgeht, dass sich dort, wo es um soziale Erfahrungen geht, Erkenntnis nur durch einen Verstehensprozess gewinnen lässt.

Die Hermeneutik wurde aber nicht nur als Methode, sondern auch als Erkenntnistheorie entwickelt, die sich als *Geisteswissenschaft* von den Naturwissenschaften abgrenzte. Die philosophische Debatte um die Hermeneutik kann hier nicht nachgezeichnet werden (siehe dazu z.B. Schreiter 1990). Hermeneutische Ansätze sind im engeren Sinne auf Sprache und Texte bezogen, im weiteren Sinne jedoch auf »Weltauslegung« generell (Kleining 1991, S. 17). Hermeneutische Ansätze sind heute sehr differenziert aufgefächert und spielen eine große Rolle in den Sozialwissenschaften (siehe z.B. Flick et al. 1991). Sie sind sowohl eine erkenntnistheoretische Strömung als auch eine Gruppe von Methoden der Sozialforschung, die sich um den Begriff *qualitative Verfahren* scharen. »Das Leben wird in Analogie zu einem Text verstanden: Jeder Teil drückt etwas vom Ganzen aus, und das Ganze bestimmt Sinn und Bedeutung der Teile. Damit ist eines der ältesten hermeneutischen Prinzipien auf das Verstehen des menschlichen Lebens angewandt worden« (Schreiter 1990, S. 524).

Im Gegensatz zur Analyse basiert die Interpretation auf der Annahme, das Verständnis eines Sachverhalts lasse sich dadurch erreichen, dass man ihn in einen übergeordneten strukturellen, sozialen oder theoretischen Zusammenhang einordnet. Interpretative Ansätze in den Sozialwissenschaften haben sehr unterschiedliche Wurzeln, die aus der Philosophie, Psychoanalyse, Handlungstheorie, Sprachwissenschaft und Ethnologie stammen (siehe z.b. Flick et al. 1991). Sie sind in sich relativ heterogen. Sie betonen jedoch gemeinsam die folgenden Aspekte als Zusammenhang stiftende Momente:

- *Subjektivität:* Gegenüber den um »objektive« Daten bemühten empirischen Forschungsansätzen betonen interpretative Ansätze besonders subjektive »Daten«, also Intentionen, Reflexionen, subjektiver Sinn, Identitäten usw.
- *Kommunikative Deutungs- und Handlungsmuster:* Deutungsmuster werden im sozialen Raum interaktiv hergestellt und sind Produkt gemeinsamer Handlungs- und Erfahrungsprozesse einer Gruppe. Sie sind über gemeinsam geschaffene Objekte und Symbole vermittelt. Sie sind Ausdruck einer gemeinsamen Geschichte, gemeinsamer Handlungen und gemeinsamer Kultur. Interpretierendes Vorgehen kann Ereignisse in den Zusammenhang dieser Deutungsmuster stellen.
- *Sprach- und Textanalyse:* Interpretationen rekurrieren in verschiedener Weise auf sprachvermittelte Sinneinheiten. Aus der Literaturwissenschaft, Psychoanalyse und Linguistik kommen Ansätze dazu. Sprache ist nicht nur ein Mittel der Kommunikation, sondern eine Sinn stiftende, Realitäten setzende Einheit, die den Mitgliedern einer Sprachgemeinschaft Interpretationen nahelegt.
- *Biografie:* Ein wichtiger Dreh- und Angelpunkt von Interpretationen ist die Biografie. Sie ist eine bedeutende organisatorische Einheit in der Strukturierung sozialer Sachverhalte und eine wesentliche Sinneinheit, die unverbundenen Lebensäußerungen einen inneren Zusammenhang gibt.
- *Lebenswelt:* In allen interpretativen Verfahren spielt der Kontext eine große Rolle. Einzelne soziale Akte sind nur im Lichte eines Kontextes verständlich. Mit Lebenswelt wird die Alltagswirklichkeit bezeichnet, die das Leben des Indivi-

duums umgibt, in die es eingebettet und mit der es vertraut ist. Es ist gleichzeitig Akteur und Produkt dieser Lebenswelt. Auch die Lebenswelt ist ein wesentlicher Bezugspunkt, auf den sich Deutungen oder Interpretationen beziehen können.
- *Handlung/Aktion:* Ein letzter Bezugspunkt für Interpretationen in den Sozialwissenschaften ist die Handlung. Sie ist eine Sinn stiftende Einheit, in der sich motivationale, instrumentelle und soziale Komponenten treffen.

Die methodischen Ansätze, die nach einem *interpretativen Paradigma* arbeiten, grenzen sich von analytischen und empirischen Methoden ab, die mit vorgefassten Theorien und empirischen Methoden an einen Gegenstand herangehen. Sie setzen ein methodisches Vorgehen dagegen, das sich sein methodisches und begriffliches Repertoire erst in der Auseinandersetzung mit dem Gegenstand schafft. Sie vermeiden dadurch theoretische Voreingenommenheiten und methodische Artefakte zugunsten eines gegenstandsadäquaten und theoretisch offenen Herangehens. Die wichtigsten methodischen Instrumente des interpretativen Vorgehens sind die teilnehmende Beobachtung und das narrative Interview.

Schwierigkeiten in der Interpretation wachsen mit steigender Distanz zu dem interessierenden Ereignis. Ein Werk oder ein soziales Ereignis ist schwerer zu interpretieren, wenn es in einer Kultur oder zu einem Zeitpunkt entstanden ist, die von der unseren verschieden ist (vgl. Føllesdal, Walløe & Elster 1988, S. 120 ff.). Mit wachsender Distanz vergrößert sich die Gefahr, das in Frage stehende Objekt misszuverstehen und falsch zu interpretieren.

Nicht einfach zu unterscheiden ist interpretieren von *analysieren.* Der Analysevorgang ist im Wesentlichen ein Vorgang des *Untersuchens,* d.h. des Zerlegens eines Objekts in einzelne Elemente. Die Analyse geht davon aus, dass sich ein Verständnis des Gegenstands durch Rekurs auf elementare Einheiten erreichen lässt. Die Interpretation dagegen sucht nach einem höheren Systemzusammenhang, in den sich der Gegenstand einordnen lässt. Interpretieren ist wesentlich ein *Konstruk-*

tionsprozess. Durch Einordnung in allgemeinere Bezüge soll Sinn gesucht oder hergestellt werden.

Textmuster

Literaturinterpretationen sind Textmuster, die den meisten von uns aus dem Deutschunterricht bekannt und weitgehend verleidet sind. Speziell Gedichtinterpretationen stehen aufgrund ihrer ausschließlich kognitiven Natur in scharfem Kontrast zu dem ästhetischen Lusterlebnis, das Lyrik eigentlich auslösen soll (Gelfert 1990). Die Interpretation eines Werks kann sich im Wesentlichen auf vier Bezugspunkte stützen: auf die Autorin oder den Autor, auf die verwendeten literarischen Elemente, auf die innere Struktur und auf den (historischen, politischen) Kontext, in dem ein Werk entstanden ist. Interpretationen haben immer auch analytische Elemente.

Eine besondere Form der Interpretation ist die *Exegese*. Der Begriff *Exegese* kommt aus der Theologie und bezeichnet wörtlich die *Auslegung* eines Textes. Damit ist eine interpretatorische Behandlung eines biblischen Textes gemeint. Auch die Kommentare zu Gesetzeswerken haben den Charakter von Auslegungen oder Interpretationen.

Eine spezielle Form interpretativen Vorgehens hat die *Psychoanalyse* entwickelt. Ein Textgenre, das aus psychoanalytischem Hause stammt, ist die *Falldarstellung* oder *Fallanalyse*. Darin geht es um eine interpretierende Rekonstruktion der Symptomatik und Geschichte einer Person. Kurze Fallgeschichten werden auch *Vignetten* genannt. In der Interpretation literarischer Texte befasst sich die Psychoanalyse traditionellerweise damit, warum dargestellte Personen in einer bestimmten Weise erleben und handeln. Herangezogen werden zur Interpretation Beziehungsdarstellungen, Körperwahrnehmungen, Affektzustände, Fehlleistungen, Phantasien, Träume, Kindheitserinnerungen (Haubl 1991).

Schreibanregungen

- Besuchen Sie ein Seminar an Ihrer Hochschule und beschreiben Sie es so, als kämen Sie aus einer völlig anderen Kultur und betrieben ethnologische Studien. Blenden Sie die Sprache aus und beschreiben Sie die »Rituale« und »zeremoniellen Handlungen«, die Sie dort erleben. Probieren Sie in einem zweiten Schritt aus, welche ethnologischen Interpretationen sie für Ihre Feldforschungen finden (Tipp: Suchen Sie nach Angst reduzierenden, Selbstwert erhöhenden, identitätsstiftenden und Gruppen bildenden Ritualen).
- Interpretieren Sie eine Begegnung mit einer Professorin oder einem Professor in der Sprechstunde. Listen Sie mögliche Situationsdeutungen und Handlungserwartungen von beiden Seiten auf. Wie lässt sich die Ereignisfolge aus den beiderseitigen Situationsdeutungen rekonstruieren? Wie ergeben sich Gemeinsamkeiten und Missverständnisse daraus?
- Versuchen Sie, den Straßenverkehr einer Großstadt interpretativ zu ergründen. Suchen Sie nach Sinn-Deutungen, die die VerkehrsteilnehmerInnen (zunächst die AutofahrerInnen) miteinander teilen. Beschreiben Sie die Regeln, nach denen das Interaktionsfeld »Straßenverkehr« funktioniert. Welche Bezugspunkte kommen für eine Interpretation in Frage?

Argumentieren

Diskutieren

Nicht selten stellt sich in wissenschaftlichen Zusammenhängen die Aufgabe, einen Sachverhalt zu *diskutieren*. Es wird verlangt, Argumente für oder gegen eine Behauptung anzuführen oder kontroverse Gesichtspunkte in der Betrachtung eines Gegenstands zusammenzutragen und abzuwägen, also das, was sonst als Diskussion zwischen Personen geschieht, innerhalb eines Textes abzuhandeln.

Diskussionen leben davon, dass Menschen unterschiedliche Meinungen haben, die sie in Argumenten zum Ausdruck bringen. Eine Aufgabe wissenschaftlicher Abhandlungen kann die Beurteilung und Bewertung von Argumenten sein. Ein wichtiges Lernziel jedes Studiums ist die Fähigkeit, wissenschaftliche Positionen darzustellen, mit Argumenten zu untermauern und sich kritisch mit ihnen auseinander zu setzen. Obwohl in vielen Studienfächern, gerade den sozial- und geisteswissenschaftlichen, kritische Urteile als Bestandteile von Referaten und Hausarbeiten verlangt werden, wird selten präzisiert, wie Kritik zu äußern und eine kritische Auseinandersetzung zu führen ist.

Nehmen wir eine wissenschaftliche Position, z.B. die Meinung, Haschisch müsse legalisiert werden. Diese Meinung wird durch mehrere Argumente gestützt:

Argument A: Haschisch ist eine harmlosere Droge als Alkohol.

Argument B: Haschischgenießer sind durch das Verbot gegenüber Alkoholtrinkern benachteiligt und diskriminiert.

Argument C: Legalisierung von Haschisch vermindert Drogenkriminalität.

Argument D: Erst durch die Legalisierung von Haschisch kann eine den Missbrauch einschränkende Drogenkultur entstehen, wie sie bei Alkohol oder Nikotin existiert.

Die zu diskutierende Position wird durch Gegenargumente in Frage gestellt.

Gegenargument A: Haschisch ist eine Einstiegsdroge, die zu härteren Drogen führt.

Gegenargument B: Haschisch ist keineswegs so harmlos, wie behauptet, sondern ist mit sozialem Ausstieg und Realitätsverlust verbunden.

Gegenargument C: Legalisierung von Haschisch drängt die Dealer zum Handel mit härteren Drogen.

Gegenargument D: Alkohol als Maßstab zu nehmen ist nicht legitim; Alkohol ist zwar bei Missbrauch gesundheitsschädigend, ist jedoch kulturell so weit eingebettet, dass ein Verbot nicht möglich ist. Das macht es nicht sinnvoller, eine weitere gesundheitsgefährdende Droge wie Haschisch zu legalisieren.

Betrachtet man die Argumente genauer, so fällt auf, dass sie zwei unterschiedliche Komponenten besitzen. Sie haben eine *informationelle Komponente*, die z.B. in der Aussage besteht, Haschisch sei harmloser als Alkohol, habe also weniger gravierende soziale und gesundheitliche Folgen. Diese Aussage ist entweder richtig oder falsch, worüber letztlich nur empirische Information entscheiden kann. Um über den Informationsgehalt eines Arguments zu entscheiden, braucht man also Daten, die man mittels empirischer Recherchen oder Erhebungen gewinnen kann.

Argumente enthalten zweitens *Wertungen* moralischer, ethischer oder weltanschaulicher Art. Diese Wertungen sind oft versteckt und müssen erst freigelegt werden. Argument B beispielsweise enthält die Wertung, dass soziale Gerechtigkeit gut ist und dass dieses Gut höher eingestuft werden soll als das Gut »Gesundheit«. Argument C enthält die Wertung, dass die Bekämpfung der Drogenkriminalität gut sei und ebenfalls als höheres Gut eingestuft werden solle als die Folgen des Haschischgenusses für die Gesundheit. Gegenargument A enthält die Wertung, dass die Sorge um die individuelle Gesundheit gesetzgeberische Aufgabe ist. Gegenargument B enthält die Wertung, dass Drogengenuss generell schlecht ist. Gegenargument C enthält die Wertung, dass Gesundheit wichtiger ist als Gleichbehandlung von Alkohol und Haschisch.

Die Unterscheidung von Information und Bewertung ist wichtig, da beide Aspekte in der wissenschaftlichen Arbeit unterschiedlich behandelt werden. Die informatorischen Aspekte müssen durch Daten gestützt oder infrage gestellt werden. Idealerweise können sie bewiesen oder widerlegt werden. Die wertenden Aspekte der Argumente können weder bewiesen noch widerlegt werden. Sie können nur offen gelegt und als Rechtsgüter, moralische Positionen oder persönliche Werte expliziert werden. Dann ist abzuwägen, welchen Werten man höhere Präferenz einräumen will.

Wissenschaftliche Argumentation erfordert nicht nur die

Darstellung der eigenen Position, sondern ihre Untermauerung und Begründung durch Evidenz. Wissenschaftliche Argumentation wird wirkungsvoller, wenn man auch die Gegenposition fair darstellt und mit Gegenargumenten widerlegt.

Wissenschaftliche Kontroversen sind nicht immer so einfach wie das Haschisch-Beispiel. Das liegt daran, dass es bei wissenschaftlichen Kontroversen oft um die Stichhaltigkeit abstrakter Theorien geht, beispielsweise darum, ob ein marxistischer oder ein psychoanalytischer Ansatz besser geeignet ist, einen bestimmten Sachverhalt (z.B. die Entstehung der Geschlechterverhältnisse) zu erklären. Dann hat man mit einigen besonderen Schwierigkeiten zu kämpfen:

Erstens sind beide Theorieansätze nicht konsistent, d.h. sie lassen jeweils unterschiedliche Interpretationen zu, je nachdem, welche Strömungen dieser Theorien man heranzieht und je nachdem, ob man sich auf die »klassischen« Formulierungen oder die Formulierungen neuerer TheoretikerInnen bezieht. Im Zweifelsfall sollte man sich auf die Aussagen bestimmter AutorInnen festlegen.

Zweitens hat man eine doppelte Anzahl von Urteilen abzugeben: Erstens muss man den in Frage stehenden Sachverhalt beurteilen (Entstehung des Geschlechterverhältnisses), zweitens muss man die Positionen der theoretischen Ansätze (Marxismus resp. Psychoanalyse) über diesen Sachverhalt beurteilen. Es ist deshalb ratsam, sich zu Beginn seiner wissenschaftlichen Karriere von solchen Fragestellungen unbedingt fern zu halten (wenn sie nicht unter sehr guter Anleitung z.B. in einem Seminar bearbeitet werden)!

Position beziehen

Wissenschaftliche Kontroversen müssen nicht immer ausgewogen sein. Es gibt Streitschriften, provozierende Statements, Gegendarstellungen, die alle die Eigenschaft haben, einseitig zu sein. Die Legitimation dazu, einseitig zu sein, erhält man im Wissenschaftsbetrieb beispielsweise daraus, dass die Gegenposition Mehrheitsmeinung oder zumindest gut vertreten ist, sodass man Raum für die andere Position schaffen will. Streitschriften sind so organisiert, dass eine Position und die sie stützenden Argumente optimal zur Geltung gebracht werden, während eine Gegenposition kritisiert wird.

Argumentieren kann man auch zu dem Zweck, eine eigene Meinung zu begründen und Position zu beziehen. Wichtig für Studierende, die beginnen, sich mit kontroversen Themen schriftlich auseinander zu setzen, ist die Frage, wo im Wissenschaftsbetrieb ihre eigene Meinung einen Platz hat. Im Prinzip ermöglicht jede bzw. verlangt fast jede wissenschaftliche Textgattung, auch eine eigene Meinung zu formulieren. Allerdings hat sie als solche markiert zu sein. Es ist deshalb wichtig, beide Formen der wissenschaftlichen Argumentation, die neutrale und die engagierte bzw. die argumentative und die polemische, kennen zu lernen.

Bei der Ersteren ist es nötig, von der eigenen Meinung zu abstrahieren und das Argumentieren als Abwägen von Meinungen und Finden von Lösungen in einem Feld kontroverser Behauptungen zu verwenden. Eine gute Übung dazu kann sein, eigene Behauptungen aufzustellen und die Gegenpositionen dazu zu suchen. In der persönlichen, engagierten Form der Argumentation soll die eigene Meinung durch Argumente zur Geltung gebracht und pointiert dargestellt werden. Wenn Sie Position beziehen, dürfen Sie einseitig sein.

Wenn Sie Position beziehen, dürfen bzw. müssen Sie Sätze mit »ich denke«, »ich meine«, »ich will«, »ich vertrete«, »ich wende mich gegen«, »ich verurteile« usw. verwenden. Lernen Sie also, Ihre Meinung direkt auszudrücken, und zwar an den Stellen, an denen Sie dazu aufgefordert sind, Position zu beziehen.

Textmuster

Die *Erörterung* ist das Musterbeispiel einer Diskussion, die das Für und Wider in Bezug auf einen Sachverhalt oder eine strittige Meinung abwägt, ohne selbst allzu deutlich eine Position zu ergreifen.

Eine Textgattung, die auf Tagungen relativ großen Raum einnimmt, ist das *Positionsreferat*. Es gibt Gelegenheit, eine Position zu einem Themenbereich darzustellen, zu begründen und in den Stand der Forschung einzuordnen. Die vertretene Position kann, muss aber nicht Mehrheitsmeinung sein. Das Positionsreferat stellt den augeblicklichen Erkenntnisstand des/der Vortragenden pointiert dar.

Das *Thesenpapier* ist an der Hochschule wahrscheinlich die gebräuchlichste Form, Position zu beziehen und zu argumentieren. Das Thesenpapier spitzt die eigene oder eine in Frage stehende Meinung auf wesentliche, kontroverse Elemente zu. Das Thesenpapier sollte genau auf eine Adressatengruppe zugeschnitten sein. Es sollte sich auf tatsächlich kontroverse Punkte beziehen. Es macht keinen Sinn, mit Argumenten offene Türen einzurennen.

Das *Plädoyer* ist eine Textform, die argumentativ für eine Sache Stellung bezieht. In seiner ursprünglichen Bedeutung war das Plädoyer der Schlussvortrag des Verteidigers oder Staatsanwalts vor Gericht. Daraus rührt die Eigenschaft, dass das Plädoyer einseitig für (oder gegen) eine Person oder Sache Partei ergreift. Plädoyers sollen den Lesern eine Sache nahe bringen, sie für etwas einnehmen und zu entsprechendem Handeln veranlassen.

Eine weitere Textsorte, die eine pointierte Darstellung der eigenen Meinung und ihrer ideologischen (weltanschaulichen, religiösen, politischen) Implikationen ermöglicht, ist die *Streitschrift*. Sie kann auch im wissenschaftlichen Betrieb eine große Bedeutung haben, speziell dann, wenn ein herrschendes Paradigma erschöpft ist und nach einer revolutionären Neuerung verlangt. Streitschriften haben einen Gegner, der benannt werden will und der bekämpft werden soll. Streitschriften verlangen nach einem polemischen Stil, dessen Schärfe die Attraktivität der eigenen Position erhöhen soll. Streitschriften dürfen Übertreibung, Sarkasmus, Spott als Stilmittel verwenden. Karl Marx und Karl Kraus waren beide Meister dieser Gattung. Leider ist die Kunst der Streitschriften nicht gerade im Blühen begriffen, sondern bleibt heute – meiner Meinung nach zu Unrecht – eher wissenschaftlichen Sonderlingen vorbehalten.

Die eigene Meinung (oder eine Gruppenmeinung) argumentativ auf den Punkt zu bringen ist in *Flugblättern* gefragt. Diese Textsorte war vor einigen Jahren noch eine typisch studentische Ausdrucksform, die viel zum Erarbeiten politischer Positionen beigetragen hat. Flugblätter bringen am pointiertesten und schärfsten politische Meinungen zum Ausdruck. Flugblätter sollen ohne große Mühe lesbar und ihre »Message« soll mühelos dechiffrierbar sein. Das zwingt neben anschaulicher, direkter Sprache zur Verwendung von Schlüsselbegriffen, die schnelle Zuordnungen ermöglichen.

 Schreibanregungen

▶ Suchen Sie Argumente, die für und gegen Tempo 100 auf der Autobahn sprechen. Sortieren Sie sie nach Bedeutung, setzen Sie sie in Beziehung zueinander und wägen Sie sie ab.
▶ Der Bundestag diskutiert über ein Tempolimit auf den Autobahnen. Halten Sie eine Rede für oder gegen eine Geschwindigkeitsbegrenzung. Halten Sie die Rede einmal als PolitikerIn einer Partei Ihrer Wahl. Halten Sie die Rede ein zweites Mal als Verkehrsexperte/in.
▶ Suchen Sie Argumente, die für und gegen eine strikte Studienzeitbeschränkung auf zehn Semester mit automatischer Exmatrikulation bei deren Überschreitung sprechen. Beobachten Sie, welche Bedeutung Ihre Parteinahme bei der Auswahl der Argumente spielt. Schreiben Sie ein Fazit für beide in Frage kommenden Positionen. Kommentieren Sie die Frage selbst.
▶ Suchen Sie Argumente, die für und gegen eine Ehe von gleichgeschlechtlichen, homosexuellen Partnern sprechen. Sortieren Sie die Argumente von Anfang an nach solchen »sachlicher« und solchen »moralischer« Art. Achten Sie darauf, welche Rolle Ihre eigene moralische Position beim Argumentieren spielt.
▶ Gründen Sie eine eigene wissenschaftliche Gesellschaft (evtl. als Gruppenarbeit)! Stellen Sie klar, welche wissenschaftlichen, politischen, moralischen und ethischen Werte diese

Gesellschaft vertritt. Schreiben Sie 1. eine Grundsatzerklärung dieser Gesellschaft, 2. ein Flugblatt, mit dem Sie diese Gesellschaft und ihre Anliegen den KommilitonInnen bekannt machen und 3. ein Vorwort für einen Antrag auf finanzielle Förderung für diese Gesellschaft. Versuchen Sie, diese Aufgabe einmal im Ernst und einmal als Satire zu lösen.

Bewerten

Überblick

Auch *Bewerten* ist ein elementarer wissenschaftlicher Vorgang. Bewertungen werden in vielen wissenschaftlichen Arbeiten verlangt. Etwa als Bewertung einer Theorie (die man analysiert hat), als Bewertung einer Methode (die man ausprobiert hat), als Bewertung einer Zusammenfassung von Forschung (die ein anderer durchgeführt hat) oder als Bewertung einer eigenen empirischen Untersuchung. Bewertungen sind von Analysen zu unterscheiden. Analysen geben per se kein Werturteil ab. Sie machen lediglich Aussagen über definierte Objekte (obwohl analytische Begriffe selten wertfrei sind). Ebenso wenig sind Diskussionen mit Wertungen gleichzusetzen (obwohl Argumente auch Wertungen enthalten). Diskussionen beziehen sich primär auf die Plausibilität von Argumenten, nicht die Bewertung des Sachverhalts. Die Evaluationsforschung ist ein eigener Zweig der Wissenschaft geworden, die sich mit Fragen der Erfolgs- und Wirkungsmessung in sozialen, pädagogischen und medizinischen Bereichen beschäftigt. Sie kann hier nicht dargestellt werden (siehe dazu z.B. Koch & Wittmann 1990). Im Folgenden kann nur die prinzipielle Bedeutung von Werten und Wertungen in der Wissenschaft angesprochen werden.

Werte und entsprechende ethische oder ideologische Grundhaltungen zu explizieren kann auch den Zweck haben, den wissenschaftlichen Text davon freizuhalten. Längere wissenschaftliche Arbeiten beispielsweise sollten in der Einleitung eine Passage haben, die auf die Meinung, das Grundanliegen, die theoretischen oder ideologischen Ausgangspunkte der Autorin bzw. des Autors Bezug nimmt. Das erleichtert den Lesern, die Motivation der Autorin oder des Autors zu verstehen. Der darstellende Teil wissenschaftlicher Arbeiten sollte besser von persönlichen Werten freigehalten werden. Sonst gerät man in die Gefahr, »Gesinnungswissenschaft« zu betreiben. Gute Darstellungen überlassen die Bewertung den LeserInnen und vertrauen auf deren Urteilsvermögen.

Werte zu explizieren und eigene Positionen darauf zu gründen ist besonders in der wissenschaftlichen Sozialisation wichtig. Arrivierte WissenschaftlerInnen gehen sparsam damit um, Werte zu explizieren, da sie ohnehin auf Pfaden wandeln, deren Werte klar sind. Sie wähnen sich im Übereinklang mit den herrschenden wissenschaftlichen Werten und brauchen sie deshalb nicht auszudrücken. Die Newcomer in der Wissenschaft aber müssen erst ihren eigenen Wertekanon mit dem der Wissenschaft in Beziehung setzen und prüfen, wieweit Korrespondenzen und Dissonanzen vorhanden sind. Es gibt zudem wissenschaftliche Ansätze, die sich auf unterschiedliche außerwissenschaftliche Wertsysteme beziehen, etwa religiöse, konservative, linke oder alternative Wissenschaftsansätze. Sie vertreten jeweils eigene Ideologien, in denen sich Wertsysteme ausdrükken.

Wissenschaftliche Arbeit hat viele unausgesprochene Werte zur Voraussetzung, so etwa, dass die Nützlichkeit und die Genauigkeit von Erkenntnissen positive Werte darstellen. Werte dieser Art werden selten expliziert; man geht selbstverständlich davon aus, dass unnütze oder ungenaue Ergebnisse keinen Wert haben. Entsprechend unachtsam gehen wir mit den meisten Werten um, die in unserer Kultur gelten.

Forschung ist immer an einen Konsens über grundsätzliche Werte gebunden und kann nicht außerhalb von ihm existieren. Wissenschaft kann jedoch auch Werte entwickeln und auf Bewertungsvorgänge einwirken; außerdem können Werte und Wertsysteme Gegenstand wissenschaftlicher Analyse sein.

Tabelle 5: Beispiele für Werte

Ästhetische Werte:	Pragmatische Werte:
schön/hässlich	nützlich/unnütz
angenehm/unangenehm	effizient/ineffizient
originell/epigonal	sparsam/verschwenderisch
ausdrucksvoll/ausdruckslos	funktionsfähig/funktionsgestört
geschmackvoll/geschmacklos	optimal/suboptimal
	gründlich/oberflächlich
Moralische Werte:	*Wissenschaftliche Werte:*
gut/schlecht	richtig/falsch
human/inhuman	relevant/irrelevant
tapfer/feige	genau/ungenau
hilfreich/egoistisch	vollständig/unvollständig
ehrlich/heuchlerisch	differenziert/undifferenziert
aufrichtig/unaufrichtig	neu/bekannt
verantwortungsvoll/verantwortungslos	nachprüfbar/nicht nachprüfbar

Beim Bewerten in der Wissenschaft kommt es in erster Linie darauf an, die Werte selbst zu explizieren. Werte für wissenschaftliche Arbeiten können beispielsweise die Richtigkeit, Relevanz, Neuigkeit, Genauigkeit, Vollständigkeit, Differenziertheit oder Überprüfbarkeit einer Arbeit sein.

Bevor bewertet wird, muss ausgesucht werden, welcher Wert von Bedeutung sein und woran dieser Wert gemessen werden soll. Zum Bewerten braucht man Kriterien oder Maßstäbe für die Güte eines Sachverhalts. Es reicht nicht, Genauigkeit als Wert zu formulieren, es ist auch notwendig, zu sagen, woran man Genauigkeit bemessen will und welchen Grad an Genauigkeit man als wünschenswert ansieht.

Textmuster

In der Wissenschaft haben *Evaluierungen* heute einen fest umrissenen Stellenwert. Immer mehr Arbeitsbereiche wie Behörden, Krankenhäuser, Produktionsabteilungen etc. werden heute Evaluationen unterzogen, so auch die Wissenschaft selbst. Dabei sind Evaluationen relativ genau umrissene Auswertungsvorgänge, die darin bestehen, 1. Informationen über bestimmte Leistungsparameter einzuholen und 2. diese Kennwerte nach vorab definierten Werten einzustufen. In der Pharmakologie hat sich die Wirkungsforschung etabliert, die sich mit den Wirkungen und Nebenwirkungen von Pharmaka befasst. In der Psychotherapie versucht die Erfolgsforschung die Ergebnisse von Psychotherapie zu evaluieren. Entsprechend werden medizinische Methoden nach ihrer Wirksamkeit und ihren Nebenwirkungen evaluiert.

Eine zweite Textgattung, die systematische Bewertungsvorgänge vornimmt, ist das *Gutachten*. Wie der Name bereits sagt, geht es dabei im weitesten Sinne um gut oder schlecht. Gutachten sind Schriftsätze, in denen ein Urteil über einen Sachverhalt gefällt wird. Meist werden von dem Gutachten wissenschaftliche Mess- und Untersuchungsverfahren verlangt, die das Urteil begründen oder absichern sollen.

 Schreibanregungen

▶ Rekapitulieren Sie, was Sie noch über den Golfkrieg 1991 wissen. Schreiben Sie das auf, was Sie als Fakten im Gedächtnis haben. Bewerten Sie jedes Faktum für sich. Explizieren Sie dabei genau die gewählten Werte. Versuchen Sie, zu einem abschließenden Urteil über die moralische Legitimation dieses Krieges zu kommen.

▶ Versuchen Sie, eine Evaluation Ihres Studiengangs zu schreiben. Überlegen Sie zunächst, welche Werte Sie im Studium realisiert sehen wollen. Überlegen Sie dann, wie oder woran Sie diese Werte bemessen wollen (an anderen Instituten, an einem Ideal, an absoluten Werten usw.). Versuchen Sie

dann, diese Werte zu schätzen, und schreiben Sie eine Beurteilung.
- ▶ Stellen Sie sich vor, Sie seien der Rechnungshof, und evaluieren Sie Ihr eigenes finanzielles Verhalten und den Umgang mit Ihrem Finanzhaushalt. Explizieren Sie zunächst die Werte, die Sie in Ihrem Finanzverhalten für angemessen halten (Sparsamkeit, sinnvolle Verwendung, hedonistische Maximierung, Planbarkeit usw.). Gehen Sie dann die Ausgaben der letzten Zeit durch und bewerten Sie sie danach, wieweit sie diesen Kriterien entsprechen. Rügen und loben Sie Ihr Finanzverhalten. Schreiben Sie eine abschließende Beurteilung.

Vorschreiben

Überblick

Eine Textgattung eigener Art ist darauf bezogen, Vorschriften zu machen. Diese Textart bezieht sich auf die Beschreibung von Handlungssystemen. Ihre elementare logische Einheit ist nicht die Aussage, sondern die *Aufforderung*. Man erkennt Aufforderungen daran, dass man ein Ausrufezeichen hinter sie stellen möchte. Sie sollen einen Menschen dazu veranlassen, etwas zu tun oder zu unterlassen. Aufforderungen sind z.B. Gebote, Verbote, Hinweise, Ratschläge, Regeln, Vorschriften, Gesetze usw.

In der Wissenschaft spielen *Regeln* eine besondere Rolle. Sie sind eine präzisierte Form von Aufforderungen. Regeln sagen, was in einer definierten Situation zu tun ist, um zu einem bestimmten Ziel zu gelangen (Segeth 1974), etwa der Art: Führe in der Ausgangssituation A die Operation O aus, um zum Zielzustand Z zu gelangen. Dieser Zielzustand Z kann wiederum Ausgangspunkt einer neuen Regel sein. Regeln lassen sich auf diese Art miteinander verketten und zu differenzierten Methoden zusammenfügen.

Wissenschaftstheoretisch nennt man diese Textsorte auch

präskriptiv, was wörtlich nichts anderes bedeutet, als dass Vorschriften gemacht werden. Präskriptives Vorgehen ist dann erforderlich, wenn Handlungen angeleitet oder wenn zu bestimmtem Handeln veranlasst oder bestimmtes Handeln unterbunden werden soll. Will man etwa das Vorgehen beschreiben, das nötig ist, um ein qualitatives Interview durchzuführen, so formuliert man Regeln, Grundsätze des Vorgehens und Erläuterungen dazu. Will man Regeln zum wissenschaftlichen Schreiben geben, so operiert man ebenfalls im präskriptiven Bereich. Das Buch, das Sie in den Händen halten, ist ein Beispiel für einen präskriptiven Text.

Große Bedeutung hat in der Wissenschaft die Beschreibung von *Methoden*. Eine Methode kann Ziel wissenschaftlicher Entwicklungsbemühungen sein, beispielsweise in der Medizin, wo es darum gehen kann, Methoden zur Heilung oder Prävention von Erkrankungen zu erforschen. Methoden lassen sich als Systeme von Regeln beschreiben. In der Beschreibung von Methoden genügt allerdings die Formulierung von Regeln nicht, sonst wäre die Methode zu rezept- oder kochbuchartig. Wissenschaftliche Methoden verlangen eine Begründung der Regeln, eine Explizierung der Ausgangszustände, auf die die Methode angewandt werden kann, eine Begründung und Spezifizierung der Zielzustände sowie eine Aussage über die Erfolgsquote der Methode. Die wichtigsten Methoden in der Wissenschaft sind Erkenntnismethoden. Sie besagen, welche gedanklichen, empirischen, statistischen oder mathematischen Operationen auszuführen sind, um wissenschaftliche Erkenntnisse zu gewinnen. Entsprechende Methoden und Regeln gibt es für die Transformation, die Darstellung, Veröffentlichung und Dokumentation von Wissen.

Die Entwicklung wissenschaftlicher Methoden, zumal im Bereich der Heilkunde, ist oft mit evaluativen Vorgehensweisen verknüpft. Es wird also nicht nur verlangt, die Handlungsschritte darzulegen, die zu einem bestimmten Ziel führen, sondern auch zu überprüfen, ob dieses Ziel tatsächlich erreicht wird und welche weiteren Folgen (Nebenwirkungen) eintreten. Es ist wichtig, dabei die präskriptive Darstellung der Handlungsschritte von der Evaluation der Handlungswirkungen zu trennen, da beide logisch voneinander unabhängig sind.

Textmuster

Ein elementares präskriptives Textmuster ist das *Rezept*. Das Rezept formuliert Handlungsschritte, die ausgeführt werden müssen, um eine Speise zu kochen oder ein Medikament anzufertigen. Rezepte beschränken sich in der Regel auf die Handlungsschritte selbst, lassen die Begründungen dazu weg. Deshalb empfindet man in der Wissenschaft rezeptbuchartige Vorschriften als wenig hilfreich. Rezepte helfen nur dann, wenn alle Bedingungen den angegebenen exakt entsprechen. Ist etwas anders als im Rezept vorgesehen, so fehlt das Wissen, um das Handeln flexibel modifizieren zu können.

Eine ähnliche Textsorte, die ebenfalls in der Wissenschaft nicht sonderlich zentral ist, ist die *Bedienungsanleitung*. Sie soll zeigen, wie man ein bestimmtes Gerät in Bedienung nimmt und verwendet. *Handbücher* und *Handlungsanweisungen* nehmen dagegen in der Wissenschaft großen Raum ein. So sind beispielsweise die Handbücher von Computerprogrammen regelmäßig Gegenstand harscher Kritik, wenn sie die Komplexität des Programms nicht in klare Handlungsanweisungen übersetzen können. Wichtig in der Wissenschaft sind Manuale. Sie enthalten die Darstellung und Erläuterung komplexerer Methoden, z.B. zur Anwendung und Auswertung eines psychologischen Textes oder eines Statistik- oder Trainingsprogramms.

Eine Textsorte, die genau definiert ist, ist der *Gesetzestext*. Gesetzestexte sind sehr präzise in ihrer Begriffswahl, in der Bestimmung ihres Geltungsbereiches und in der Formulierung der eigentlichen Bestimmung: Es wird unterschieden, ob eine Kann-, Soll- oder Muss-Vorschrift, ob ein Ge- oder Verbot vorliegt und welche Sanktionen bei Nichteinhaltung des Gesetzes anzubringen sind.

Schreibanregungen

- Tragen Sie alles zusammen, was man für die Gründung einer Partei bedenken muss. Versuchen Sie, einen Leitfaden zu formulieren, der diese Schritte systematisiert und verallgemeinert.
- Überlegen Sie sich Strategien, wie man sich dem anderen Geschlecht nähern kann. Stellen Sie einen Ratgeber zusammen, der Anweisungen dazu gibt. Achten Sie auf das Verhältnis von Anweisungen zu Erläuterungen.
- Überlegen Sie, was man alles bedenken muss, wenn man erfolgreich studieren will. Formulieren Sie einen Leitfaden für Erstsemester, in denen Sie diesen Ihr Wissen nahe bringen.
- Was gefällt Ihnen nicht am Studium und an der Universität? Schreiben Sie einen Leitfaden zur Verbesserung der Universität, in dem Sie versuchen sollten, Ihre kühnsten Träume zu verwirklichen. Schreiben Sie den Leitfaden zur Verwendung für Politiker, Universitätspräsidenten oder Studierende.
- Stellen Sie alle Ratschläge und Anweisungen, die Ihnen in dem vorliegenden Buch als nützlich erschienen sind und die Sie in Zukunft besonders beachten möchten, in einem kleinen, persönlichen Leitfaden zusammen.

7.
Arbeitsschritte in wissenschaftlichen Schreibprojekten

Dieses Kapitel wird Ihnen einen Überblick über die wichtigsten Arbeitsschritte in wissenschaftlichen Schreibprojekten geben. Da es sehr unterschiedliche Arten von Projekten gibt, war es nicht ganz einfach, eine »Standardreihenfolge« von Arbeitsschritten zu formulieren, die für alle Projekte gleiche Gültigkeit besitzt. Bleiben Sie also sensibel gegenüber den Eigenarten Ihres Projekts und wählen Sie aus den angebotenen Möglichkeiten den für Sie geeigneten Weg aus.

Ausgangspunkte

Planung einer Arbeit

Die Zeit, die für wissenschaftliches Arbeiten zur Verfügung steht, ist begrenzt, sei es durch die Prüfungsordnung, durch den Zeitablauf eines Seminars, durch Ihre finanzielle Lage oder durch Vorgaben eines Arbeitgebers. Deshalb ist genaue Zeitplanung ein unabdingbares Muss vor Beginn jeder Arbeit.

Viele Studierende haben die Erfahrung gemacht, dass sie trotz bester Planung ihre eigenen Vorhaben nicht einhalten und haben folglich das Planen aufgegeben. Das ist meist darin begründet, dass sie unrealistisch mit ihren Kräften umgegangen sind oder Ziele verfolgt haben, die nicht realisierbar sind. Zu solchen Problemen bei der Planung werde ich in Kapitel 8 mehr sagen.

Realistisches Planen von wissenschaftlicher Arbeit erfordert viel Erfahrung mit dem Zeitaufwand einzelner Handlungsschritte und mit eigenen Arbeitsgewohnheiten. Wenn Sie wenig Erfahrung damit haben, planen Sie umso systematischer. Sie können nur durch Planung etwas über die Zeitstrukturen von wissenschaftlichem Arbeiten lernen. Arbeiten Sie auf keinen Fall einfach ohne Plan vor sich hin, etwa mit der vagen Hoffnung, irgendwann ein präzises Thema zu finden oder irgendwann genug gelesen zu haben, um mit dem Schreiben anfangen zu können. Wenn Sie keine zeitlichen Grenzen setzen, werden Sie sehr viel Zeit brauchen, denn selten ergibt sich ein eindeutiges Ende aus dem Handlungsablauf selbst. Bei der Materialfülle der Wissenschaft können Sie unendlich lange recherchieren, und wenn Sie etwas perfektionistisch sind, können Sie Texte endlos lange überarbeiten. Arbeiten Sie also immer auf ein sachlich und zeitlich definiertes Ziel hin und akzeptieren Sie das, was sie in diesem Zeitraum erreicht haben als das, was Ihren Fähigkeiten entspricht. Denken Sie an das nächste Schreibprojekt, das Sie besser machen können.

Das Problem, etwas zu planen, das man noch nicht kennt

Die »klassische«, an Popper orientierte Forschungsmethodologie geht davon aus, dass man im Besitz einer Theorie ist, aus der man Hypothesen deduziert, die man empirisch überprüft. Die Ergebnisse der empirischen Prüfung wirken bestätigend oder falsifizierend auf die Theorie zurück. Das könnte man in die Form bringen:

Theorie Hypothese Empirie Theorie

Diese Abfolge ist zwar logisch, aber insofern wissenschaftsfremd, als sie den Weg zur Theorie außer Acht lässt. Die Realität für beinahe alle Qualifikationsarbeiten sieht so aus, dass nur eine Idee, ein Thema oder eine Frage vorhanden ist, von dem aus eine wissenschaftliche Theorie oder eine

Lösung erst gesucht werden muss. Es ergibt sich dabei die Folge:

Frage/Idee   Material   Theorie

Wichtigste Aufgabe ist dabei, sich den Stand der Forschung und eine eigene theoretische Position überhaupt erst zu erarbeiten. Erst wenn man in ihrem Besitz ist, kann man sinnvollerweise mit systematischer empirischer Arbeit fortfahren. Man weiß zu Beginn seiner Arbeit selten, wie ergiebig das Thema sein wird, wie viel Forschung schon vorhanden ist, welche Ziele man sinnvollerweise avisieren kann, mit wie vielen Problemen man konfrontiert werden wird und ob man sie wird lösen können. Forschungsprojekte dieser Art sind immer eine Fahrt ins Ungewisse. Erst mit mehr Forschungserfahrung bekommt man ein sicheres Gespür für die Machbarkeit und Ergiebigkeit wissenschaftlicher Unternehmungen. Eine effiziente Planung wissenschaftlicher Projekte vollzieht sich deshalb am besten in Etappen.

- Man braucht eine erste Planung, mit der man festlegt, wie man sich einen Überblick über den Stand der Forschung und eine eigene Fragestellung erarbeiten will.
- Wenn man dies erreicht hat, muss man planen, wie man die Fragestellung bearbeiten will.
- Eine dritte Schlüsselstelle, an der erneut geplant werden muss, ist der Beginn des eigentlichen Schreibens, wenn man daran geht, das Rohmanuskript zu verfassen.

Kalkulieren der Arbeitsschritte

Es gibt keine Einheitsform wissenschaftlicher Arbeiten, wohl aber einige Schritte, die in den meisten Arbeiten vorkommen. Tabelle 5 soll helfen, die einzelnen Schritte zu beschreiben, die im wissenschaftlichen Arbeiten nötig sind. Sie ist sehr ausführlich gehalten, um für unterschiedliche Arten von wissenschaftlichen Arbeiten gleichermaßen nützlich zu sein.

Tabelle 5: Arbeitsschritte in umfangreicheren wissenschaftlichen Schreibprojekten

Orientierungs- und Planungsphase
1. Themensuche und erste Planung
2. Thema erkunden: eigenes Wissen aktivieren, Befragungen, weitere Informationsquellen
3. Erste Literatursuche
4. Thema eingrenzen
5. Projektart festlegen
6. Festlegen von Fragestellung/Methodik und Vorgehensweise
7. Exposé

Recherche und Materialbearbeitung

8. Systematische Literatursuche: Bibliografieren
9. Beschaffen der Literatur in verschiedenen Bibliotheken, Buchläden oder Archiven (evtl. Fernleihe)
10. Quellen- oder Datensammlung
11. Lesen und Exzerpieren/Auswerten der Literatur/Quellen entsprechend Methodik und Fragestellung

Strukturieren des Materials

12. Strukturieren des Materials: ordnen, klären, differenzieren, belegen
13. Erarbeiten einer Gliederung

Rohfassung

14. Formulieren der Rohfassung
15. Rückwirkende Veränderung der Struktur

Überarbeitung

16. Edieren nach rotem Faden: Vollständigkeit, Überleitungen, Konsistenz, »Tempo des Textes«
17. Edieren nach wissenschaftlichen Standards: Logik, Begrifflichkeit, Anmerkungsapparat, Quellen- und Literaturverzeichnisse
18. Edieren nach sprachlichen Gesichtspunkten: Satzstruktur, Ausdruck, Adjektive, Metaphern

Korrektur

19. Korrekturlesen (evtl. durch Dritte): Eliminieren grammatikalischer und orthographischer Fehler, Überprüfen von Verweisen, Zitaten, Quellen
20. Reinschrift
21. Endkorrektur

Gehen Sie davon aus, dass alle Schritte in etwa gleich viel Zeit verlangen, wobei lediglich der letzte Schritt, »Korrektur«, deutlich kürzer ausfällt als die vorhergehenden. Von dieser Planungsbasis aus können Sie Ihre Zeit einteilen und Differenzierungen entsprechend Ihres Themas vornehmen: Wenn Sie z.B. sehr umfangreiche Recherchen vorzunehmen haben, geben Sie diesem Punkt mehr Raum. Wenn Sie Probleme mit dem Formulieren haben, nehmen Sie sich dafür mehr Zeit.

Es gibt immer fließende Übergänge zwischen den einzelnen Arbeitsschritten, und gelegentlich muss man zu früheren Schritten zurückkehren, um sie gemäß neuen Erkenntnissen zu korrigieren. Diese Flexibilität muss trotz aller Systematik und Planung erhalten bleiben. Dennoch empfehle ich Ihnen zu Beginn Ihrer wissenschaftlichen Karriere ein eher rigides Vorgehen, das sich genau an den vorgegebenen Schritten orientiert. Sie haben dann eine gute Grundlage, um einen eigenen, Ihnen angemessenen Arbeitsstil zu finden.

Themenfindung und Themeneingrenzung

Probleme bei der Themenfindung und Themenwahl

Die Probleme der Examens- und Doktorarbeiten fangen bei der Themenfindung an. Ein schlecht oder unscharf gestelltes Thema kann der erste Schritt zu einem Debakel werden oder zumindest viel Zeit kosten. Deshalb ist bereits hier einiges an Überlegung notwendig. Für viele Studierende besteht die Suche nach einem Thema und entsprechender Betreuung in einem lästigen Antichambrieren, das Zeit und Nerven kostet und – was das Schlimmste ist – das Selbstvertrauen beträchtlich aushöhlen kann. DoktorandInnen fällt es meist leichter, ein Thema zu finden; es richtig zu »portionieren« und ein dissertationsgemäßes Design dafür zu finden, ist für sie aber ebenso schwierig.

Die Vergabe von Examens- und Doktorarbeiten wird an unseren Hochschulen in der Regel sehr achtlos vorgenommen. Deshalb ist es wichtig, sich in dieser Phase nicht frustrieren zu lassen, sondern bewusst eine Probe der Selbstbehauptung daraus zu machen. Der wichtigste Hinweis: Die Lehrenden haben die Pflicht, Arbeiten zu vergeben und anzuleiten. Es ist also keine Gnade, von ihnen einen Rat zu bekommen, sondern gutes Recht aller Studierenden! Dieses Recht gilt gerade für die, die Schwierigkeiten mit dem wissenschaftlichen Schreiben haben. Die trauen sich nämlich nach einer Weile nicht mehr zu ihrem/r Betreuer/in hin. Gerade sie sollten es aber tun und nicht mit ihren Schwierigkeiten hinter dem Berg halten.

Mit der Themenwahl ist eine besondere Tücke verbunden. Selbst gewählte Themen tendieren immer dazu, zu weit gefasst zu sein. Je weniger man mit den Details einer Wissenschaft vertraut ist, desto globaler sind zwangsläufig die Themen, die man selbst wählt. Wissenschaft ist sehr engmaschig geworden, und man muss sich auf diese engen Maschen einlassen, will man sich nicht in der Flut von wissenschaftlichen Publikationen verlieren. Es ist für interessierte Geister immer etwas unbequem, sich auf ein vermeintlich »kleines« Thema einzulassen. Doch selbst »kleine« Themen stellen sich in der Regel als bereits schwer überschaubar dar. Die Hochschullehrerinnen und Hochschullehrer sind verpflichtet, Themen anzubieten und sie hinreichend eng zu fassen. Zumindest sollte man sie darauf ansprechen, ein selbst gewähltes Thema kritisch auf seine Realisierbarkeit zu überprüfen und Hilfestellung bei der Eingrenzung zu leisten.

Wahrscheinlich liegt eine der wichtigsten Fähigkeiten, die zum Erfolg in der Wissenschaft führen, gerade darin, handhabbare, hinreichend eng definierte Themen zu finden, die in den Strom der laufenden Forschung eingebettet sind. Solche Themen führen in absehbarer Zeit zu einem Ergebnis, überfordern nicht und sind publizierbar. »Handhabbar« ist dabei immer relativ zu den verfügbaren Mitteln zu verstehen. Wer eine Examensarbeit schreiben will, dem nützt auch die beste Forschungsfrage nichts, wenn sie nur mit einem Stab an Mitarbeitern zu bewältigen ist.

Nicht alles, was interessant ist, ist zum gegebenen Zeitpunkt auch untersuchbar. Colby (zit. in Bergin & Strupp 1972, S. 274) sagt, man brauche *soft spots*, also »weiche Stellen« in der Materie, an denen man ansetzen kann. Damit meint er, dass man eine neue Idee, ein Messinstrument, eine seltene Stichprobe, ein Beobachtungsobjekt oder Ähnliches haben muss, um an bestimmte Themen heranzukommen. Ein interessantes Thema allein kann sich auch als abweisend herausstellen, wenn man nicht eine entsprechende Idee hat, wie man es knacken kann. Wichtig für die Themenwahl ist also Sensibilität für das Machbare, Verfügbare, Lösbare.

Ebenso wichtig ist der Zeitpunkt. Es gibt Themen, für die die Zeit noch nicht reif ist, und solche, deren Zeit schon vorbei ist. Unbedingt vermeiden sollte man Modethemen, zu denen besonders viel publiziert wird. Es gilt nicht nur, diese Literaturmengen zu bewältigen, sondern auch viel überflüssige Literatur zu lesen, weil alle sich bemüßigt fühlen, ihre Ansicht in diesem Themenbereich zum Besten zu geben. Faszination üben auch die »ewigen Themen« der Wissenschaft aus. Aber ohne neuen Lösungsweg, ohne neue Idee oder Zugang sollte man es sich ersparen, an dem zu scheitern, was Generationen vorher auch nicht geschafft haben.

Vermeiden sollte man zu persönliche Themen. Es wird häufig argumentiert, persönliche Themen seien motivierender, sie hätten mehr mit dem Selbst zu tun und wären ein Gegenstück zu dem distanzierten, unpersönlichen Wissenschaftsbetrieb. Da ist etwas Richtiges dran, aber: Die Komplikationen, die man sich damit einhandelt, sind nicht überschaubar. Man schränkt die eigene Handlungsfreiheit dadurch ein, dass man sich in das Gestrüpp der eigenen biografischen Probleme begibt. Das bearbeitet man besser im Rahmen einer Psychoanalyse. Selbst Sigmund Freud befiel eine ihm selbst unerklärliche Denklähmung, als er sich zu weit in seine Selbstanalyse verstrickte.

Natürlich ist es für die Wahl des Themas wichtig, dass man sich mit seinem weiteren Umkreis schon beschäftigt hat, es also in übergeordnete Zusammenhänge einordnen kann, und dass man Interesse dafür hat. Das muss nicht heißen, dass man unbedingt sein Lieblingsthema auch in der Examensarbeit behandeln muss. Das Lieblingsthema läuft Ihnen nicht weg! Es besteht immer die Gefahr, dass man gerade in diesem Themenbereich zu ambitioniert ist. Es ist also ratsam, sich ein benachbartes Gebiet auszusuchen, das man mit etwas kühlerem Kopf angehen kann.

Umberto Eco (1988, S. 14/15) gibt vier Faustregeln für die Auswahl eines Themas für eine wissenschaftliche Abschlussarbeit:

1. *Das Thema soll den Interessen des Kandidaten entsprechen.*
2. *Die Quellen, die herangezogen werden müssen, sollen für den Kandidaten auffindbar sein,* d.h., sie müssen ihm tatsächlich zugänglich sein.
3. *Der Kandidat soll mit den Quellen, die herangezogen werden müssen, umgehen können,* d.h., sie müssen seinem kulturellen Horizont entsprechen.
4. *Die methodischen Ansprüche des Forschungsvorhabens müssen dem Erfahrungsbereich des Kandidaten entsprechen.*

Eco bemerkt selbst, dass diese Regeln banal klingen und nicht mehr zu enthalten scheinen als die Aussage, dass, »wer eine Abschlussarbeit schreiben will, eine schreiben soll, die er schreiben *kann*«. Genau dieser Grundsatz wird aber oft verletzt.

Oft kommen Rat Suchende in die Beratung, haben ein Themenfeld, das sie interessiert, haben einiges darüber gelesen, wissen aber nicht, wie sie es eingrenzen sollen. Sie haben sich Mühe gegeben, ihr Thema zu verstehen, und versuchen nun, von dieser Warte aus eine weiterführende Fragestellung zu finden. Sie wollen also noch tiefer in ihr Thema eindringen und beginnen dann oft, sich im Kreis zu drehen; kein Aspekt scheint ihnen interessant und einer wissenschaftlichen Bearbeitung würdig genug.

Wenn Sie in dieser Lage sind, müssen Sie gewissermaßen einen Schritt zurücktreten, um Ihr Thema wieder von außen oder aus der Distanz betrachten zu können. Wissenschaftliches Arbeiten muss nicht unbedingt zu tiefem Verständnis des Gegenstands führen. Es soll einen Beitrag zur Erkenntnis liefern, und dieser Beitrag bemisst sich an dem vorhandenen Wissen und am Diskurs über den Gegenstand. Wissenschaftliches Arbeiten ist öfter mit einer geringfügigen Verbesserung unseres Wissens befasst als damit, neue und tiefe Erkenntnisse zu produzieren. Wissenschaft ist die langsamste Methode der

Erkenntnisgewinnung. Journalisten, Betroffene, Schriftsteller, Handelnde usw. wissen vieles sehr viel früher als die WissenschaftlerInnen. Privileg der Wissenschaft ist es, Aussagen mit mehr Sicherheit, Nachvollziehbarkeit und Genauigkeit treffen zu können. An Tiefe wird sie von anderen häufig übertroffen. Wenn Sie also die Distanz zu Ihrem Thema verloren haben, müssen Sie wieder lernen, Ihren Gegenstand naiv zu betrachten. In meinen Schreibkursen lege ich an diesem Punkt (wenn z.B. eine Kandidatin, die viel gelesen, aber kein machbares Thema gefunden hat, ihre Überlegungen vorgestellt hat) eine Fragerunde ein, in der alle TeilnehmerInnen 15 Minuten Zeit haben, alle Fragen, die ihnen einfallen, aufzuschreiben. Die Kandidatin ist in der Regel überrascht, über wie viele untersuchenswerte Selbstverständlichkeiten sie »hinweggedacht« hat.

Ausgangspunkte für die Themensuche

Suchen Sie Ihr Thema nach Möglichkeit danach aus, was Sie interessiert. Gehen Sie von sich selbst und Ihrem Wissen aus. Setzen Sie dieses Wissen in einem zweiten Schritt mit der vorhandenen Forschung in Beziehung.

Ihr Leben, Ihre soziale, kulturelle und dingliche Umwelt ist voll von spannenden wissenschaftlichen Themen. Sie müssen nur an den gewohnten Oberflächen kratzen und die richtigen Fragen stellen, um Ihr Thema zu finden. Murray (1990, S. 41) gibt eine Checkliste, um einen Gegenstand, über den man schreiben kann, zu finden. Sie ist etwas mehr für journalistische Themen ausgerichtet, lässt sich aber auch auf wissenschaftliche Themen anwenden.

- Was hat mich in letzter Zeit überrascht?
- Was müsste ich wissen?
- Was sollte ich wissen?
- Welche Dinge sind heute anders als früher?
- Wie werden sich Dinge in der Zukunft verändern?
- Was ist verloren gegangen?
- Was haben wir gewonnen?

- Was für ein Wissen habe ich, das für andere nützlich sein könnte?
- Wen würde ich es gerne wissen lassen?
- Was geschieht im Moment nicht, müsste aber geschehen?
- Was geschieht im Moment, sollte aber nicht geschehen?
- Wen würde ich gerne bei der Arbeit beobachten?
- Welche Prozesse müsste man kennen?
- Welche Prozesse zu beobachten müsste Spaß machen?
- Wie könnte ich meine Position verändern, um die Welt ganz anders zu sehen?
- Was habe ich gelesen, gehört, gedacht, das mich verwirrt?
- Wie hat sich das Verhalten der Menschen verändert?
- Wie hat sich das verändert, woran Menschen glauben?
- Was macht mich wütend, traurig, glücklich, besorgt, ängstlich, zufrieden?
- Was erwarte ich zu sehen und zu hören?
- Was sehe und höre ich tatsächlich?
- Warum?

Machen Sie es sich zur Gewohnheit, gute Themen zu sammeln. Beginnen Sie nicht erst damit, wenn Sie eine Arbeit schreiben müssen. Blicken Sie auf die Welt als Themensucherin oder Themensucher und schauen Sie, dass Sie immer ein gutes Thema im Ärmel haben, an dem Sie zu arbeiten beginnen möchten.

Erste Annäherungen an ein Thema

Wenn Sie beginnen, ein Thema zu bearbeiten, erkunden Sie zunächst einmal, was Sie selbst über das Thema wissen. Folgende Möglichkeiten haben Sie dazu:

- *Brainstorming:* Schreiben Sie alles auf, was Ihnen zu dem Thema einfällt. Schreiben Sie gerade das auf, was *nicht* logisch klingt, was zunächst nur scheinbar mit dem Thema zusammenhängt. Zensieren Sie Ihre Gedanken nicht, während sie in etwa 15 bis 20 Minuten alles zusammentragen. Meditieren Sie über das Thema, stellen Sie sich den Gegenstand in

Ihrer Phantasie vor und notieren Sie alles in Form einer Liste. Kümmern Sie sich nicht um Rechtschreibung, ganze Sätze oder den Sinn Ihrer Aussagen. Nehmen Sie die Items dieser Liste in einem zweiten Schritt und versuchen Sie, sie zu gruppieren oder zu clustern. Setzen Sie Ihre Einfälle miteinander in Verbindung und schauen Sie, wo sich interessante Zusammenhänge ergeben. Was ist für Sie überraschend an ihren Einfällen, was passt nicht in die Logik oder Systematik? Warum?
- *Freies Schreiben:* Eine zweite Möglichkeit besteht darin, sich hinzusetzen und anzufangen, über Ihr Thema zu schreiben. Lassen Sie der Feder (oder Ihren Computertasten) freien Lauf! Es ist immer ein banger Moment zu überwinden, ehe Sie beginnen zu schreiben. Aber wenn ein Thema Sie interessiert, dann finden Sie auch eine innere Stimme, die Ihre Gedanken und Ihre Feder leitet.
- *Fragen:* Notieren Sie alle Fragen, die Sie zu dem Thema haben, einfache und raffinierte. Gerade die naiven Fragen sind wichtig! Versetzen Sie sich in ein Kind und stellen Sie so viele Warum-Fragen, Wie-Fragen und Wer-Fragen, wie Ihnen einfallen.
- *»Einkaufsliste«:* Führen Sie eine »Einkaufsliste«, in die alles aufgenommen wird, was Sie mit dem Thema in Kontakt bringen könnte: Personen, die Sie fragen können, Bücher und Artikel, die Sie lesen möchten, Gedanken, denen Sie nachgehen möchten, Ideen, Fragen, Themen, Einwände – was immer sie mit dem Thema anstellen könnten.
- *Meinungen:* Sammeln Sie alle Meinungen, deren Sie habhaft werden können, alltägliche und wissenschaftliche, vorurteilsbehaftete und wertfreie. Achten Sie auf den Informationsgehalt der Meinungen und auf die in ihnen enthaltenen Werte. Achten Sie darauf, Meinungen, die Ihnen falsch vorkommen, nicht gleich auszusondern. Vielleicht erschließt sich Ihnen der Wahrheitsgehalt (oder die Teilwahrheit) dieser Meinung nur gerade in diesem Moment nicht.
- *Persönliche Erfahrungen:* Schreiben Sie auf, was Sie an persönlichen Bezügen zum Gegenstand haben. Was haben Sie gehört, gelesen, erfahren, gedacht über Ihr Thema? Nehmen

Sie Ihre eigenen Erfahrungen ernst, verstecken Sie diese nicht hinter den »wissenschaftlichen« Erkenntnissen. Trauen Sie sich, Ihre Lebenserfahrung einzubringen. Auch Ihre Gefühle zum Thema sind wichtig.

Ein Thema erkunden

Wenn Sie ein Thema, an dem sie längere Zeit verbringen werden, zu bearbeiten beginnen, beschränken Sie sich nach Möglichkeit nicht auf die wissenschaftliche Literatur. Machen Sie sich mit dem Gegenstand selbst vertraut! Nutzen Sie alle Ihre Sinne, um Informationen über den Gegenstand zu erhalten. Suchen Sie Schauplätze, Orte, Zeugnisse, Produkte, Ereignisse, die den Gegenstand anschaulich machen können. Suchen Sie Experten, Augenzeugen, Betroffene, die Sie befragen können. Besuchen Sie Versammlungen, Veranstaltungen, Seminare. Sammeln Sie Fragen, gerade die naiven. Erzählen Sie Ihren Freunden von dem Projekt und merken Sie sich die Probleme und Fragen, die Sie mit und zu dem Thema haben. Sammeln Sie alle Informationen, die Sie erhalten können. Das könnte sein (aus: Murray 1990, S. 60.):

- *Fakten.* Spezifische, konkrete, genaue Details, die bedeutungsvoll, glaubwürdig, anschaulich sind.
- *Statistiken.* Zahlen in ihren Zusammenhängen; genau sein beim Sammeln, am besten in Listen, Diagrammen, Tabellen.
- *Beobachtungen.* Wie eine Kamera genau berichten, sodass der Leser durch sie sehen kann. Eine Kamera, die Anblicke, Geräusche, Gerüche, Geschmack, Berührungen und Stimmungen aufnimmt.
- *Zitate.* Aussagen anderer Personen über den Gegenstand, die informativ sind oder spezielle Meinungen ausdrücken.
- *Berichte.* Exzerpte von Berichten, die Ergebnisse von detaillierten Studien über den Gegenstand zusammentragen.
- *Anekdoten.* Kleine Geschichten, die mehr zeigen als erzählen. Mini-Narrative, die Charakter, dramatische Aktion, Setting, Dialog und Thema einschließen.

- *Theorien.* Gedanken von anderen, die den Gegenstand zu erklären versuchen.
- *Metaphern.* Bilder, die für Schreiber und Leser Bedeutung haben – oft eher emotional als rational.
- *Prinzipien.* Akzeptierte Vorstellungen oder Gesetze, die zwar falsch sein mögen, aber akzeptiert sind.
- *Gesichter.* Personen, die den Gegenstand oder die Auseinandersetzung über ihn prägen.
- *Evidenz.* Material, das den Schreiber oder Leser belehren oder überzeugen kann.
- *Fragen.* Die Leser stellen könnten und stellen werden. Man kann sich in die Rolle des Lesers hineinversetzen.
- *Antworten.* Auf die vermutlichen Fragen der Leser.
- *Strukturen.* Die sich aus dem Material ergeben: Welche Verbindungen ergeben sich zwischen den Elementen? Wie fügen sich Verbindungen zu Mustern?
- *Probleme.* Die etwas über die Bedeutung des Gegenstands aussagen und die sich aus dem Gegenstand ergeben.
- *Lösungen.* Die sich aus dem Gegenstand ergeben und die die Bedeutung des Gegenstands demonstrieren.
- *Ideen.* Vermutungen, Ahnungen, Schätzungen, Hinweise; Dinge, denen man nachgehen könnte und über die man nachgedacht hat.
- *Prozesse.* Die etwas über den Gegenstand in Aktion aussagen oder die die Schreiber oder Leser kennen und verstehen sollte.
- *Geschichte.* Alles, was die Vergangenheit des Gegenstands betrifft.
- *Implikationen.* Wie sieht die Zukunft des Gegenstands aus, wie geht es weiter mit ihm?

Erste Literatursuche

Entsprechend den bisher dargestellten Arbeitsschritten haben Sie sich nur mit Ihrem Gegenstand selbst beschäftigt. Jetzt ist es an der Zeit, ihn in Beziehung zur vorhandenen wissenschaftlichen Literatur zu setzen und zu sondieren, was über Ihren Gegenstand bereits an wissenschaftlicher Diskussion existiert. Dabei ist es wichtig, dass Sie nicht wahllos anfangen zu lesen, sondern dass Sie eine Idee vom Stand der neuesten Diskussion bekommen und den Umfang der existierenden Literatur abschätzen können.

Fangen Sie jetzt auf keinen Fall an, irgendwelche Klassiker oder veraltete Basisliteratur zu lesen. Das dürfen Sie erst, wenn Sie sich auf Ihr Thema festgelegt und es tatsächlich eingegrenzt haben. Arbeiten Sie in diesem Stadium wie eine Detektivin oder ein Detektiv. Beschatten Sie Ihr Thema, folgen Sie ihm überallhin, analysieren Sie Verästelungen, Seiten- und Nachbarthemen; spüren Sie alles auf, was zu Ihrem Thema beiträgt. Tasten Sie die Breite des Themas ab, aber versuchen Sie noch nicht, in die Tiefe zu gehen. Je tiefer Sie in ein Thema eindringen, desto schwieriger wird es, eine machbare Fragestellung zu isolieren. Dazu brauchen Sie gewissermaßen die Außenansicht auf ein Thema. Apropos Detektivin oder Detektiv: Die Lösung Ihres Falles besteht im Moment darin, *Ihr Thema* dingfest zu machen.

In diesem Stadium ist es fast unerlässlich, dass Sie eine kompetente Person nach der wichtigsten neueren Literatur, nach Diskussionszusammenhängen, Kontroversen, Spezialisten fragen. Es verkürzt Ihre Suche erheblich, wenn Sie von Anfang an die Spitze der gegenwärtigen Forschung im Blick haben und sich nicht erst mühsam an sie herantasten müssen.

Systematisch zu recherchieren ist in diesem Stadium noch zu früh. Es kann nützlich sein, ein bibliografisches System zu befragen, um die Menge an Literatur abzuschätzen. Sie sollten jedoch mit dem systematischen Bibliografieren noch warten, bis Sie Ihr Thema eingegrenzt haben. Fragen Sie also in Ihrer Bibliothek nach den bibliografischen Möglichkeiten zu Ihrem Thema. Suchen Sie unter den entsprechenden Stichwörtern nach. Überschlagen Sie, wie viel Literatur Sie zu bearbeiten hätten. Suchen Sie sich einige neuere Literatur, die viel versprechend klingt, heraus. Widerstehen Sie der Versuchung, alle Literatur herauszuschreiben. Das kommt zu einem späteren Zeitpunkt.

Lesen sollten Sie zu diesem Zeitpunkt: neuere Übersichtsartikel, Handbuchartikel, viele Titel, neueste Beiträge (evtl. stichprobenartig), Artikel von Meinungsführern, Artikel Ihrer Anleiterin oder Ihres Anleiters, neuere Tagungsberichte, in denen Ihr Thema zur Sprache kommt. Die erste Literatursuche sollte zum Ergebnis haben:

- Wie viel Literatur gibt es zu meinem Thema?
- Wie gut zugänglich ist die Literatur?
- Welche Arbeits- und Forschungsgruppen arbeiten zurzeit an diesem Thema?
- Wen könnte ich nach meinem Thema fragen?
- Wen könnte ich über mein Thema interviewen?
- Wen kann oder muss ich anschreiben?
- Welches Labor, Forschungseinrichtung, Institut würde ich gerne besuchen?
- Welche Ausgangspunkte gibt es in der Forschung über mein Thema?
- Welche Kontroversen werden ausgetragen?
- Von welchen theoretischen Positionen, Paradigmata, Ansätzen aus wird das Thema untersucht?
- Wer beherrscht die Diskussion?
- Von welchen Fachdisziplinen wird das Thema untersucht?
- Welche Diskurse gibt es und wo werden sie publiziert?
- Wie lauten die Themen, Titel, Überschriften der neuesten Veröffentlichungen?
- Welche empirischen Zugänge gibt es?
- Welche Fremdsprachen muss ich können?
- Welchen Wandel hat die Bearbeitung dieses Themas in den letzten Jahren durchgemacht?
- Worüber habe ich keine Literatur gefunden?
- Was scheint mir vernachlässigt?
- Wo habe ich Kritik?

Zusammengefasst ergeben diese Punkte eine Annäherung an den Stand der Forschung, ohne dass Sie Ihren Forschungsgegenstand in der Tiefe verstehen. Sie haben für sich ein grobes Bild von der Forschungssituation entwickelt, sodass Sie ermessen können, wie Sie einen eigenen Beitrag darin einordnen können.

Ein Thema eingrenzen

Themenhinweise werden oft nach dem Motto gegeben: »Beschäftigen Sie sich doch mal mit dem frühen Freud!« oder entsprechend mit den Spätschriften Goethes, mit dem Frauenbild der Renaissance oder mit dem Thema »Emotionalität in der Werbung«, wo eben gerade WissenschaftlerInnen eine Lücke oder einen viel versprechenden neuen Ansatz entdeckt zu haben glauben. Aus solchen Themenhinweisen sollen dann solide Themen ausgearbeitet werden. Wichtig sind dann Eingrenzungen. Die können Sie auf folgende Art und Weise vornehmen:

- *Einen Aspekt auswählen:* Weder der frühe Freud noch der späte Goethe sind machbare Themen für eine Qualifikationsarbeit. Aber es könnte Freuds Verhältnis zur Sprache, seine Emotionskonzeption oder sein Frauenbild in den frühen Schriften sein. Entsprechende Aspekte ließen sich für den späten Goethe suchen.
- *Zeitliche Eingrenzungen:* »Früh« und »spät« können als Einteilung schon zu weit gefasst sein, besonders bei einem Schriftsteller wie Goethe. Es wäre also eine genaue Jahresangabe festzulegen.
- *Eingrenzen der Quellen:* Wichtig kann eine Eingrenzung der Quellen oder Materialien sein, die man zu bearbeiten gedenkt, also etwa eine Beschränkung auf Gedichte, Dramen oder Prosa von Goethe.
- *Betrachtungsebenen spezifizieren:* Viele Probleme lassen sich auf unterschiedlichen Ebenen betrachten. So können Probleme eine anthropologische, individuelle, soziale, psychologische, historische, soziologische, juristische, politische, administrative, linguistische, subjektive, methodische, erkenntnistheoretische, metatheoretische, inhaltliche, formale, funktionale, systematische, kausale, strukturelle, intentionale, entwicklungsbezogene, genealogische, evolutionäre, moralische, dynamische, ökonomische, kognitive, emotionale, makro- oder mikrostrukturelle Seite haben. Wählen Sie aus!

- »*Unter Berücksichtigung von*«: Eingrenzend kann der Verweis auf einen inneren oder äußeren Bezug des Themas sein. So könnte man die Emotionstheorie des frühen Freud unter Berücksichtigung der Emotionspsychologie des ausgehenden 19. Jahrhunderts untersuchen.
- *Beziehungen herstellen:* Viele wissenschaftliche Themen werden dadurch eingegrenzt, dass zwei Objekte, Theorien oder Personen miteinander in Beziehung gesetzt werden. So könnte man z.B. die Emotionstheorie in Freuds Frühschriften mit der Emotionstheorie bzw. Psychologie Wundts in Beziehung setzen (vorausgesetzt, man hat Hinweise darauf, dass Querbeziehungen bestehen).
- *Schwerpunkte setzen:* Will oder muss man ein Thema dennoch relativ breit anlegen, so sollte man Gewichtungen vornehmen, die einzelne Teile präferieren, andere zurückstellen.
- *Beispiel oder Einzelfall hervorheben:* Man kann der Breite eines Themas dadurch entgehen, dass man es anhand eines Einzelfalles aufrollt. So könnte man z.B. die Emotionstheorie des frühen Freud anhand seines Falles Dora behandeln.
- *Überblick geben:* Die Beschränkung auf einen Überblick grenzt ein Thema insofern ein, als auf eine detaillierte Behandlung verzichtet wird. Allerdings kann man Übersichten nur geben, wenn man mit den Details vertraut ist.
- *Neues hervorheben:* Die Einschränkung hierbei liegt darin, dass Bekanntes weggelassen wird. Es muss dabei eine Art Linie gezogen werden, die das bereits Bekannte markiert; alles, was darüber hinausgeht, ist neu, also Ihr Gegenstand.
- *Personen auswählen:* Manche Themen lassen sich am besten personifiziert behandeln. Wenn Sie sich also für Neorealismus oder indische Mystik interessieren, suchen Sie sich eine Person, die (je nach Materiallage) typisch für das Thema ist (wenn das Thema selten behandelt wird) oder etwas Besonderes in diesem Themenkreis darstellt (wenn es bereits viele Arbeiten zu diesem Thema gibt).
- *Variablen spezifizieren:* Wenn Sie viel mit empirischem Material zu tun haben oder selbst empirisch arbeiten möchten, ist es unumgänglich, abhängige und unabhängige Variablen zu spezifizieren.

- *Systeme eingrenzen:* Wollen Sie komplexere Zusammenhänge untersuchen, müssen Sie sich gegen die »Totalität« schützen, d.h. gegen die Tatsache, dass alles mit allem in Zusammenhang steht. Definieren Sie dann eine Gruppe von zusammengehörigen Variablen und grenzen Sie alles aus, was nicht in diesen Zusammenhang gehört. Sie müssen dann recht feste »Mauern« um Ihr System ziehen, damit Ihre Arbeit nicht ausufert.
- *Anwendungsbereiche konkretisieren:* Bei allen Themen mit Praxisbezug kann eine Eingrenzung des Anwendungsbereichs nötig sein. Definieren Sie die Fälle, Ereignisfelder, Handlungszusammenhänge, Institutionen, die Sie berücksichtigen wollen.

Projektart festlegen

Wenn Sie sich mit Ihrem Thema vertraut gemacht, das Thema eingegrenzt und einen ungefähren Überblick über die Literatur gewonnen haben, dann ist eine weitere Entscheidung zu fällen, die sich auf die Art des Materials bezieht, das Sie zur Bearbeitung ihres Themas heranziehen wollen. Sie können eine Arbeit im Wesentlichen auf Argumenten, auf empirischem Material, auf Gelesenem, auf Quellen, auf praktischem Ausprobieren oder auf selbst Erfahrenem aufbauen. Die folgende Aufzählung lehnt sich an Gebhardt & Rodrigues (1989) an.

- *Projekte, die auf Argumentieren und logischer Analyse beruhen:* Es gibt Schreibprojekte, die ihrer Fragestellung mit argumentativen Mitteln zu Leibe rücken. Dazu gehören philosophische Arbeiten, die auf begrifflicher Klärung von Gegenstandsbereichen beruhen. Dazu gehören interpretative Arbeiten, die nach Sinn suchen. Dazu gehören analytische Arbeiten, die kausale Mechanismen eines Gegenstandsbereich entschlüsseln sollen. Dazu gehören auch argumentative Arbeiten, die eine bestimmte Meinung diskutieren sollen. Dazu können auch Systematiken gehören,

die nach Ordnungsgesichtspunkten suchen. Entscheidend für diese Arbeiten ist die Genauigkeit und Schlüssigkeit der Argumente.
- *Projekte, die auf Lesen beruhen:* Es gibt Schreibprojekte, die im Wesentlichen darauf beruhen, Gelesenes zu verarbeiten, zu kompilieren, zusammenzufassen, aufeinander zu beziehen und zu synthetisieren. Entscheidend für diese Arbeiten ist die Vollständigkeit, Genauigkeit und Systematik im Umgang mit der gelesenen Literatur.
- *Projekte, die auf selbst erhobenen empirischen Daten beruhen:* Es gibt Schreibprojekte, die sich auf die Verarbeitung von selbst erhobenem empirischem Material beziehen. Das können qualitative oder quantitative Daten sein. Entscheidend für diese Arbeiten ist der genaue Erhebungsplan und der Aussagewert der Daten.
- *Projekte, die auf einer Auswertung von Quellen beruhen:* Solche Projekte müssen genau spezifizieren, welche Arten von Quellen sie heranziehen wollen, wie sie die Quellen bearbeiten und auswerten wollen. Es muss spezifiziert sein, welche Schlüsse sich aus den Quellen ziehen lassen. Das Gewicht solcher Projekte liegt in der Genauigkeit, Vollständigkeit und schlüssigen Auswertung der Quellen.
- *Projekte, die auf eigener Erfahrung beruhen:* Es gibt Projekte, die sich auf eigenes Erleben stützen. Der Informationswert von persönlicher Erfahrung liegt darin, dass man bestimmte Dinge sehr intensiv erlebt hat, dass man Insiderwissen hat, dass man einen subjektiven Blick auf ein Thema hat, dass man ungewöhnliche Dokumente besitzt und beteiligte Menschen kennt. Problematisch ist dabei die Abneigung vieler Wissenschaften gegen persönliche Daten. Es kann deshalb wichtig sein, die eigenen Erfahrungen durch »objektive« Informationen zu untermauern.
- *Projekte, die auf einer praktischen Anwendung beruhen:* Projekte, die mit einer Anwendung von Wissen verbunden sind, beruhen vor allem auf einer genauen Vorbereitung, Durchführung, Dokumentation und Evaluation einer praktischen Maßnahme. Entscheidend für solche Projekte ist die Schlüssigkeit, mit der sich aus der Handlung methodische

Verallgemeinerungen ziehen lassen. Oft werden begleitende Evaluationen von solchen Arbeiten (z.B. im medizinischen, psychotherapeutischen oder pädagogischen Bereich) erwartet.

In jedem Projekt müssen Sie sich auf einen bestimmten Zugang festlegen, ehe Sie mit der Arbeit beginnen. Nicht jeder Zugang steht Ihnen offen und nicht jeder Zugang ist gleich ergiebig. Manchmal ist der Zugang das eigentlich Entscheidende, so z.B., wenn Sie praktische Erfahrungen haben, wenn Ihnen bestimmte Quellen oder Daten zugänglich sind.

Worüber Sie nicht schreiben sollten

Es gibt Themen, oft sind interessante darunter, über die sollten Sie nicht schreiben. Es kann jedoch sein, dass Sie sich bereits längere Zeit mit einem solchen Thema beschäftigt haben und diese Zeit nicht verloren geben wollen. Wenn Sie jedoch merken, dass Sie mit einem Thema nicht mehr vor und zurück können, dann sollten Sie aufhören. Das betrifft nicht Situationen, in denen Sie festgefahren sind und eine neue Lösung brauchen, um weiterzukommen. Dann müssen Sie hartnäckig sein und um Ihr Thema kämpfen. Damit sind eher Situationen gemeint, in denen der Verstand beginnt, seinen Dienst aufzukündigen, wenn Sie an Ihr Thema herangehen wollen. Ein gutes Thema ist wie jede Liebe im Leben: Man wendet sich ihr gerne zu, sie zieht an und man scheut keine Mühe ihretwegen. Aber wenn Ihr Liebeswerben umsonst ist, sich Ihnen ein Thema nicht erschließt oder wenn Sie feststellen, dass Sie Ihr Thema nicht mögen, sollten Sie es wechseln. Nicht behandeln sollten Sie folgende Themen:

- *Modethemen:* Sie ertrinken in Literatur und bleiben in der aktuellen Ästhetik Ihres Themas stecken, ohne zu den eigentlichen Inhalten zu gelangen.
- *Schwer zugängliche Quellen:* Manche Themen sind erst bearbeitbar, wenn die Quellen zugänglich sind; vorher wäre die Quellensuche zu kostspielig.

- *Zu persönliche Themen:* Suchen Sie für persönliche Themen eine Gelegenheit, in der Sie nicht unter Qualifikationsdruck stehen.
- *Zu abstrakte Themen:* Wenn Sie nicht Philosophin oder Philosoph werden möchten, meiden Sie zu Abstraktes. Sie verlieren die Freude am Schreiben dabei. Suchen Sie ein Thema, das Ihrem gegenwärtigen Reflexionsniveau gut zugänglich ist.
- *Zu ambitionierte Themen:* Warum soll das Ganze wichtiger sein als das Detail? In ihm spiegelt sich das Ganze in der Regel wider. Beschränken Sie sich und geben Sie Ihren hohen Ansprüchen nicht nach!
- *Themen, zu denen Sie keinen Zugang finden:* Das kann ein innerer oder äußerer Zugang sein. Folgen Sie dem Fluss Ihrer Ideen und Informationen. Sie merken auf die Dauer den Unterschied zwischen Fließen und Stocken. Nehmen Sie die Bereitschaft Ihrer Psyche, sich mit einem Thema zu befassen, als wichtigen Hinweis.
- *Themen, zu denen nur aufwändige empirische Zugänge existieren:* Kalkulieren Sie gerade bei empirischen Arbeiten sehr realistisch! Meist ist eine Vorstudie, eine Replikation oder Modifikation einer bereits durchgeführten Studie für eine Examensarbeit aufwändig genug.
- *Themen, mit denen Sie ganz isoliert arbeiten müssen:* Suchen Sie personelle Zusammenhänge; unterschätzen Sie nicht, wie viel Extra-Arbeit Sie haben, wenn das Umfeld Ihres Themas nicht durch einen Arbeitszusammenhang abgesteckt ist.

Methodisches Vorgehen

Wenn Sie den prinzipiellen Charakter, den Ihr Projekt haben soll, festgelegt haben, können Sie daran gehen, das methodische Vorgehen genauer zu planen. Welche Arbeitsschritte müssen Sie vollziehen, damit Sie Ihre Fragestellung lösen können? Eventuell müssen Sie dazu den nächsten Abschnitt »Fragestellung« zuerst lesen. Da das methodische Vorgehen aber eng an die Wahl der Projektart gebunden ist, behandle ich es vorgängig.

Ihr methodisches Vorgehen muss sich an dem Erkenntnisweg orientieren, den Sie einschlagen wollen. Welche Wege es gibt und wie sie aussehen, ist ausführlich in Kapitel 6 dargestellt worden, sodass hier nur einige prinzipielle Überlegungen angebracht sind.

- *Beschreiben:* Welche deskriptiven Passagen soll Ihre Arbeit haben? Was wollen Sie beschreiben? Wie wollen Sie dabei vorgehen? Wie wollen Sie Ihren Gegenstand kennen lernen? Nach welchen Beobachtungskategorien, theoretischen Grundlagen oder Richtlinien wollen Sie die Beschreibung Ihres Gegenstands ausrichten?
- *Zusammentragen, kompilieren:* Welche Daten, Informationen, Aussagen, Literaturdarstellungen etc. brauchen Sie für Ihre Arbeit? Wie umfangreich soll diese Recherche werden? Nach welchen Gesichtspunkten sollen die Informationen kompiliert werden?
- *Vergleichen und Kontrastieren:* Wenn Sie einen Vergleich anstellen, müssen Sie spezifizieren, nach welchen Charakteristika oder Kriterien Sie die Objekte vergleichen wollen. Welche Analyseschritte sind nötig, damit die Objekte hinsichtlich dieser Kriterien vergleichbar sind?
- *Systematisieren:* Welche Objekte, Eigenschaften, Gegebenheiten sollen Grundlage der Systematik sein? Welchen Stellenwert hat die Systematik in der Struktur der Arbeit?
- *Analysieren:* Nach welchen Kriterien oder Gesichtspunkten wollen Sie Ihren Gegenstand analysieren? Auf welche elementaren Einheiten wollen Sie Ihren Gegenstand zurückführen? Welche Beziehungen zwischen den elementaren Bestandteilen sind von Bedeutung? Auf welche Informationen wollen Sie zur Untermauerung dieses Vorgehens zurückgreifen?
- *Modell/Theorie entwickeln:* Was soll Ihr Modell erklären? Welche alternativen Theorien/Modelle gibt es? Haben Sie Ihr Modell davon gut genug abgegrenzt?
- *Interpretieren:* Auf welche Werke, Quellen und Erfahrungen

wollen Sie Ihre Interpretation stützen? Welche Aspekte oder Bezüge sollen bei der Interpretation im Vordergrund stehen? Für wen wollen Sie diese Interpretation anstellen (wer bedarf ihrer)? Welche anderen Deutungen oder sekundären Werke wollen Sie heranziehen?

- *Argumentieren:* Welche Argumente wollen Sie diskutieren? Wie wollen Sie zu Lösungen und Synthesen kommen? Wo nehmen Sie Informationen her, um Argumente zu bilden? Welchen Stellenwert wird Ihre eigene Stellungnahme einnehmen? Wie wollen Sie Ihre Meinung begründen?
- *Evaluieren:* Welche Werte vertreten Sie? Wie wollen Sie diese Werte empirisch verankern?
- *Vorschreiben:* Welche Arten von Handlungsanleitungen oder Methoden wollen Sie entwickeln? Wie wollen Sie Handlungsschritte ergründen, systematisieren und ihre Wirksamkeit festellen?

In diesem Stadium der Planung ist es wichtig, gewisse Festlegungen zu treffen, beispielsweise, ob sie eher zu einem interpretativen oder einem analytischen Vorgehen neigen, ob sie einen Vorgang eher evaluieren (d.h., ob er definierten Gütekriterien entspricht) oder hinsichtlich seiner methodischen Konsistenz überprüfen wollen (d.h., wie er funktioniert und wie man ihn steuert). Da wissenschaftliche Arbeiten in der Regel aus mehreren Komponenten bestehen, ist es nötig, die Grundkomponenten zu wählen, also z.B. einen kompilativen Teil an den Anfang zu setzen (was sagt die Literatur über Emotionstheorien beim frühen Freud), dann einen analytischen Teil anschließen (inwieweit folgte Freud in seinen frühen Arbeiten einer Emotionstheorie bzw. welche Emotionstheorie verfolgte er), um die Darstellung schließlich mit einer Diskussion zu beenden (sollte die Psychoanalyse von ihrer Trieb- bzw. Selbsttheorie zu einer Emotionstheorie zurückkehren?). Das könnte durch die Formulierung einer eigenen Position abgeschlossen werden (z.B. eine differenzierte Aussage über die Nützlichkeit eines emotionszentrierten Ansatzes).

Fragestellung

Es kann durchaus nützlich sein, sich ohne feste Vorstellung auf die Suche nach einem Thema zu machen. Wenn man jedoch mit der eigentlichen Arbeit beginnen will, muss man unbedingt eine genaue *Fragestellung* und *Zielsetzung* haben. Wenn man dies nicht vorab festlegt, beginnt man, ungezielt zu lesen und zu exzerpieren. Das kann ein Vorgang ohne Ende sein. Es bedeutet außerdem Doppelarbeit, denn wenn man Literatur oder definierte Materialien nicht nach genauen Kriterien durcharbeitet und auswertet, muss man beim Schreiben oder Zusammenstellen die Materialien ein zweites Mal bearbeiten.

Viele Studierende haben Probleme damit, eine Fragestellung festzulegen und die Fragestellung von der Zielsetzung der Arbeit zu unterscheiden. Letztere Unterscheidung ist tatsächlich nicht ganz einfach, da beide miteinander zusammenhängen und manchmal nur unterschiedliche Formulierungen der gleichen Intention darstellen. Manchmal allerdings ergänzen sie einander auch.

Die Fragestellung formuliert die Leitfragen, die die Autorin oder der Autor zu beantworten sucht. Welchen Beitrag soll die Arbeit zur Lösung eines (wissenschaftlichen) Problems liefern? Die Fragestellung bezieht sich primär auf den Gegenstand (nicht den Diskurs). Was ist unklar, problematisch, unverständlich, unbekannt, widersprüchlich, zweifelhaft an meinem Forschungsgegenstand? Was ist zur Lösung praktischer Probleme, zur Entscheidungsfindung, zur Gestaltung oder Verbesserung nötig? Wissenschaftliche Fragestellungen zielen also auf den Erkenntnisgewinn, den eine Arbeit in Bezug auf ein definiertes Problem liefern soll.

Eine Fragestellung ist nur dann sinnvoll, wenn bei Arbeitsbeginn diese Erkenntnisse noch nicht vorliegen. Soll eine Arbeit beispielsweise nur etwas dokumentieren, zusammen- oder darstellen, was bereits bekannt ist, und dessen Ergebnis keine neue Struktur erhalten, dann ist eine Fragestellung überflüssig; es muss nur ein Ziel formuliert werden. Wenn allerdings Material gesucht, ausgewertet, verglichen, analysiert, geprüft, evaluiert, systematisiert, strukturiert, erklärt oder erfunden wird, dann existiert vor

Arbeitsbeginn ein Problem, das mithilfe der wissenschaftlichen Vorgehensweise gelöst werden soll. Die Fragestellung schließt sich an die Formulierung dieses Problems an und hilft, die eigene Vorgehensweise zu begründen.

Eine besondere Bedeutung bekommt die Fragestellung in empirischen Arbeiten. Empirie ist in der Regel mit aufwändigen Prozeduren verbunden, und die Fragestellung enthält die kürzeste und kondensierteste Darstellung dessen, was für Informationen aus der Empirie resultieren sollen. Wer beginnt, empirisches Material zu erheben, ohne genau festgelegt zu haben, welche Form der Auswertung Antwort auf welche Fragestellung geben soll, riskiert sehr viel Zeitverlust.

Für andere Arbeiten reicht oft die Darstellung einer Zielsetzung. Es ist jedoch empfehlenswert, zu Beginn jeder Arbeit die eigene, persönliche Fragestellung, also das *Erkenntnisinteresse,* aufzuschreiben. Was motiviert Sie, sich mit diesem Thema auseinander zu setzen? Damit fällt es Ihnen leichter, einen persönlichen Bezug zum Thema zu behalten und aus den konventionellen wissenschaftlichen Denkschablonen auszubrechen. Vermeiden Sie dabei aber, eine wissenschaftlich verbrämte Rechtfertigungsschrift anzufertigen. Sie müssen Ihr Interesse nicht politisch, ideologisch, ethisch, moralisch oder sonstwie rechtfertigen. Sie haben die Freiheit und das Recht, sich jedem Thema aus Interesse zuzuwenden.

Zielsetzung

Die Zielsetzung einer Arbeit bezieht sich darauf, welchen Erkenntnisgewinn die Arbeit für die Wissenschaft bringen soll, was mit ihrer Hilfe erreicht werden soll. Während die Fragestellung sozusagen aus der internen Logik des Gegenstands heraus formuliert wird, muss sich die Zielsetzung auf den Forschungszusammenhang beziehen. Wenn Sie also Ihre Ziele festlegen wollen, müssen Sie zunächst wissen, was bereits geforscht worden ist und worüber gerade gearbeitet wird.

Mit jeder Arbeit werden in der Regel mehrere Ziele verfolgt. Nicht alle werden expliziert. Beispielsweise wird das

Ziel einer Arbeit, der Autorin oder dem Autor zum Diplom-Titel oder zu einer wissenschaftlichen Karriere zu verhelfen, nicht in der Einleitung thematisiert. Zielsetzungen können weiter und enger sein. Weite Zielsetzungen liegen z.B. darin,

- einen Beitrag zum Verständnis von ... zu leisten
- Kenntnisse über ... zu vermehren
- Wissen über ... zusammenzutragen
- Klarheit in eine Kontroverse zu bringen
- etwas Neues bekannt zu machen
- etwas Vergessenes wieder in die Diskussion zu bringen
- etwas Neues auszuprobieren (Pilotstudie)
- eine bereits durchgeführte Studie zu replizieren
- einen Vorgang oder eine Institution zu evaluieren
- in einen Diskurs einzugreifen

Enge Zielsetzungen können beispielsweise darin liegen,

- ein definiertes Problem zu lösen
- ein Phänomen zu erklären
- eine Behauptung zu (über-) prüfen
- einen Zusammenhang (zwischen zwei Phänomenen) zu untersuchen
- Quellen zugänglich zu machen, zu vergleichen, zu kontrastieren, zu bewerten
- Theorien, Positionen etc. zu vergleichen
- Theorien, Positionen zu begründen oder zu rechtfertigen
- Argumente für und gegen eine wissenschaftliche Position zu diskutieren
- einen Sachverhalt (Theorie, Gegenstand etc.) zu analysieren
- ein Werk oder einen Sachverhalt zu interpretieren
- ein Themenfeld (Realitätsbereich) zu systematisieren.

Das Exposé

Den Abschluss der Orientierungs- und Planungsphase bildet ein Exposé. Es enthält eine Kurzbeschreibung der geplanten Arbeit, die Fragestellung, die Zielsetzung, den Umfang der Material- oder Literaturrecherchen, Auswertungsgesichtspunkte, Methodik und einen groben Zeitplan für die Erarbeitung. Auch eine vorläufige Gliederung kann im Exposé enthalten sein. Viele BetreuerInnen verlangen ein solches Exposé, auch wenn sie es anders benennen. Aber auch für eigene Arbeiten ist es sehr nützlich, die Grundplanung schriftlich festzuhalten, gerade wegen der Eigenkontrolle. Erst wenn man ein Exposé verfasst hat, lässt sich beurteilen, ob man sich ein realistisches Ziel gesetzt hat.

Ohne ein Exposé sollte man sich auf keinen Fall an eine längere Arbeit setzen. Man riskiert sonst zeitliche Fehlinvestitionen, die schnell die Dimension eines Jahres oder mehr annehmen.

Ein Exposé wird oft dann vergessen, wenn man eine experimentelle oder empirische Arbeit schreibt. Dann scheint durch die Methode so viel vorgegeben zu sein, dass sich der Ablauf der Arbeit quasi von selbst ergibt. Ganz falsch! Gerade bei empirischen Arbeiten sollte man vor Beginn eines Experiments oder einer Erhebung genau festhalten, was man damit erreichen will. Es gilt nicht nur, Hypothesen aufzustellen, sondern schon im Vorfeld zu begründen, warum man diese Hypothesen untersuchen will und welchen Bezug sie zur gegenwärtigen Forschung haben. Es ist in der Regel unbequem, sich darüber genau Rechenschaft abzulegen, und kostet Mühe und Zeit. Es ist aber keine verschwendete Zeit, denn man kann diese Exposés später beim Schreiben gut verwenden. Wichtiger noch: Exposés decken konzeptionelle und logische Schwächen einer Arbeit unweigerlich auf und helfen so, Sackgassen zu vermeiden. Bestandteile eines Exposés können sein:

- *Stand der Forschung:* Welche Erkenntnisse liegen bisher vor und wie soll sich der eigene Beitrag auf diese Erkenntnisse beziehen?
- *Problem:* Welches theoretische, praktische, empirische, soziale, politische Problem ist Ausgangspunkt der Arbeit?
- *Erkenntnisinteresse:* Was motiviert Sie zu dieser Arbeit?
- *Eigene theoretische Position:* Auf der Basis welcher Theorie wollen Sie die Fragestellung bearbeiten?

- *Fragestellung:* Wie lautet die Forschungsfrage, auf die die Arbeit eine Antwort liefern soll?
- *Zielsetzung:* Zu welchem Ziel soll die Arbeit führen?
- *Methodisches Vorgehen:* Welche Arbeitsschritte und welche Vorgehensweisen sollen zu einer Lösung führen?
- *Vorarbeiten:* Welche bisher geleisteten Arbeiten können in die neue Arbeit eingehen? Wie ist die Arbeit dadurch vorstrukturiert?
- *Quellenlage:* Welche Quellen gibt es und welche sollen bearbeitet werden?
- *Umfang der Material- oder Literaturrecherchen:* Welche Grenzen sollen in der Literatur- oder Quellenarbeit eingehalten werden?
- *Vorläufige Analyse- oder Auswertungsgesichtspunkte der Quellen:* Wie sollen die Quellen ausgewertet werden?
- *Vorläufige Gliederung:* Wie könnte das Material in einer Gliederung strukturiert werden?
- *Zeitplan:* Bis wann sollen die wichtigsten Etappen der Arbeit getan sein? Wann wird sie vollendet sein? Welche äußeren Faktoren können dabei eine Rolle spielen?
- *Benötigte Mittel:* Welche Sachkosten, Personalkosten, Reisemittel und Anforderungen an Beratung und Anleitung werden anfallen?

Literaturrecherche und Literaturbeschaffung

Bereits im Vorfeld haben Sie erkundet, wie viel wissenschaftliche Literatur über Ihren Gegenstand existiert. Sie haben also eine Vorstellung davon, wie viel an Lesearbeit auf Sie zukommt. Zeichnet sich ab, dass es viel sein wird, sollten Sie den Umfang der Literaturrecherchen mit Ihrer Betreuerin oder Ihrem Betreuer besprechen. Man kann heute unendlich viel Zeit allein mit Literatursuche oder Bibliografieren verbringen. Wenn man darin perfektionistisch ist, schafft man es, in kürzester Zeit mehr Literatur anzuhäufen, als man in einem ganzen Studium zu lesen in der Lage ist. Deshalb ist es unbedingt nötig, den Umfang des Literaturstudiums einzugrenzen.

Die Suche nach geeigneter Literatur beginnt in der Bibliothek, die man zur Verfügung hat. Gibt es ein Stichwortverzeichnis oder einen Schlagwortkatalog, so sollte der erste Gang dorthin sein, um zu sehen, welche Monografien vorhanden sind (bei guten Verzeichnissen sind auch Zeitschriftenartikel verschlagwortet). Die Monografien, Sammelbände, Lehrbücher sichtet man zunächst. Man schaut also, was es alles gibt zu dem interessierenden Thema. Findet man Passagen, die direkt darauf bezogen sind, wird auch meist Literatur angegeben, die man sich herausschreiben sollte.

Natürlich sollten Sie auch den/die BetreuerIn oder andere kompetente Personen nach neuer Literatur fragen. Beschäftigt man sich mit einem aktuellen Thema, zu dem viel publiziert wird, braucht man unbedingt jemand, der die neueste Literatur kennt, da alles, was älter als fünf Jahre ist, veraltet sein kann. Man lässt sich also das Allerneueste nennen, sollte aber auch versuchen, Informationen über die Klassiker zu diesem Thema zu erhalten. Das sind die Bücher, zu deren Lektüre man sich dann besonders viel Zeit lassen sollte.

Der systematischen und vollständigen Literaturerfassung dient das *Bibliografieren*. Darunter versteht man die systematische Suche nach Literatur über ein bestimmtes Thema. Es gibt in allen wissenschaftlichen Fächern spezielle Dienste, die dabei helfen. Es gibt Zeitschriften, die systematisch alle erscheinende Fachliteratur auswerten und darüber Zusammenfassungen publizieren. So z.B. die *Psychological Abstracts*. Sie sind nach Stichworten und nach Personen organisiert. Man kann nach einzelnen Stichworten oder Personen suchen und erhält Verweise auf Abstracts, die eine kurze Inhaltsangabe geben. Das ist zwar eine relativ zeitaufwändige Arbeit (es gibt für jedes Jahr mehrere Bände), hilft aber, einen Überblick über die Literatur zu finden. Erleichtert wird diese Arbeit heute durch computergestützte Literatursysteme, die auf eine spezielle Anfrage hin alle relevante Literatur ausdrucken. So gibt es z.B. die *Psychological Abstracts* auf einem CD-ROM-Speicher, und man kann sie im PC bearbeiten. Aufpassen muss man dabei, dass man den Suchrahmen eng genug absteckt, sonst erhält man unendlich viele Literaturangaben.

Verführerisch angesichts der vielen Literatur ist das Fotokopiergerät. Umberto Eco (1988, S. 162) schreibt dazu:

»*Vorsicht: Fotokopien können zum Alibi werden!* Fotokopien sind ein unerlässliches Hilfsmittel, sei es, um einen in der Bibliothek schon gelesenen Text zur Verfügung zu haben, sei es, um einen noch nicht gelesenen Text mit nach Hause zu nehmen. Aber oft werden Fotokopien als Alibi verwendet. Man trägt Hunderte von Fotokopien nach Hause, man hat ein Buch zur Hand gehabt und mit ihm etwas unternommen und glaubt darum, es gelesen zu haben. Der Besitz der Fotokopien erspart die Lektüre. Das passiert vielen. Eine Art Sammel-Rausch, ein Neo-Kapitalismus der Information. Setzt Euch gegen die Fotokopie zur Wehr! Habt Ihr sie, so lest sie sofort und verseht sie mit Anmerkungen. Seid Ihr nicht unter Zeitdruck, dann fotokopiert nichts Neues, ohne Euch die vorherige Fotokopie angeeignet zu haben (und das heißt: gelesen und mit Anmerkungen versehen). Es gibt vieles, was man gerade deshalb *nicht weiß*, weil man einen bestimmten Text fotokopiert hat; so hat man sich der Illusion hingegeben, man hätte ihn gelesen.«

Natürlich gibt es Ausnahmen von Ecos Warnung. Hat man beispielsweise systematisch Literatur recherchiert, braucht man oft relativ lange, bis man alle verstreut publizierten Artikel oder Quellen zusammengetragen hat. In einem solchen Fall empfiehlt es sich zu warten, bis man alle Literatur (bzw. die Fotokopien) erhalten hat, um sie dann in einem Zug zu lesen. Das geht allerdings nur, wenn man ein sehr umgrenztes Themengebiet bearbeitet, sonst wird der Berg der Arbeiten zu groß. Es geht auch nur dann, wenn man genau weiß, was man zu lesen hat und nicht Literatur sichtet (d.h. auf ihre Verwendbarkeit prüft).

Wer nur kleinere Bibliotheken zur Verfügung hat, ist auf die Fernleihe angewiesen. Die Universitätsbibliotheken haben ein System gegenseitiger Hilfe für Bücher, die sie jeweils selbst nicht führen. Fehlt ein Buch in der eigenen Bibliothek, kann es aus einer anderen angefordert werden. Fernleihe ist sehr zeitaufwändig. Es kann vier bis sechs Wochen dauern, bis ein bestelltes Buch eintrifft.

Lesen und exzerpieren

Wie exzerpiert man?

Hat man sich die Literatur beschafft, muss man sie lesen. Das ist eine zeitaufwändige Sache, für die man bei der Planung Monate einrechnen muss. Viele Studierende sind zu ungeduldig beim Lesen und wollen dem Schneckentempo geistiger Arbeit nicht den nötigen Tribut zollen. Sie werden in der Regel damit bestraft, dass es noch länger dauert.

Es ist nämlich nicht allein mit dem Lesen getan, man muß auch *exzerpieren*. Exzerpieren heißt wörtlich *herausgreifen* oder *herausziehen*. Damit sind die wesentlichen Gedanken und Inhalte eines Textes gemeint. Je weniger man über ein Sachgebiet weiß, desto gründlicher müssen die Exzerpte sein. Je genauer man weiß, welche Information man aus einer Arbeit braucht, desto selektiver kann man exzerpieren.

Exzerpieren muss man u.a. deshalb, weil man vergesslich ist. Bereits einen Monat nach der Lektüre eines Artikels oder Buches hat man schätzungsweise mehr als 90% der aufgenommenen Informationen vergessen. Man muss also für sich selbst ein Protokoll davon anfertigen, was man gelesen hat. Sonst muss man es später noch einmal lesen. Nichts spart so viel Zeit wie gründliches Exzerpieren! Dabei sollte man auch aufschreiben, was man *nicht* gelesen hat, inwiefern man selektiv gelesen hat und was man von dem Text hält. Wenn man weiß, in welchem Zusammenhang man den Text brauchen wird, ist es auch nützlich, das zu notieren, was man in Bezug auf seine Verwendung denkt. So kann man etwa zitierfähige Stellen herausschreiben, Kritikpunkte formulieren, Besonderheiten des Textes notieren oder ihn entsprechend eines Analysegesichtspunktes einordnen. In den eigenen Exzerpten muss man sorgfältig mit Zitaten umgehen und sie genau markieren, sonst verwendet man sie später wie eine eigene Zusammenfassung, was einem Plagiat gleichkommt.

Lesen Sie differenziert! Lesen ist nicht gleich Lesen. Unterscheiden Sie in Texte, die Sie gründlich lesen, solche, die Sie überfliegen und solche, die Sie nur zur Kenntnis nehmen. Wenn Sie ein Buch in die Hand nehmen, machen Sie sich vorher einen Plan, was Sie von diesem Buch wissen wollen. Stellen Sie Fragen an das Buch, und zwar solche Fragen, die für Ihre Arbeit von Bedeutung sind. Lesen Sie dann so lange, bis Ihre Fragen beantwortet sind. Beziehen Sie also die Lektüre immer auf die Arbeit, die Sie schreiben möchten.

Dokumentation der Exzerpte

Es gibt mehrere Arten, Exzerpte zu dokumentieren. Die gebräuchlichste ist der DIN-A4-Zettel. Man nimmt einen beliebigen Bogen Papier und schreibt drauf, was man liest. Auf diese Weise entsteht bald ein Haufen Papier, der sich auf dem Schreibtisch türmt. Ordentlichere Naturen heften die Papiere in einen Ordner, etwa entsprechend der zu schreibenden Kapitel. Der Nachteil dieser Methode liegt vor allem darin, dass man die angefertigten Exzerpte nicht gut organisieren kann. Je mehr man exzerpiert, desto mehr Zeit benötigt man, um in den Exzerpten das wiederzufinden, was man in einem bestimmten Zusammenhang braucht.

Die zweite Art der Dokumentation ist die Karteikarte. Diese Art ist allen zu empfehlen, die zum erstenmal eine größere wissenschaftliche Arbeit schreiben. Unerlässlich ist die *Karteikarte mit der Literaturangabe* für jedes Stück Literatur, das man verwendet hat. Wehe, wenn man ein Zitat zwar aufgeschrieben, nicht aber notiert hat, in welchem Buch es steht und auf welcher Seite. Stunden- und tagelanges Suchen beim Anfertigen des Literaturverzeichnisses kann die Folge sein. Die Literaturkarteikarten (sie können recht klein, vom Format DIN A6 sein) sind unverzüglich in einen speziellen Karteikasten mit den anderen, alphabetisch geordneten Karten einzusortieren. Auf dieser Karte ist auch zu notieren, ob man eine Kopie von dem Text angefertigt hat, in welchem Ordner man diese Kopie abzulegen gedenkt oder in welcher Bibliothek das Buch steht. Der Literaturflut ist nur durch penible Genauigkeit Herr zu werden.

Die interessanteren Karteikarten sind die *Lektüre-Karten*, wie Umberto Eco (1988, S. 150ff.) sie nennt. Sie sollten von der Größe DIN A5 sein. Lektüre-Karten sind durch den Namen des referierten Autors bzw. Werkes gekennzeichnet. Der Stapel an Lektüre-Karten, der sich ergibt, gibt die gelesene Literatur wieder. Ordnen kann man die Lektüre-Karten nach Autoren oder nach Themengebieten, falls sich eindeutige Zuordnungen ergeben. In vielen Fällen ist es nicht ratsam, sich nur oder zu lange mit Lektüre-Karten aufzuhalten, denn die Autoren sagen in der Regel etwas über mehrere Themengebiete aus. Also sollte man das Gelesene gleich nach thematischen Gesichtspunkten ordnen.

Das sind die *Stichwort-Karten*. Schreibt man beispielsweise eine Arbeit über emotionale Entwicklung, so stößt man auf einmal auf den interessanten Begriff »emotion regulation in infancy«. Man stellt also fest, dass es darüber empirische Untersuchungen und theoretische Auseinandersetzungen gibt und dass man diese Debatte selbst erwähnen muss. Dann lohnt es sich, eine Stichwort-Karte zu diesem Begriff anzulegen, vielleicht zunächst nur mit der Angabe, wo man etwas darüber gelesen hat, was dieser Autor darüber sagte und ggf. weitere Literatur. Ist der Begriff von Bedeutung, wird man unweigerlich später auf ähnliche Zitate stoßen.

Der Karteikasten ist ein wichtiges Arbeitsinstrument in der Lesephase. In ihm kann man eine Arbeit langsam wachsen lassen. Alles, was man liest und was einen Bezug zur Arbeit hat, sollte man auf einer Karteikarte notieren. Besonders eigene Überlegungen sollte man sofort notieren, sonst sind sie wieder weg. Auf Karteikarten kann man Formulieren üben und erleichtert sich später die Reinschrift. Der wichtigste Vorteil aber ist, dass man nicht alles mehrfach denken muss, sondern alles speichern kann. Packt man später die schriftlichen Notizen unter die Überschriften der geplanten Arbeit, so zeigt sich, dass man bereits die wichtigsten Ideen formuliert hat.

Die dritte Art, Exzerpte zu dokumentieren, ist, sie sofort in den PC zu schreiben. Das hat den Vorteil, dass damit u.U. schon ganze Textpassagen gespeichert sind, die man später für den Rohtext verwenden kann. So kann man also beim Exzerpieren schon kleinere Bausteine für die Arbeit schaffen. Für erfahrene Schreiberinnen und Schreiber ist das sicherlich die Methode der Wahl. Vorausgesetzt ist dabei allerdings, dass von Anfang an ein relativ klares Schreibkonzept vorhanden ist. Denn in einem ist der Computer der Karteikarte unterlegen: Man behält im Computer keine gute Übersicht über die vorhandenen Texte, und man kann sie schlecht sortieren. Wenn man also viel Strukturierungsarbeit zu leisten hat, ist die herkömmliche Karteikarte besser: Man kann sie beliebig gruppieren und ordnen, man kann sie auf dem Fußboden auslegen und versuchen, neu zu sortieren oder neue Strukturen zu finden.

Hat man eine natürliche oder vorläufige Gliederung für sein Thema, ist es sinnvoll, von Anfang an alles, was man über den jeweiligen Gliederungspunkt erfährt, auf einer Karte zu notieren und in den Karteikasten einzusortieren. Dazu gehören vor allem die eigenen Gedanken, die man sich beim Lesen gemacht hat. Solche Notizen nennt man auch »Memos«. Nichts ist so wertvoll wie das, was man sich an Gesichtspunkten beim Lesen erarbeitet. Es verdient, sofort notiert und gespeichert zu werden. Sonst gibt es keine Entwicklung in den eigenen Positionen, denn man muss das Gleiche immer wieder denken.

Oft stellt sich die Frage, wie viel Material man sichten soll, bis man schreiben darf. In der Praxis trifft man sowohl Personen, die zu früh anfangen zu schreiben und dabei mit ihrem ungenügenden Wissen zu kämpfen haben, als auch solche, die unendlich lange lesen und sich nicht ans Schreiben trauen. Nicht ganz einfach ist es, den richtigen Zeitpunkt zu finden. Nützlich ist es, einen fließenden Übergang zu suchen. Es empfiehlt sich, zu einzelnen Problempunkten oder gedanklichen Einheiten, die man bearbeitet hat, schon probeweise einzelne Kapitel zu schreiben (oder ausführliche Karteikarten). Nicht empfehlenswert ist es, alles Material zu lesen und dann die ganze Arbeit niederzuschreiben. Das überfordert in der Regel das Gedächtnis, und man muss früher Erarbeitetes wiederholt lesen. Es könnte also günstig sein, sich erst einen Gesamtüberblick über das Thema zu verschaffen, bis man eine zufrieden stellende Gliederung gefunden hat, und dann mit der Ausarbeitung (und das schließt auch die Lektüre der spezielleren Literatur ein) zu beginnen.

Es ist nicht nötig, alles zu verstehen, ehe man zu schreiben beginnt. Im Gegenteil: Vieles versteht man nicht, solange man nicht versucht hat, es zu schreiben. Und vieles glaubt man verstanden zu haben, bis man versucht hat, es zu schreiben.

Vorsicht bei zu langer Materialsuche! Wer Angst vor dem Schreiben hat, flüchtet oft in ausgedehntes »Sammeln und Jagen« von Literatur und Material, um nicht schreiben zu müssen. Man kann dann an einen Punkt kommen, an dem man so viele unaufgeschriebene Gedanken im Kopf hat, dass man keine Hoffnung mehr sieht, sie aufs Papier zu bekommen. Eine gute Karteikarten-Technik kann vor diesem Problem bewahren. Viele Studierende lesen zwar gerne Literatur, scheuen aber die Arbeit, die es macht, Zusammenhänge zu durchdenken, Gliederungen zu entwerfen, einen Plan für die ganze Arbeit zu entwerfen. Gerade für sie ist es aber besonders wichtig, frühzeitig Skizzen für die Struktur des ganzen Themas zu entwerfen und einzelne Passagen dazu zu schreiben. (Es gibt auch Studierende, die genau die gegenteilige Vorliebe haben. Sie entwerfen ein Strukturschema nach dem anderen, scheuen aber davor zurück, gründlich zu lesen. Für sie gilt das Umgekehrte: Länger und gründlicher exzerpieren und erst dann zu schreiben beginnen.)

Was man mit dem gelesenen Material macht, hängt von der Fragestellung ab. Bei diesem Arbeitsschritt zeigt sich, ob Sie genau vorausgedacht haben, was Sie eigentlich mit dem Gelesenen zu tun gedenken. Möglich ist z.B.:

- *Stand der Forschung:* Mit dem systematisch recherchierten und exzerpierten Lesematerial sind Sie in der Lage, einen vollständigeren Bericht über den Stand der Forschung zu geben.

- *Verständnis des Gegenstands bzw. der Theorien:* Das systematische Lesen ist oft Grundlage für ein tieferes Verständnis des Gegenstands. Wenn Sie eine argumentative, interpretative oder analytische Struktur verfolgen, kann es nötig sein, Tiefenstrukturen aufzudecken, ehe Sie eine Struktur für die Darstellung finden.
- *Rahmen abstecken:* Auf jeden Fall brauchen Sie die Literaturzusammenfassung, um den Rahmen Ihrer Arbeit abzustecken. Gleichgültig, ob Ihre Arbeit empirisch, analytisch oder interpretativ ist: Die Begründung erfolgt aus der vorhandenen Literatur.
- *Diskurs markieren:* Dadurch wird es auch möglich, Ihren eigenen wissenschaftlichen Beitrag in einem vorhandenen Diskurs einzuordnen.
- *Kompilieren:* In Schreibprojekten, die weitgehend auf Lesen beruhen, enthalten die exzerpierten Schriften das Rohmaterial, aus dem Sie Ihren Text aufbauen.
- *Interpretieren:* Interpretierendes Lesen erschließt langsam den Sinn einzelner Textpassagen unter Hinzuziehung weiterer Textpassagen und Sekundärliteratur.

Strukturen finden

Ordnen

Mit »Strukturieren des Materials« ist eine nicht ganz einfach zu erklärende Gruppe gedanklicher Handlungen und Operationen angesprochen: die Transformation des erarbeiteten Materials, der empirischen Ergebnisse und theoretischen Erwägungen in neue Ordnungssysteme.

Strukturieren des Materials heißt zunächst, Ordnungen zu finden. Je nachdem, welche Art von Projekt Sie verfolgen, müssen Sie Ordnungen in Argumenten, in gelesenem Material, in empirischen Daten, in den Auswertungen Ihrer Quellen, in Ihrer eigenen Erfahrung oder in den Erfahrungen mit einer praktischen Anwendung finden. Das Gemeinsame an dem Vorgang des Ordnens liegt darin, dass Sie es immer mit einer größeren Zahl von Elementen zu tun haben, die ungenügend miteinander verbunden sind. Ordnen heißt, Beziehungen zwischen den Elementen herzustellen: Logische, argumentative, begriffliche, empirische, handlungsbezogene.

Wenn Sie Ordnung schaffen wollen, müssen Sie zunächst alle Elemente, die in Ihren Darstellungs- oder Erklärungszusammenhang gehören, explizieren. Machen Sie also eine Liste, die alle relevanten Elemente oder Begriffe enthält.

Ein zweiter Schritt liegt darin, Beziehungen zwischen den Elementen herzustellen. Dazu bietet sich die *Mind-Map*-Methode an (vgl. Abb. 2 auf S. 98). Dabei wird ein Netz von Beziehungen zwischen den Elementen grafisch dargestellt. Formulieren Sie zunächst das Zentrum Ihres Ansatzes, das, was Sie erklären oder strukturieren wollen. Arrangieren Sie dann die Elemente um diesen Kern herum. Verbinden Sie die Elemente mit Linien, die die jeweiligen Beziehungen zwischen Ihnen markieren. Ein solches Schema ist vorteilhaft, weil Sie für jedes Element einen Platz finden können. So können Sie viele Details in einen strukturellen Zusammenhang integrieren. Eine *Mind Map* ist eine günstige Grundlage für eine Gliederung, da in ihr über- und untergeordnete Gesichtspunkte bereits hierarchisch geordnet sind. Fühlen Sie sich aber auch frei, andere Arten der grafischen Repräsentation Ihrer Arbeit zu verwenden.

Nehmen Sie sich viel Zeit für eine *Mind Map*. Verwenden Sie einen großen Bogen Papier dazu, den Sie an die Wand hängen, und tragen Sie alle neuen Elemente, die Sie finden, ein. So kann Ihre *Mind Map* wachsen. Je mehr Sie lesen, desto differenzierter wird es. Wenn Sie mehrere neue Elemente gefunden haben, die Sie nicht integrieren können, kann es an der Zeit sein, Ihre *Mind Map* umzustrukturieren. Sie können die einzelnen Linien und Elemente mit Farben ausschmücken und mit Symbolen versehen. Seien Sie kreativ im Umgang mit *Mind Maps*.

Klären und Sinn herstellen

Strukturen herzustellen ist nötig, um ein Verständnis des Themas zu erreichen. Das ist aber in der Regel noch nicht genug für die Strukturierung der Arbeit, denn die Sachlogik muss mit der Fragestellung verbunden, auf Adressaten bezogen und mit einer passenden Rhetorik versehen werden. Manche Beziehungen und abstrakte Sinnfragen erschließen sich besser, wenn man erzählend das Thema wiedergibt. Einige Möglichkeiten dazu sind nachfolgend dargestellt:

- *Einem Kind erklären:* Erklären Sie den Sinn und den Inhalt Ihrer Arbeit einem zehnjährigen Kind. Stellen Sie sich am besten ein Kind vor, das Sie kennen, und verwenden Sie dessen Sprache und Abstraktionsvermögen. So werden Sie gezwungen, den Sinn Ihrer Arbeit auf seinen einfachsten Nenner zu bringen.
- *Marsmenschen:* Beschreiben Sie Ihre Arbeit für Lebewesen, die gar keine Ahnung von unserer Welt haben. So werden Sie gezwungen, alle stillen Voraussetzungen Ihrer Arbeit zu explizieren.
- *Ein Leser berichtet:* Stellen Sie sich vor, Sie hätten gerade als unbeteiligter Leser Ihre Arbeit gelesen. Was würden Sie darüber denken? Würden Sie sie verstehen, nützlich finden, genießen, kritisieren? So werden Sie gezwungen, die Position der Adressaten einzunehmen.
- *Gelehrter aus dem Himmel:* Stellen Sie sich eine wichtige Persönlichkeit Ihres Faches vor, die nicht mehr lebt, aber eine positive Autorität besitzt. Lassen Sie diese Person gütig aus dem Himmel auf Ihre Bemühungen herabschauen. Was würde sie Ihnen schreiben? So werden Sie gezwungen, Ihre selbstkritischen Einwände darzustellen.
- *Zehn Jahre später:* Stellen Sie sich vor, Sie haben Ihre Arbeit vor zehn Jahren abgeschlossen und nehmen sie jetzt noch einmal zur Hand. Schreiben Sie auf, was Sie nach zehn Jahren darüber denken, was wichtig, was überflüssig war, worin die wichtigsten Erkenntnisse lagen usw. So werden Sie gezwungen, Ihre kritischen Einwände zu relativieren.

- *Der böseste Feind:* Schreiben Sie eine Kritik aus der Rolle eines Menschen, der Ihrer Arbeit kritisch bis feindlich gegenübersteht. Lassen Sie diese Person so gehässig sein, wie es nur geht. So werden Sie gezwungen, Ihren »inneren Kritiker« zu Wort kommen zu lassen.
- *Zusammenfassung:* Schreiben Sie immer wieder Zusammenfassungen Ihrer Arbeit, in denen das Wesentliche enthalten ist. So werden Sie gezwungen, zum Kern Ihrer Arbeit zurückzukommen.
- *Klappentext:* Stellen Sie sich vor, Ihre Arbeit wird als Buch erscheinen. Schreiben Sie den Klappentext, der in ca. 20 Zeilen zum Kauf des Buches motivieren soll. So werden Sie gezwungen, den positiven Kern Ihrer Arbeit herauszustellen.

Differenzieren

Ein wichtiges Resultat von Lesearbeit besteht darin, dass man neue Apekte seines Themas findet, die unterschieden werden müssen.

Erinnern Sie sich daran, welche Differenzierungen bereits angesprochen worden sind: Ihr Gegenstand kann anthropologische, individuelle, soziale, psychologische, historische, soziologische, juristische, politische, linguistische, subjektive, methodische, erkenntnistheoretische, ideologische, metatheoretische, inhaltliche, formale, funktionale, systematische, kausale, strukturelle, intentionale, entwicklungsbezogene, genealogische, evolutionäre, moralische, dynamische, ökonomische, kognitive, emotionale, organisatorische, makro- oder mikrostrukturelle Seiten haben. Auf jeder dieser Ebenen gelten andere Wahrheiten, und auf jeder gibt es andere Zusammenhänge. Welche sind für die Behandlung Ihres Themas wichtig? Prüfen Sie zudem folgende weitere Differenzierungen:

- *Zeitliche Differenzierungen:* Gilt Ihre Aussage (Behauptung, Hypothese) für alle Zeiten? Grenzen Sie die Zeit ein! Wie könnte sie sich in der Zukunft verändern?

- *Geografische Differenzierungen:* Gilt Ihre Aussage für alle Orte? Wo könnten andere Aussagen gelten?
- *Soziale Differenzierungen:* Gilt Ihre Aussage in allen Gesellschaftsformen und sozialen Schichten?
- *Ökologische Differenzierungen:* Gilt Ihre Aussage in allen Umwelten und ökologischen Systemen?
- *Pragmatische Differenzierungen:* Gilt Ihre Aussage in allen Handlungszusammenhängen? Ist eine methodische Regel immer gleich wirksam? Wo wirkt sie nicht und warum?
- *Moralische Differenzierungen:* Gilt Ihre Aussage auch unter anderen moralischen Voraussetzungen? Wie könnte eine Kultur aussehen, in der sie nicht gilt?

Differenzierungen können Sie unterschiedlich verwenden. Sie können dazu dienen, Ihr Thema weiter einzugrenzen, indem Sie Ebenen aus der Behandlung ausschließen oder zumindest Schwerpunkte setzen. Sie können Differenzierungen auch dazu verwenden, Ihr Thema zu gliedern. Weiterhin können Sie durch Differenzierungen Ihre Fragestellungen modifizieren oder Lösungen für Widersprüche finden.

Gliedern

Strukturieren des Materials heißt auch, für die Gesamtdarstellung eine Form zu finden, in der alle Gesichtspunkte, die man erarbeitet hat, unterzubringen sind. Diese Form ergibt sich nicht auf einmal. Es sind in der Regel mehrere Versuche nötig, bis man eine optimale Struktur gefunden hat. Manchmal ist dies auch der richtige Zeitpunkt, um mit dem Schreiben zu beginnen.

Jede Arbeit ist mehrfach gegliedert. Sie benötigt eine Gesamtgliederung. Innerhalb dieser sind die einzelnen Kapitel nochmals gegliedert, unabhängig davon, ob diese Gliederungsgesichtspunkte auch als Überschriften markiert sind oder nicht. Gliederungsgesichtspunkte können folgende sein:

- *Chronologische Gliederung:* Eine naheliegende Gliederungsform, die nicht nur bei historischen Arbeiten nützlich ist, ist die Strukturierung des Materials nach einer zeitlichen Abfolge. Eine entwicklungspsychologische Arbeit beispielsweise kann sehr gut danach gruppiert werden, in welchen Altersstufen die beschriebenen Phänomene auftreten.
- *Vom Allgemeinen zum Besonderen:* Das wissenschaftliche Denken folgt oft unwillkürlich dem Weg vom Allgemeinen zum Besonderen. So könnte eine Arbeit über die Trotzreaktion beispielsweise mit dem Thema »Emotion« beginnen, dann mit »emotionale Entwicklung« fortfahren, schließlich über »Ärgerentwicklung« zum eigentlichen Thema »Trotzreaktion« kommen. Diese Gliederungsform ist sehr aufwändig und erfordert in den allgemeineren Teilen relativ globale Aussagen. Wer wissenschaftlich schreiben will, sollte sich angewöhnen, sofort und ohne große Umschweife zum eigentlichen Thema zu kommen. Zu allgemeine Aussagen sind selten originell, erfordern unverhältnismäßig viel Leseaufwand und wirken im Endeffekt oft eher wie eine Karikatur von Wissenschaft.
- *Diskursive Gliederungsstruktur:* Eine solche Gliederung orientiert sich an dem Gang oder der Struktur eines Diskurses. Manchmal folgen solche Gliederungen den wichtigsten Veröffentlichungen, die es z.B. innerhalb einer Debatte gegeben hat. Andere folgen eher den Argumenten, also der Auseinandersetzungslogik um einen Sachverhalt und richten die Gliederung danach aus, welches Argument die Diskussion in welcher Weise beeinflusst hat.
- *Reihung als Gliederung:* Manchmal kann eine Gliederung nur in der Aufreihung gleichwertiger Gesichtspunkte oder Sachverhalte bestehen. Dies könnte z.B. bei Beschreibungen oder bei Vergleichen nützlich sein.
- *Standardgliederungen:* Für empirische Arbeiten, insbesondere bei Zeitschriftenveröffentlichungen, gibt es Standardgliederungen (z.B. Stand der Forschung, Fragestellung, Hypothesen, Methode, Ergebnisse, Diskussion, Zusammenfassung).

- *Hierarchische Gliederung:* Es gibt eine eindeutige Gewichtung in den dargestellten Objekten oder Ereignissen. In einer historischen Arbeit beispielsweise kann ein Ereignis, mit dem man sich befassen möchte, verschiedene Vorläufer von unterschiedlicher Bedeutung haben, die zunächst dargestellt werden, ehe man sich mit dem zentralen Thema befasst. In ähnlicher Weise kann es zur Lösung eines Problems verschiedene »Subprobleme« oder verschiedene Gesichtspunkte geben, für die zunächst Lösungen gefunden werden müssen, ehe das eigentlich interessierende Problem behandelt werden kann.
- *Anekdotische Gliederung:* Sie erscheint als unsystematische Gliederung, die an der Oberfläche allein durch illustrative Geschichten oder Zitate strukturiert ist. Tatsächlich aber ist die Struktur oft hinter den »Anekdoten« nur versteckt. Anekdotische Gliederungen orientieren sich an der Lesbarkeit des Materials und einer genauen Dosierung der Information für ein Publikum.
- *Didaktische Gliederung:* Texte können auch danach gegliedert werden, wie sie für die Leser am besten verständlich und nachvollziehbar sein können. Diese Gliederung schließt also Überlegungen darüber ein, wie das darzustellende Material am systematischsten dargestellt werden kann, wie elementarere Voraussetzungen vor komplexere Zusammenhänge gestellt werden müssen usw.

Eine Gliederung sollte eine zentrale Idee haben, die mit dem Thema in innerer Beziehung steht. Die einzelnen Punkte der Gliederung sollten gut voneinander abgegrenzt und gleichzeitig durch die Gliederung verbunden sein. Die Gliederung soll zugleich roter Faden für die Arbeit sein, indem sie das Thema der Kapitel vorgibt.

Design entwerfen

Eine dynamische Art der Strukturierung eines Textes schlägt Murray (1990) vor. Er weist mit dem Begriff »Design« auf die ästhetische Dimension des Konstruierens und Gestaltens eines Textes hin: auf dessen gesamtheitliche, integrale Struktur, die in sich stimmig sein und ihre innere Dynamik den LeserInnen offenbaren muss. Sicherlich ist das Finden eines guten Designs eine Aufgabe für fortgeschrittene SchreiberInnen. Probieren Sie dennoch die Hinweise aus.

- *Mauern.* Ein Design schließt ein und schließt aus, es begrenzt den Gegenstand; schafft eine neue Einheit, indem es Dinge zusammenbringt, die zusammengehören, und Dinge, die nicht dazugehören, ausschließt, egal wie interessant sie sein mögen.
- *Der Punkt.* Er betont, setzt eine fokale Pointe, zielt auf etwas Bestimmtes ab. Jedes effektive Design hat einen zentralen Punkt, um den herum es organisiert ist.
- *Energie.* Jede Gliederung braucht einen Fluss von Ideen, sonst ist sie flach und statisch. Die Gliederung muss den Verstand und das Auge durch eine Reihe von Aktionen führen. Ein gutes Design stimuliert den Schreiber zum Denken. Es ist nicht einfach eine Reflexion dessen, was gedacht worden ist, sondern ein Katalysator für weiteres Denken.
- *Beziehungen.* Es ist Aufgabe des Designers, Fakten, Details, Ideen, Zitate, Gesichter, Ereignisse, Theorien, Prinzipien, Beobachtungen, Reflexionen – alle Elemente der gedanklichen Welt, die konstruiert werden soll – in Beziehung zueinander zu setzen und ihnen durch die Beziehungen Bedeutung zu geben.
- *Lösung.* Ein effektives Design hat einen Aspekt von Vollständigkeit; nicht durch die endgültige Lösung eines Problems, eher durch den Abschluss eines Gedankengangs oder der skizzierten Linie; Lösung kann eine Idee, ein Ausblick, eine Pointe, eine vertraute Einsicht, ein neuer Gedanke usw. sein. Die Lösung befriedigt ein Bedürfnis nach Ordnung, das Leser und Schreiber teilen.

Erstellen der Rohfassung

Sprache gestalten

Mit dem Schreiben der Rohfassung geht die eigentliche Formulierungsarbeit los. Sie sind zu dem Punkt gelangt, an dem Sie das Wichtigste gelesen, ein Verständnis Ihres Gegenstands erreicht und eine Gliederung als Ausgangspunkt gefunden haben. Nun können Sie damit beginnen, einen kohärenten Text zu formulieren.

Auch wenn Sie bereits einiges geschrieben haben und auch wenn Sie noch nicht alles gelesen und durchgearbeitet haben, ist der Punkt, an dem Sie den Schwerpunkt Ihrer Arbeit auf das Schreiben legen, ein wichtiger Einschnitt. Sie gehen jetzt von einer rezipierenden und analysierenden Arbeit zu einer kreativen über. Sie müssen jetzt Sprache und Sinn *gestalten*. Dabei werden ganz andere Fähigkeiten verlangt und treten andere Schwierigkeiten auf, als wenn Sie Material *nachvollziehen*.

Schreiben ist ein kreativer Akt. Sie produzieren Sprache und Sinn. Dabei ist es, wie bei allen kreativen Handlungen, hinderlich, sich zu sehr mit der Frage nach richtig oder falsch zu beschäftigen. Es gibt beim Formulieren nicht die eine richtige oder falsche Lösung. Ihnen stehen grundsätzlich mehrere Darstellungs- und Formulierungsmöglichkeiten offen. Unter ihnen mag es elegantere und weniger elegante geben. Das jedoch ist für einen wissenschaftlichen Text zweitrangig, denn er erfüllt seinen Zweck dadurch, dass er bestimmte Bedeutungen transportiert, nicht durch seine stilistische Form.

Für Sie sind beim Schreiben der Rohfassung die grundlegenden Ideen Ihres Themas von Bedeutung. Deshalb ist es zunächst wichtig, sich von sprachlichen Ansprüchen zu entlasten. Verwenden Sie eine funktionale, eher rohe Sprache, um zunächst einmal die wesentlichen Aussagen der Darstellung aufs Papier zu bekommen. Eine kritische Beurteilung und Überarbeitung erfolgt in den beiden nächsten Arbeitsschritten, wenn Sie Ihren Rohtext edieren und korrigieren.

Schreiben und denken

Schreiben ist auch ein Erkenntnisprozess. Das Verbalisieren von Gedanken führt oft zu neuen Erkenntnissen und Einsichten. Zwei entgegengesetzte Probleme kann es damit geben.

Viele Schreiberinnen und Schreiber denken und strukturieren erst beim Schreiben richtig. Sie lassen sich von ihren Formulierungen durch ein darzustellendes Themengebiet tragen. Das kann sehr produktiv sein, allerdings nur für Schreibgeübte, die die Erfahrung gemacht haben, dass sie mit dieser Methode Erfolg haben. Für beginnende WissenschaftlerInnen ist es unabdingbar, bereits vor dem Schreiben eine Vorstellung davon zu haben, welchen Zusammenhang sie darstellen wollen, und nicht erst beim Formulieren zu denken. Wenn man nach der Methode arbeitet, dass man sich von Formulierung zu Formulierung durch einen Text zieht, dann gerät man oft an eine Formulierung, die einen Endpunkt darstellt, die keine Brücke mehr zum nächsten Gedanken erlaubt. Es ist erfahrungsgemäß schwer, aus solchen Sackgassen wieder herauszukommen. Typisch für diese Methode ist, dass man nach etwa anderthalb Seiten nicht weiterkommt. Man hat sich »verfahren«. Hat man vorher geplant, was das Kapitel beinhalten soll, kann man beim nächsten logischen Gedanken wieder ansetzen. Hat man diese Planung nicht, weiß man nicht weiter.

Es gibt auch das gegenteilige Problem. Es gibt SchreiberInnen, die alles durchdenken und dann erst schreiben wollen. Auch diese Strategie führt zu Schwierigkeiten. Viele wissenschaftliche Themen kann man erst dann lösen, wenn man alle Aspekte explizit formuliert hat. Das Denken ist dafür insofern nicht genügend vorbereitet, als es immer nur kleine Ausschnitte fokussieren kann. Systematisch denken kann man nur, wenn man schreibt, also die Ergebnisse seines Denkens festhält und mit weiteren Aspekten in Beziehung setzt.

Tiefe erhält wissenschaftliche Arbeit oft einfach dadurch, dass man die eigenen Texte liest, kommentiert, miteinander in Beziehung setzt und weiter zusammenfasst. Nichts regt mehr zum Überlegen an, als eigene Texte zu lesen. Im Durcharbeiten eigener Texte liegt die Chance, über das eigene Denken hinauszukommen.

Nutzen Sie also das Lesen Ihrer eigenen Texte dazu, neue Ideen zu bekommen. Wenn Sie zu selbstkritisch lesen und Ihnen Ihre eigenen Texte deshalb nicht gefallen, versuchen Sie doch einfach, Ihre Bewertung umzudrehen: Anstatt unglücklich über ein scheinbar ungenügendes Sprachprodukt zu sein, seien Sie glücklich über die weiterführenden, kritischen und anregenden Gedanken, die Sie beim Lesen haben. Notieren Sie sie, schreiben Sie gleich einige neue Absätze dazu, und machen Sie sich Notizen über die Überarbeitung des Textes.

Beim Schreiben ist es wichtig, den Strom Ihrer Gedanken zu sortieren und zu erfassen. Oft sind die Gedanken schneller als die Fähigkeit zu formulieren. Dann sollten Sie mit der Cluster-Methode arbeiten (siehe S. 32-35). Cluster helfen, das festzuhalten, was man im Kopf hat, sodass keine Gedanken verloren gehen.

Vieles hängt in dieser Phase davon ab, wie gut die Vorarbeiten waren. Hat man z.B. ausführliche Exzerpte gemacht, die auch die eigene Position oder Bewertung des Gelesenen umfassen, so hat man bereits einen guten Grundstock für eine Zusammenfassung. Hat man alles Material, das zu bearbeiten ist, bereits schriftlich kommentiert oder eingeordnet, dann sind in der Rohfassung eigentlich nur noch die verbindenden Kommentare zu schreiben. Hier rächt es sich allerdings, wenn man vorher schreibfaul war. Alles, was man vorher nur gedacht, aber nicht geschrieben hat, muss jetzt noch einmal bearbeitet werden. Alles, was nicht richtig exzerpiert wurde, muss jetzt noch einmal gelesen werden. Jedes Zitat und jede Literaturangabe, die nicht richtig bibliografisch erfasst worden ist, muss man jetzt noch einmal suchen, was enorm zeitaufwändig sein kann.

Sich frei schreiben

Der Beginn der Schreibphase ist ein kritischer Moment. Sie müssen in dieser Zeit sehr nachsichtig mit sich umgehen, denn sie verlangt eine große Umstellung von Ihrem Verstand. Er soll vom Nachvollziehen zum Konstruieren, vom Analysieren zum Gestalten übergehen. Es ist so, als würden Sie vom Auftrennen alter Wolle zum Stricken übergehen. Oder als hätten Sie die guten Restaurants Ihrer Stadt ausprobiert und müssten nun selber zu kochen beginnen. Während Sie Ihrem Verstand vorher freie Bahn gelassen haben, andere zu kritisieren, müssen Sie ihm jetzt Zügel anlegen, damit er Ihre eigenen Texte nicht ebenso heftig kritisiert. Denn Ihre ersten schriftlichen Versuche sind hölzern, ungelenk und gehen oft an dem, was Sie sagen wollen, vorbei.

Geben Sie sich zwei bis drei Wochen Zeit, um sich freizuschreiben. Schalten Sie die kritische Instanz in Ihnen in dieser Zeit aus. Wenn Sie dazu nicht bereit ist, versuchen Sie, mit ihr zu handeln. Schreiben Sie die Texte, die Ihnen nicht gefallen, in dieser Schonzeit nicht gleich wieder um. Sehen Sie erst, wie weit Sie kommen. Verwenden Sie die Anfangstexte zur Übung. Allerdings können Sie, wenn Sie 20 oder 30 Seiten geschrieben haben, diese einmal versuchsweise sprachlich überarbeiten (vgl. dazu S. 242-244). Lassen Sie diese Texte von Freunden, die Sie schätzen, durchlesen und überlegen Sie mit ihnen, wie Sie Ihren Stil *vereinfachen* können.

In den Kursen zum wissenschaftlichen Schreiben, die ich durchführe, taucht als Grund dafür, dass Studierende zu komplizierten Formulierungen greifen, oft das Gefühl auf, dass das, was sie selbst wissen oder sagen können, nicht von Bedeutung sein kann. Sie trauen Ihrem eigenen Denken nicht die Qualität »wissenschaftlich« zu. Sie leiden an einer Abwertung ihres eigenen Denkens. Da sie aber etwas Wissenschaftliches produzieren müssen, quetschen sie ihre Gedanken in ein Bett von gewichtig klingenden wissenschaftlichen Begriffen hinein. Das ergibt zwar mehr Schaum, aber kaum mehr Substanz. Abhilfe kann darin bestehen, sich ein freundliches Publikum vorzustellen und ihm den Text zu erzählen. Auf diese Weise sollten Sie den größten Teil des Textes schreiben und ihn dann wissenschaftlich redigieren. Suchen Sie aber auch Hilfe bei Freunden und üben Sie mit ihnen alternative Formulierungsmöglichkeiten.

Sich schreibend mit einem Thema auseinander zu setzen erfordert immer wieder Mut: den Mut, Behauptungen aufzustellen, den Mut, fremde Forschungsarbeiten zusammenzufassen und sie gegebenenfalls zu kritisieren, den Mut, nach eigenem Gutdünken zu gewichten, zu pointieren und wegzulassen.

Wenn Sie sich schreibend mit einem Thema auseinander setzen, stehen Sie mitunter in einer engen, fast intimen Beziehung zu den AutorInnen, auf deren Arbeiten Sie sich beziehen. Jedoch fehlt die direkte Kommunikation. Sie haben keine Möglichkeit zurückzufragen, sich zu vergewissern oder abzusichern. Die Auseinandersetzung mit solchen stummen Partnern hat zwei Pole: einen der Ohnmacht und einen der Macht. Ohnmächtig sind Sie, weil das gedruckte Wort eine Autorität ausstrahlt, der Sie sich beugen müssen. Sie sind verpflichtet, ihm gerecht zu werden. Macht haben Sie, weil Sie große Freiheiten im Umgang mit den Texten anderer AutorInnen haben: Sie können zustimmen, kritisieren oder weglassen. Fremde Meinungen sind Ihnen ausgeliefert. Es ist nicht immer ganz einfach, einen Weg zwischen beiden Polen zu finden, gleichzeitig also Respekt vor anderen Meinungen zu haben, ohne sich von ihnen einschüchtern zu lassen.

Wissenschaftlicher Apparat

Ein weiteres Problem liegt darin, dass beim Schreiben wissenschaftlicher Texte viele Zitate, Verweise und Literaturangaben anfallen. Das Einarbeiten der Literatur ist eine Aufgabe, die für die Schreibproduktion sehr hinderlich sein kann.

Versuchen Sie, Ihre Texte zunächst ohne wissenschaftlichen Apparat zu schreiben. Orientieren Sie sich zunächst an dem Kern der Aussagen, die zu treffen sind. Fügen Sie erst in einem zweiten Schritt die Belege, Zitate usw. dazu. Wenn Sie mit einem PC arbeiten, ist das technisch kein Problem. Wenn Sie mit der Hand oder der Schreibmaschine arbeiten, empfiehlt sich folgende Methode dazu: Falten Sie ein DIN-A4-Blatt in vertikaler Richtung. Es entstehen zwei lange Spalten. Schreiben Sie den Text, der Ihnen in den Sinn kommt, zügig in die rechte Spalte. Wenn die Gedanken zu schnell kommen, schreiben Sie Stichworte, lassen Sie aber dabei so viel Platz, dass Sie sie später ausformulieren können. In einem zweiten Schritt notieren Sie auf der linken Seite die Literatur, die einzuarbeiten ist, fügen Sie Zitate hinzu, korrigieren Sie Ihre schnell geschriebenen Sätze oder Stichworte. In einem dritten Schritt integrieren Sie dann die beiden Spalten und machen daraus einen neuen Text.

Linguistische Konventionen

Das Schreiben als Akt des Erkennens zu nutzen, funktioniert nur dann, wenn man eine Sprachstruktur verwendet, die dem eigenen Denken angemessen ist. Nimmt man eine fremde Struktur, etwa die Darstellungsform des Wissenschaftsbereichs, mit dem man sich beschäftigt, dann zwingt man die eigenen Gedanken in etwas Fremdes hinein. Ist die Sprachstruktur zu kompliziert (etwa, wenn man die Sprache der Frankfurter Schule oder der Psychoanalyse kopieren will), dann entsteht gewissermaßen eine Feindschaft zwischen dem eigenen Denken und der benutzten Sprache. Formulieren wird zum Kampf, und jeder Zentimeter Text muss der Sprache abgerungen werden. Will man ein freundschaftliches Verhältnis zwischen beiden haben, muss man eine einfache grammatikalische und terminologische Struktur wählen. Das klingt zwar nicht so wissenschaftlich, ist aber für die LeserInnen wesentlich ansprechender und verständlicher. Es wird in der Regel von ihnen mehr geschätzt als die vermeintlich wissenschaftlich anspruchsvollere Sprache.

Seien Sie aber nicht unglücklich, wenn Ihre Lektüre auf Ihren Sprachstil etwas abfärbt. Das ist fast unvermeidlich. Erst wenn Sie sehr souverän mit Sprache umgehen können, finden Sie einen sicheren eigenen Stil.

Es ist in einigen sozialwissenschaftlichen Disziplinen außerordentlich schwer, sich von dem Zwang zu befreien, den entsprechenden linguistischen Konventionen zu folgen. Denn wissenschaftliche Sprachformen sind so angelegt, dass sie Wissenschaftlichkeit *suggerieren*. Umgekehrt erscheinen einfach geschriebene Texte als unwissenschaftlich. Das ist der gleiche Effekt wie beim Tragen von Kleidung, die gerade nicht modern ist: Unsere Ästhetik reagiert auf Unmodernes mit naserümpfender Verachtung, ohne dass wir uns der Ursache dessen klar bewusst sind.

Rhetorik des Textes

Es ist nützlich, bei der Rohfassung bereits daran zu denken, dass Texte für Adressaten geschrieben werden. Egal, welche Adressaten Sie vor Augen haben und gleichgültig, welche weiteren Zwecke Sie mit Ihrer Arbeit verfolgen, gelten folgende Regeln für den Adressatenbezug:

- *Adressaten sind weniger gut informiert als Sie:* Seien Sie also explizit, machen Sie nicht stillschweigende Voraussetzungen. Wissenschaft ist so differenziert und engmaschig geworden, dass die Wahrscheinlichkeit sehr gering ist, dass Ihre LeserInnen sich gerade mit Ihrem Thema auskennen.
- *Adressaten haben wenig Zeit:* Sie wollen knapp informiert werden; sie wollen Lesehilfen haben, damit sie das im Text finden können, was ihnen wichtig ist. Lassen Sie alles weg, was nicht zum Thema beiträgt.
- *Adressaten sind wohlwollend:* Allein dadurch, dass eine Person Ihre Schrift in die Hand nimmt, signalisiert sie Interesse. Sie gibt Ihrer Schrift eine Chance. Es ist an Ihnen, diese Chance zu nutzen!
- *Adressaten wollen interessiert werden:* Wuchern Sie mit Ihren Pfunden! Sagen Sie, was Sie zu bieten haben. Sie haben viel Konkurrenz. Stellen Sie das Besondere, das Eigene oder Einmalige Ihrer Arbeit ohne Scheu heraus! Sie dürfen selbstbewusst sein.
- *Adressaten gehen von ihrem Vorwissen aus:* Es ist für die Rhetorik eines Textes immer gut, sich auf die Voraussetzungen zu beziehen, die kompetente LeserInnen mitbringen.

Das ist in der Regel das »durchschnittliche« Fachwissen, das man erwarten kann.
- *Adressaten schätzen eine klare Sprache:* LeserInnen wollen sich nicht durch sprachliche Ungetüme durcharbeiten müssen.
- *Adressaten wollen wissen, was Sie aussagen wollen:* Leserinnen und Leser schätzen den direkten Kontakt mit Ihnen. Sie wollen die Autorin oder den Autor beim Lesen gegenwärtig haben. Kennzeichnen Sie Ihren Text als eine persönliche Äußerung und verstecken Sie sich nicht hinter unpersönlichen Formulierungen. Sagen Sie, was Sie getan, gedacht, erkannt, erlebt, geschrieben haben. Sagen Sie, was Sie darstellen und mit dem Text erreichen wollen.
- *Adressaten schätzen Transparenz:* LeserInnen wollen wissen, worum es geht, und mögen kein Versteckspiel. Sie wollen wissen, was sie erwartet, und schätzen einen roten Faden, an dem die Gedanken nachvollziehbar aufgereiht sind.
- *Adressaten wollen nicht beeindruckt werden:* Natürlich lassen sich LeserInnen von guten Darstellungen beeindrucken. Aber sie schätzen es gar nicht, wenn sie spüren, dass jemand gewollt zu beeindrucken versucht. Bauschen Sie also Ihr Thema nicht auf, das schlägt eher nachteilig zu Buche.

Fokussieren

Einen Fokus zu bilden heißt, das Objekt, die Idee, den Prozess, das Verhältnis, auf das Sie Ihre Aufmerksamkeit richten wollen, *positiv* zu bestimmen. Versuchen Sie einmal, einen Text als Abfolge von Bildern zu verstehen, die Sie den LeserInnen vor Augen führen wollen. Ähnlich wie im Film gibt es dabei eine breite Palette von Einstellungen, die von Nahaufnahmen bis Weitwinkelaufnahmen reichen. Die Nahaufnahmen zeigen ein konkretes Objekt, ein Detail, einen Ausschnitt, während die Weitwinkelaufnahme einen Überblick, eine Gruppe von Objekten oder die Kontur eines größeren Objektes zeigt. Mit konkreten Aussagen können Sie in Ihren Texten eine »Nahaufnahme« herstellen. Mit abstrakten Begriffen erfassen Sie immer eine Gruppe von Objekten. Günstig ist es, zwischen verschiedenen »Kameraeinstellungen« zu wechseln, um sowohl das Detail als auch das Umfeld zu zeigen.

Versuchen Sie also, eine Art Drehbuch für Ihr Thema zu entwerfen. Versuchen Sie, sich in die LeserInnen bzw. BetrachterInnen hineinzuversetzen. Markieren Sie vor allem das Detail, das Sie zeigen wollen. Zeigen Sie es von verschiedenen Seiten, aus verschiedenen Perspektiven, in unterschiedlichen Aktionen, in seinen Beziehungen zu anderen Elementen usw. Aber lassen Sie Ihre wissenschaftliche Kamera nicht objektlos über Ihr Themengebiet schweifen. Verwenden Sie weite Einstellungen *ausschließlich* dazu, Ihren Gegenstand verständlich zu machen.

Sie sind für die Blickführung der LeserInnen verantwortlich. Sorgen Sie dafür,

- dass Sie einen klaren Szenenaufbau haben: Zeigen Sie das Umfeld, in dem Ihr Objekt agiert,
- dass Sie das Objekt Ihrer Wahl gut einführen, sodass es den Leser/BetrachterInnen vertaut wird,
- dass nicht mehrere Hauptdarsteller in Ihrem Film agieren,
- dass klare Rollenverteilungen herrschen,
- dass Ihre Kameraführung nicht zu starr ist,
- dass Sie die richtige Nähe zum Gegenstand finden,
- dass keine überflüssigen Einstellungen im Film bleiben, und seien sie auch noch so gut gelungen,
- dass Ihr Film einen Höhepunkt und ein Happy End hat.

Natürlich ist das Bild des Drehbuchs besser für unterhaltende als für wissenschaftliche Texte geeignet. Ich möchte Ihnen nicht nahe bringen, wissenschaftliche Texte wie Romane zu schreiben. Allerdings möchte ich Ihnen nahe legen, adressatenbezogen zu schreiben. Texte sind ein Medium der Kommunikation (auch wenn man bei wissenschaftlichen Texten oft den Eindruck hat, dass sie Kommunikation verhindern wollen!), und ihre innere Struktur ist sowohl durch den Gegenstand als auch durch die Lesegewohnheiten der Adressaten determiniert. Haben Sie also Mut, Ihre Adressaten direkt anzusprechen und Ihren Text an ihnen auszurichten.

Standard-Strukturen für einzelne Kapitel

Für die Gestaltung einzelner Kapitel kann man Standard-Strukturen benutzen, die einiges zunächst erklären, was man später wieder wegschneiden oder kürzen kann. Diese Standard-Strukturen helfen dabei, den inneren Bezug der Arbeit deutlicher zu machen:

– Bezug zu vorigem Kapitel
– Bezug des Kapitels zur Fragestellung
– Bedeutung des Kapitels in der Gesamtdarstellung
– Was ist Gegenstand dieses Kapitels?
– Was soll über diesen Gegenstand gesagt werden? Worauf soll der Blick der LeserInnen gelenkt werden?
– Welcher methodische Weg in der Darstellung wird dazu eingeschlagen?
– Ausführung der einzelnen »Szenen« des Kapitels
– Zusammenfassung am Ende des Kapitels: Was war wichtig in diesem Kapitel, was sollten die LeserInnen behalten?

Standard-Strukturen helfen dabei, die eigenen Gedanken zu organisieren. Sie zeigen, wo Unklarheiten bestehen, und helfen, Verbindungen zu explizieren. Sie sind ein wichtiges Mittel, um zu überprüfen, ob eine Gliederung stimmig ist oder nicht. Sie sind gleichzeitig adressatenbezogen.

Standard-Strukturen wirken etwas redundant, wenn man eigene Texte liest. Für die Leser sind explizite Strukturen jedoch sehr hilfreich. Sie wollen genau wissen, worum es geht, wollen einen Leitfaden haben, wie eine Arbeit zu lesen ist.

Überarbeiten der Rohfassung

Inhaltliche Überarbeitung

Hat man die Rohfassung einer Arbeit fertig gestellt, dann ist eine weitere wichtige Etappe der Arbeit beendet. Man weiß jetzt, dass man »durchgekommen« ist; die Idee, die man verfolgt hat, hat sich als tragfähig erwiesen, das Material hat sich dem Zugriff nicht widersetzt. Es kann sehr nützlich sein, an diesem Punkt eine Weile auszuruhen. Sofern man die Zeit dazu hat, kann man einige Wochen oder Monate Pause machen, um Distanz zu dem Text zu gewinnen. Das ist bei der Überarbeitung hilfreich. Liegt die Arbeit bereits in einer brauchbaren Schriftfassung vor, kann man versuchen, sie jemand zum Sichten zu geben. Dabei muss man aber ganz explizit dazusagen, in welchem Arbeitsstadium sich die Schrift gerade befindet, sonst bekommt man lauter grammatische Korrekturen geliefert. Zu beurteilen ist in diesem Stadium (a) die Gesamtkomposition, (b) die Stimmigkeit der Gliederung, (c) der analytische Ansatz, (d) die prinzipielle Lösung der Fragestellung.

Die Qualität der Rohfassung kann sehr unterschiedlich sein. Ich habe für eine »rohe« Rohfassung plädiert, d.h. eine Fassung, die noch relativ viele Überarbeitungsschritte offen lässt. L. v. Werder (1992, S. 74) empfiehlt, die Rohfassung dreimal zu lesen. Das erste Lesen sollte schnell sein und darauf abzielen, die Bedeutung des ganzen geschriebenen Textes zu erfassen. Wenn Ihnen dabei Lücken auffallen, markieren und ergänzen Sie sie, bringen Sie neue Argumente ein, schreiben Sie zusammenfassende Überleitungen. Das zweite Lesen sollte etwas langsamer sein. Es zielt auf die Form und Struktur des Textes. Wenn Ihnen die Form und der Aufbau missfallen, halten Sie an und revidieren Sie die Struktur. Das dritte Lesen geht ganz langsam vonstatten, Satz für Satz. Es entspricht dem Korrekturlesen, mit dem Grammatik, Rechtschreibung und Zeichensetzung überprüft werden.

Beim Überarbeiten des Inhalts ist vor allem die Komplettierung des Textes und die Markierung des roten Fadens zu berücksichtigen:

- *Überprüfung der Aussage des Textes:* Schreiben Sie in Kurzform die eigentliche Botschaft Ihres Textes nieder und überprüfen sie, ob die Struktur und die Aussagen Ihres Textes dieser Botschaft entsprechen.
- *Komplettieren des Textes:* Ebenso wie man Überflüssiges in

den Text hineingebracht hat, hat man auch Wichtiges vergessen. Das liegt daran, dass man zu sehr mit der Sachargumentation beschäftigt war und zu wenig Rücksicht auf die LeserInnen genommen hat. Für sie ist aber wichtig, eine Darstellung nachvollziehen zu können, und das heißt, die neuen Informationen wie eine Leiter präsentiert zu bekommen, sodass sie Schritt für Schritt mit dem Text mitgehen können. Fehlen einige Sprossen, müssen die LeserInnen Klimmzüge machen, um die nächste Position zu erreichen. Jedenfalls wird es schwer für sie, der Darstellung zu folgen. Das Komplettieren des Textes sollte also nicht allein aus den Erfordernissen der Sachlogik heraus geschehen, sondern aus der Perspektive der LeserInnen.

- *Überflüssiges eliminieren:* Alles, was nicht zur Entwicklung des Themas beiträgt, ist zu eliminieren oder in Fußnoten zu verbannen. Schmerzhaft ist es, Passagen, an denen man sich wund formuliert hat, wieder aus der Arbeit zu streichen. Trotzdem muss man so grausam sein, wenn die Argumentationslinie einer Arbeit es verlangt. Eventuell lassen sich gelungene, aber überflüssige Passagen als »Exkurs« unterbringen. Exkurse sind jedoch Passagen, die das Thema eigentlich nicht weiterbringen.
- *Einleitung und Schluss aufeinander beziehen:* Die Einleitung ist ein kniffliger Teil jedes Textes. In ihr sollte enthalten sein: (a) Fragestellung, (b) Zielsetzung (falls von a verschieden), (c) verwendete Methode, (d) untersuchte Materialien, (e) theoretische Position des Autors oder der Autorin, (f) Weg der Darstellung. Alle Fragen, die in der Einleitung gestellt werden, müssen im Schlussteil beantwortet werden. Der Schlussteil kann enthalten: (a) Zusammenfassung, (b) Interpretation der Ergebnisse, (c) Bewertung der Ergebnisse, (d) abschließende Meinung oder Schlusswort des Autors (Epilog), (e) Ausblick und zukünftige Forschung.
- *Überleitungen:* Zu Beginn eines jeden Kapitels kann ein Absatz angebracht sein, der formuliert (a) was bisher dargestellt wurde, (b) was jetzt, dem Fortgang des Themas entsprechend, aufgegriffen werden muss, (c) in welcher Beziehung das Neue des Kapitels zum Gesamtthema bzw. zur

Fragestellung steht und (d) was in dem Kapitel dargestellt werden wird.
- *Das »Tempo« des Textes überprüfen:* Das Tempo eines Textes bestimmt sich daraus, wie redundant ein Text ist bzw. wie schnell neue Elemente eingeführt werden. Ein Text mit hohem Tempo überfordert die LeserInnen dadurch, dass das Neue nicht genügend erklärt und in das bereits Gesagte integriert wird. Ein Text mit niedrigem Tempo wirkt langweilig und ermüdet. Letzlich geht es bei dem Tempo um den Rhythmus, mit dem neue Ideen oder Informationen in die Darstellung eingeführt und expliziert werden. Obwohl das Tempo eines Textes primär bei Unterhaltungsliteratur von Bedeutung ist, sollte man es auch bei wissenschaftlichen Texten beachten. Das richtige Tempo zu finden erfordert allerdings einige Erfahrung im wissenschaftlichen Schreiben.
- *Fokus und Distanz zum Thema:* Überprüfen Sie, wie der Blick der BetrachterInnen geleitet wird, wie nahe oder distanziert Sie Ihr Thema dargestellt haben.
- *Zusammenfassungen schreiben:* Am Ende jedes Kapitels kann eine Zusammenfassung stehen, die beschreibt, was in diesem Kapitel abgehandelt wurde, worin das Neue oder zum Thema Beitragende bestand.

Beim Markieren des roten Fadens sind einige Überlegungen zu berücksichtigen. Als Autorin oder Autor haben Sie ein Modell der Gesamtstruktur im Kopf, die LeserInnen nicht. Als Autorin oder Autor haben Sie Monate oder Jahre mit dem Thema verbracht, die LeserInnen wollen sich in wenigen Stunden ein Bild von der Arbeit machen. Sie dürfen deshalb oder müssen sogar in den Überleitungen redundant sein, im Text dagegen nicht. Zusammenfassungen sind Wiederholungen, aber sie betonen auch das, was wichtig ist. Sie helfen den LeserInnen (a) bei der Kontrolle ihres Leseverständnisses, (b) beim Überbrücken von Passagen, die sie nicht interessieren, (c) bei der Gewichtung der aufgenommenen Information und (d) bei der Entscheidung, ob ein Kapitel für sie lesenswert ist oder nicht.

Editorische Überarbeitung

Eine Arbeit wissenschaftlich zu edieren heißt, sie entsprechend wissenschaftlichen Standards aufzubereiten. Das schließt ein: Überprüfung von Zitaten und Literaturangaben, Verwendung von Argumenten und Begriffen, Vereinheitlichung von Quellenangaben, Gestaltung von Anmerkungsapparat, Fußnoten und Inhaltsverzeichnis, Verwendung von Tabellen, Abbildungen, Grafiken und ggf. Erstellen eines Index.

- *Überprüfen der Zitate:* Sind alle Zitate korrekt wiedergegeben? Stimmen die Jahres- und Seitenzahlen?
- *Überprüfen der Argumentation:* Sind alle wichtigen Behauptungen angemessen begründet und ggf. durch Literaturverweise abgesichert?
- *Überprüfen der Terminologie:* Begriffe werden von unterschiedlichen Disziplinen oder Forschergruppen abweichend verwendet. Das kann beim Zitieren Verwirrung schaffen. Jeder Text hat terminologisch in sich einheitlich zu sein. Unklarheiten oder abweichende Verwendungen von Begriffen sind in Fußnoten zu kommentieren.
- *Anmerkungsapparat:* »Nebengedanken«, Literaturbelege, ergänzende Gesichtspunkte, legitimatorische Begründungen, Kuriosa können in Fußnoten untergebracht werden, sofern man sich grundsätzlich für die Verwendung von Fußnoten entschieden hat. Nicht alle Wissenschaftsdisziplinen arbeiten mit Fußnoten. In der Psychologie beispielsweise sind sie wenig gebräuchlich. In den philologischen Fächern dagegen sind sie unverzichtbar. Die Alternative zur Fußnote liegt in der Straffung des Textes, bei der alles Überflüssige gestrichen wird. Fußnoten können für einzelne Kapitel oder für die ganze Arbeit durchnummeriert sein.
- *Quellenangaben:* Sie sind zu vereinheitlichen und an geeigneter Stelle, am besten in der Einleitung oder in einem speziellen Quellen-Kapitel, darzustellen. In den Anhang gehört ein Quellenverzeichnis, wenn man viele, schwer zugängliche oder umfangreiche Quellen verwendet hat.
- *Literaturverzeichnis:* Alle verwendete Literatur muss im Li-

teraturverzeichnis aufzufinden und eindeutig zu erkennen sein. Ein Literaturverzeichnis wird auch dann benötigt, wenn die Literatur in den Anmerkungen aufgeführt ist. Das Literaturverzeichnis muss grundsätzlich alphabetisch sein. Es wird nicht für einzelne Kapitel, sondern für die ganze Arbeit angelegt.
- *Tabellen, Grafiken, Abbildungen:* Sie sind zu vereinheitlichen und durchzunummerieren. Alle Verweise auf die Abbildungen müssen auf ihre Stimmigkeit mit den tatsächlichen Nummern überprüft werden.

Sprachliche Überarbeitung

Die sprachliche Überarbeitung ist mehr als eine Korrektur von Grammatik und Rechtschreibung. Die sprachliche Überarbeitung sollte in einer Optimierung der Lesbarkeit und Verständlichkeit des Textes bestehen. Folgende Hinweise können dazu nützlich sein:

- *Klischees:* Vermeiden Sie klischeehaften Fachjargon und Insider-Sprache.
- *Passivformen:* Verwenden Sie keine Passivformen, wo sie vermeidbar sind (»wie inzwischen bekannt ist«, »entschieden muss der Auffassung widersprochen werden«). Markieren Sie das handelnde, erkennende, denkende Subjekt und verstecken Sie es nicht im Passiv: »Ich habe in vielen Veröffentlichungen gelesen«, oder »Ich widerspreche entschieden der Auffassung« oder »Die neuere Forschung widerspricht ...«
- *Adjektive:* Gehen Sie die Adjektive durch und streichen Sie alle überflüssigen und erst recht alle phrasenhaften Eigenschaftswörter heraus. Stary (1989, S. 1) gibt als Beispiele für »Polit-Schwulst«: tief greifende Veränderungen, umfassender Gedankenaustausch, schöpferische Atmosphäre, weit reichender Beschluss, eindrucksvolles Bekenntnis, dynamisches Wachstum, eingehende Beratung. Als Beispiele für Phrasen: freundliches Angebot, brennende Fragen, unlieb-

same Störung, unausbleibliche Folge, völlige Übereinstimmung, felsenfester Glaube, nackte Wahrheit, goldene Mitte. Als Beispiele für Überfluss und Idiotie u.a.: leckere Spezialitäten, lautes Geschrei, schwere Verwüstungen, außerparlamentarisches Gewissen.

- *Selbstbezug:* Schreiben Sie »ich«, wenn Sie selbst etwas getan, gedacht, geschrieben haben. Stehen Sie zu Ihren Gedanken. Der Pluralis maiestatis »wir« ist im Wissenschaftsbetrieb nicht mehr gebräuchlich. Auch von sich selbst als »der Verfasser« zu sprechen klingt nicht mehr gut.
- *Ironie:* Vermeiden Sie ironische Formulierungen; sie transportieren als Erkenntnis in der Regel nur die Tatsache, dass Sie etwas lächerlich finden. Das können Sie einfacher sagen. Die Wechsel von Ernst zu Ironie sind selten nachzuvollziehen. Wollen Sie ironisch sein, schreiben Sie eine satirische Arbeit.
- *Explizit sein:* Formulieren Sie ausführlich. Seien Sie explizit. Leser sind in aller Regel schlechter über den Gegenstand informiert als Sie. Sie werden durch knappe oder verkürzte Darstellungen gezwungen, Mutmaßungen anzustellen. Das senkt die Lesbarkeit eines Textes.
- *Absätze:* Machen Sie möglichst viele Absätze. Das hilft, gedankliche Einheiten zu gruppieren und voneinander abzugrenzen.
- *Zwischenüberschriften:* Benutzen Sie Zwischenüberschriften. Sie helfen zu gliedern und zu verstehen.
- *Metaphern:* Prüfen Sie Ihre Metaphern. Metaphern können viel für die Anschaulichkeit Ihres Textes tun. Schiefe Metaphern können jedoch auch viel verderben. Stary (1989, S. 6) gibt folgende Beispiele für schiefe Metaphern: »Das schlägt dem Fass die Krone ins Gesicht«, »Der Zahn der Zeit hat schon manche Träne getrocknet und wird auch über diese Wunde Gras wachsen lassen«, »Die Flamme der Begeisterung ist abgeebbt«, »Er beschloss, eine neue Laufbahn zu ergreifen«, »Deshalb sollte man mit scharfer Zunge auf den Putz hauen.«
- *Satzlänge und -komplexität:* Kürzen Sie alle zu komplizierten oder schwer verständlichen Sätze. Alle Sätze, die mehr

als einen Nebensatz haben, sollten Sie »auseinander brechen«.
- *Substantive:* Substantivierungen sind nur scheinbar wissenschaftlich. Lösen Sie sie in einfachere Formen auf. Beispiel: »Eine weitere thematische Eingrenzung bestand in der Konzentration auf die Probleme, wie sie sich ständig in der Alltagskommunikation von Dissertanten widerspiegelten.« Stattdessen: »Ich grenzte das Thema ein, indem ich mich auf alltägliche Probleme der Dissertanten konzentrierte.«
- *Eliminieren von Wiederholungen:* Ungewollte Wiederholungen sind für unsere Sprachästhetik ein Ärgernis. Verwenden Sie ein Synonym-Wörterbuch, um Ihre Begriffe zu variieren.

Nicht einmal sehr erfahrene Schreiberinnen und Schreiber sind so sicher in ihrer Sprachbeherrschung, dass sie druckreife Texte herstellen. Weniger erfahrene dagegen sind in der Regel sehr stark mit dem Inhalt ihrer Texte befasst, sodass in sprachlicher Hinsicht vieles zu korrigieren bleibt.

Grundsätzlich sollte man keine wissenschaftliche Arbeit für fertig oder veröffentlichungsreif ausgeben, wenn sie nicht gründlich überarbeitet und von einer dritten Person Korrektur gelesen worden ist.

Wenn man eine Arbeit mit viel Herzblut geschrieben hat, ist man für Kritik sehr empfindlich. Deshalb sollte man von vornherein eine Phase kritischer Rückmeldung einbeziehen, ehe man einen Text als abgeschlossen betrachtet. Gute wissenschaftliche Texte sind – was Ungeübte nicht wissen und dem Text nicht ansehen – mehrfach umgeschrieben, korrigiert und diskutiert worden. Was man also selbst produziert, ist immer korrekturbedürftig. Erst dann bekommt es seine endgültige Form. Regelmäßige Korrektur ist zudem, wie bereits erwähnt, notwendig, um die eigene sprachliche Ausdrucksfähigkeit zu verbessern.

Korrektur und Endfassung

Erst wenn eine Arbeit gründlich überarbeitet ist, wenn also am Text selbst nichts mehr verändert werden muss, kann die Arbeit Korrektur gelesen werden. Dabei geht es nur noch um die Eliminierung von Fehlern, und zwar grammatikalischen Fehlern, Rechtschreibefehlern, unkorrekten Seitenhinweisen usw. Das Schwierige in dieser Phase liegt darin, die Arbeit am Text tatsächlich zu beenden. Wenn man einen Text abschließt, ist man in der Regel nicht mehr dazu in der Lage, seine Qualität einzuschätzen. Man tendiert dazu, die Probleme des Textes überdifferenziert zu sehen. Und in der Tat: Jeder beliebige Text kann noch verbessert werden. Es ist immer eine Portion Willkür damit verbunden, ihn tatsächlich zu beenden.

Die Schlusskorrektur einer Arbeit sollte man einer anderen Person überlassen, da man in einem mehrfach überarbeiteten Test selbst nicht mehr alle Fehler entdecken kann. Man ist textblind geworden.

Korrekturen macht man schriftlich unter Verwendung der üblichen Korrekturzeichen (vgl. Duden). Wenn man eine Arbeit zum Schreiben der Endfassung weggibt, sollte man auch überprüfen, ob die Korrekturen richtig eingearbeitet sind. Bevor eine Arbeit gedruckt oder getippt ist, sind das Layout und die Titelei zu gestalten. Auch zu dieser Frage kann man sich im DUDEN-Taschenbuch von Klaus Poenicke (1988) informieren.

8.
Umgang mit Zeit bei wissenschaftlichen Schreibprojekten

Planung

Zeiteinteilung

Zeitmanagement ist in allen Berufen, in denen man selbstständig arbeiten muss, von großer Bedeutung. Es gibt keine Arbeitsstelle, an der man nicht mehr tun könnte, als man Zeit hat. Deshalb ist ökonomische Zeiteinteilung und rationale Planung eine Grundvoraussetzung erfolgreichen Arbeitens. Es lohnt sich, bereits im Studium eine Grundlage dafür zu legen, zumal das Studium aufgrund der großen Freiheiten in der Zeiteinteilung einige »Zeitfallen« in sich birgt, mit denen schwer umzugehen ist.

Ich könnte einfach auf die vorhandene Literatur zu Planung und Zeitökonomie verweisen, wenn nicht das Schreiben längerer Arbeiten einige Zeitprobleme besonderer Art mit sich bringen würde, die Sie kennen lernen sollten. Examens- und Doktorarbeiten zwingen dazu, sich monate- und jahrelang mit einem Thema zu beschäftigen. Dabei ist nicht nur nötig, die Zeit zu planen, sondern auch, die Kräfte einzuteilen, die »Distanz« zu der wissenschaftlichen Arbeit zu regulieren und einen Lebens- bzw. Arbeitsrhythmus ganz aus sich heraus zu gestalten. Während in den meisten Tätigkeiten eine äußere Notwendigkeit oder Gegebenheit den Zeittakt oder die Anforderungen vorgibt, sind Sie beim wissenschaftlichen Arbeiten oft ganz auf sich gestellt. In manchen Arbeitsphasen leben und arbeiten Sie wie in einem sozialen Vakuum, denn Sie beziehen sich auf eine Welt von Ideen und Symbolen, die niemand aus Ihrem unmittelbaren Umkreis mit Ihnen teilt. Daraus ergeben sich Probleme eigener Art.

Unter den vielen Dingen, die es über Zeit zu sagen gibt, ist für die, die gerade beginnen, sich mit wissenschaftlichem Arbeiten vertraut zu machen, eine einfache Regel besonders wichtig. Von ihr hängen viele weitere Momente der Zeitplanung ab: Beginnen Sie nie eine wissenschaftliche Arbeit, ohne vorher eine Zeitgrenze gesetzt und die verfügbare Zeit in überschaubare Segmente eingeteilt zu haben.

Mit »überschaubar« sind dabei Zeitspannen gemeint, die die Dauer von etwa einer Woche nicht übersteigen. Wählen Sie die Zeiteinheiten zu groß, dann wird Ihr Arbeitseinsatz beliebig: Sie können morgen oder übermorgen zu arbeiten beginnen; Sie können sich beliebig lange an einem eher irrelevanten Punkt aufhalten und sind nicht gezwungen, zielbezogen zu arbeiten. Je überschaubarer die Zeiteinteilung ist, desto bewusster gehen Sie mit Zeit um.

Zeitbegrenzung ist auch deshalb nötig, weil Sie ansonsten dazu tendieren, Ihre Qualitätsansprüche in die Höhe zu schrauben. Eine Zeitgrenze schützt Sie vor Ihren eigenen Ansprüchen. Auch die Geistesarbeiter des Sports, die Schachspieler, begrenzen ihre Zeit mit einer Uhr, die die verbrauchte Zeit beider Spieler misst. Sonst würden Wettkampfpartien wahrscheinlich unendlich lange dauern, denn jeder Zug würde so lange hinausgeschoben, bis alle Eventualitäten und Varianten berechnet sind. Mit anderen Worten: Die Zeitbegrenzung schützt vor Perfektionismus. Wenn Sie die Zeit Ihrer wissenschaftlichen Arbeit nicht begrenzen, verlieren Sie das Maß für Differenziertheit und Genauigkeit.

Ein zweiter Grund für die Notwendigkeit der Zeitbegrenzung liegt darin, dass sie Voraussetzung dafür ist, Zeitgefühl zu entwickeln. Ohne ständigen Vergleich zwischen geplanter und tatsächlich verbrauchter Zeit können Sie kein Gefühl für die Dauer einzelner wissenschaftlicher Handlungen gewinnen. Wie lange brauchen Sie für das Exzerpieren eines Artikels oder einer ganzen Serie von Aufsätzen? Wie viel Seiten schreiben Sie pro Tag, wenn Sie gut recherchiert haben? Wie viel können Sie unter Druck schreiben usw.? Antworten darauf erhalten Sie nur, wenn Sie zeitbewusst arbeiten.

Man braucht in der wissenschaftlichen Arbeit sowohl kurz- als auch mittel- und langfristige Pläne, die die wichtigsten Ziele festlegen. Genaues Planen ist dabei nicht so sehr eine Frage von minutenweiser Festlegung (das wäre ein eher unflexibler Plan), sondern eine Frage der Gewichtung, Schwerpunktsetzung und dementsprechender Zeitzuteilung für einzelne Aufgaben.

Planung einer längeren wissenschaftlichen Arbeit

Man kann eine wissenschaftliche Arbeit in zwei »Richtungen« planen: Vom Zeitpunkt des Beginns an vorwärts oder vom Termin der Fertigstellung an rückwärts. Letzteres ist anzuwenden, wenn man einen festen Abgabetermin hat. Die rückwärtsgerichtete Planung geht von dem aus, was an Zeit möglich, die vorwärtsgerichtete von dem, was nötig ist.

Als Planungsgrundlage können Sie das Schema auf S. 188 verwenden. Nehmen wir an, Sie haben ein halbes Jahr für eine Arbeit Zeit, rund 26 Wochen. Sie könnten diese Zeit folgendermaßen verteilen:

Orientierungs- und Planungsphase	5 Wochen
Recherche und Materialbearbeitung	5 Wochen
Strukturieren des Materials	5 Wochen
Formulieren der Rohfassung	5 Wochen
Überarbeiten	5 Wochen
Korrigieren	1 Woche

Bevor Sie sich an den ersten Schritt machen, sollten Sie diese fünf Wochen noch einmal gliedern. Dies könnten Sie wieder »rückwärts« machen: Nehmen Sie sich die letzte Woche Zeit für ein Exposé, die Woche davor für Überlegungen zu Fragestellung, Methodik und Vorgehen, während Sie die ersten drei

Wochen dazu verwenden, das Thema zu erkunden, einzugrenzen und erste Literatur zu lesen.

Semesterplanung

Im Studium empfiehlt es sich, Pläne für jeweils ein Semester zu machen. Gelegentlich sind auch längere Pläne nötig, so z.b., wenn es auf die Examensprüfungen zugeht. Im Allgemeinen aber genügt ein Semester. Die Semesterplanung bezieht sich darauf, welche Ziele (Scheine, Papiere, Klausuren usw.) man unbedingt erreichen muss und wie viel Zeit man dafür zur Verfügung stellen will.

Das Semester ist die bedeutendste Zeiteinheit der Universitäten. Die Universitäten leben während des Semesters und fallen in den Semesterferien in einen tiefen Schlaf. In den Semesterferien ist es außerordentlich schwierig, etwas zu planen, da niemand an der Uni anzutreffen ist, die Gremien nicht tagen und die Sekretariate Urlaub machen. Was passieren soll, muss während des Semesters geschehen. Dadurch entsteht ein künstlicher Zeitrhythmus, der alle Aktivitäten auf eine kurze Zeitspanne komprimiert. Es entsteht die Gefahr, diese Zeit mit Aktivität zu überfrachten. Viele Studierende packen ihren Stundenplan zu Beginn des Semesters so voll, dass sie schon nach sechs bis acht Wochen völlig überarbeitet sind. Dann kommt, wie oft nach Phasen der Selbstüberforderung, ein Stimmungstief oder eine Depression. Diese haben die nützliche Funktion, innere Fehleinstellungen zu korrigieren. Nach Phasen der Verausgabung, die in der Regel auf einer Fehleinschätzung der eigenen Leistungsfähigkeit oder des Aufwands für Studienleistungen beruhen, entlastet die Depression von zu hohem Arbeitsdruck und macht einer realistischeren Selbsteinschätzung Platz. Unter einer Depression wird in der Regel der Stundenplan verjüngt und alles Unnütze über Bord geworfen.

Viele Stimmungsschwankungen haben also eine sehr einfache Ursache, die – etwas vereinfacht gesagt – in einer Selbstüberforderung und der mit ihr einhergehenden Erschöpfung liegt. Es ist einige Erfahrung notwendig, um realistisch zu planen. Die Erfahrung bezieht sich vor allem darauf, die eigenen Kräfte und das eigene Vermögen realistisch einschätzen zu lernen. Dabei ist das Einhalten von Pausen und Erholungszeiten besonders wichtig.

Zu vermeiden sind unrealistische Zielsetzungen und ein Vollstopfen des Semesters bis zum letzten Tag. Geistige Arbeit dauert immer länger, als man denkt, und es kommen immer unvorhergesehene Probleme dazwischen. Dafür muss Raum sein.

Wochenplan

Einen Wochenplan aufzustellen beginnt man am günstigsten damit, dass man die Erholungszeiten einträgt, also die freien Abende, den Teil des Wochenendes, den man »geheiligt« sehen will, und die Termine, auf die man sich freut, wie den Doppelkopfabend, den Tanzkurs oder den Sporttermin. Dieses Vorgehen soll nicht einfach den Zeitraum markieren, der für die Arbeit bleibt, sondern er soll dokumentieren, dass man mit sich selbst freundlich umzugehen gedenkt und sich keineswegs mit Arbeit völlig zudecken will.

Besonders wichtig ist die Planung der Freizeit für alle diejenigen, die das Gefühl haben, in Verzug geraten zu sein. Wenn man einige Scheine aus dem letzten Semester oder eine Prüfung nachholen muss, tendiert man dazu, die Woche bis zur letzen Minute mit Arbeit vollzuquetschen. Das ist die beste Voraussetzung dafür, dass es das nächste Mal wieder nicht klappt. Ziele erreicht man dann, wenn man kontinuierlich und systematisch arbeitet. Und das kann man nur, wenn man genügend Erholung hat.

Als Regel gilt, dass vier Stunden konzentrierte Arbeit (z.B. Schreiben) pro Tag schon sehr viel sind. Wenn man morgens vier Stunden formuliert oder exzerpiert hat, ist die Aufnahmefähigkeit am Nachmittag schon erheblich reduziert. Man sollte dann am Nachmittag leichtere Tätigkeiten ausführen. Auch die vier Stunden sollte man besser in zwei Pakete zu je anderthalb Stunden aufteilen mit einer Stunde Pause dazwischen.

Pausen sind wichtiger Bestandteil des Schreibens und müssen unbedingt in die Planung einbezogen werden. Einer der häufigsten Fehler beim Schreiben ist das zu lange Sitzenbleiben bei relativ unkonzentriertem Arbeiten. Das funktioniert nach der Logik, dass man sich sagt, wenn ich schon nicht richtig arbeite, dann muss ich eben nachsitzen. Je länger man aber sitzt, desto weniger kann man aufnehmen und desto unkonzentrierter wird man. Aus solchen Zirkeln kann man u.a. dadurch ausbrechen, dass man rechtzeitig Pausen macht (auch wenn man nicht konzentriert gearbeitet hat) und versucht, in diesen Pausen richtig abzuschalten, also etwas Bewegung, Musik, Schlaf usw. Dann mit Konzentration weiter. Wenn man auf eine Pause hin lernt, ist es auch leichter, konzentriert zu bleiben.

Zeitprobleme

Zeitschwund

Viele StudentInnen machen zwar genaue Pläne, stellen aber dann fest, dass sie sie nicht einhalten. Deshalb beginnen sie, sich selbst für »faul«, »arbeitsgestört« oder »konzentrationsunfähig« zu halten. Bei genauer Analyse ihrer Wochenpläne kann man meistens sehr handfeste Gründe für ihre vermeintliche »Arbeitsgestörtheit« finden: Sie haben ihre Woche mit Arbeit überladen, machen zu wenig Pausen, haben zu hohe Ansprüche, gehen ein Thema auf einer viel zu abstrakten Ebene an, machen zu viel Unterschiedliches auf einmal und finden dann den Einstieg in die jeweils nächste Arbeit nicht.

Ein Hauptverantwortlicher dieses Zeitschwunds ist der Tagtraum. Ohne es selbst zu bemerken, stehlen wir uns oft aus dem konkreten Geschehen weg in eine angenehmere Wirklichkeit, die uns momentan die Mühen des Arbeitens abnimmt. Je tiefer man in das Tagträumen hineinkommt, desto schwerer ist es, damit wieder aufzuhören. Wer unter Tagträumen leidet, sollte beginnen, sich sehr gezielt mit ihnenauseinander zu setzen. Folgende Möglichkeiten kann man in Betracht ziehen:

- *Tagträume aufschreiben:* Worum geht es in ihnen eigentlich? Welche Themen herrschen vor?
- *Gestellte Aufgabe überprüfen:* Meistens hat man sich zu viel vorgenommen oder den Anspruch zu hoch gesetzt.
- *Aufgabe neu formulieren:* Machbare Schritte definieren und die Ansprüche dem tatsächlichen Leistungsvermögen wieder annähern.
- *Stunden- und Tagesrapporte schreiben:* Jede halbe Stunde festhalten, was man gearbeitet hat, und einen zusammenfassenden Bericht am Abend schreiben.
- *Arbeitsort wechseln:* Damit kann man eingefahrene Arbeitsgewohnheiten durchbrechen. Manchmal ist auch etwas äußere Kontrolle günstig.
- *Einige der Träume erfüllen:* Tagträume weisen auch auf Unerfülltes hin. Also sollte man Wert auf Erlebnisse in der freien Zeit legen und sich nicht hinter dem Schreibtisch einmauern.

Zeitnot/Arbeiten unter Druck

Wichtig ist gleichmäßiges Arbeiten. Der natürliche Trend geht zum Aufschieben und Arbeiten unter Druck. Dem sollte man aktiv entgegenwirken, um die Verselbstständigung eines solchen Arbeitsrhythmus zu verhindern. Man sollte sich aber keine Illusionen darüber machen, dass Zeitdruck oft ein wichtiges Motiv ist, unter dem man erst bereit ist, seine Vorstellungen von einer Arbeit mit seinen tatsächlichen Möglichkeiten in Einklang zu bringen. Solange man beliebig viel Zeit vor sich hat, hat man auch die Illusion, man könne beliebig viel oder gut produzieren. Erst die Zeitbeschränkung macht auch die Grenzen des Erreichbaren sichtbar.

Auch in Zeitnot (oder gerade dann) sind Erholung und schöne Freizeitaktivitäten wichtig. Man muss sich selbst belohnen. Das ist man sich selbst schuldig, wenn man schwer arbeitet. Es ist wichtig, sich klarzumachen, dass die Arbeitszeit nicht beliebig ausgedehnt werden kann. Wer sechs Stunden täglich lernt oder schreibt, stößt an eine Grenze der Aufnahme- und Konzentrationsfähigkeit. Über sie kann man nur kurzfristig hinausgehen. In der Regel sinkt die Effektivität dann so stark ab, dass sich die investierte Zeit nicht mehr lohnt.

Nicht anfangen können

Besonders in den Anfangsphasen eines Schreibprojekts kann es passieren, dass man plötzlich unendlich viele Freunde hat, mit denen man sich verabreden muss, dass man dringende Besorgungen erledigen und den Haushalt in Ordnung bringen muss, sodass man den Weg zum Schreibtisch nicht findet. Von Tag zu Tag wird man nervöser, wenn man die Zeit verrinnen sieht, die man nicht genutzt hat. Diese Unfähigkeit anzufangen kann mehrere Ursachen haben.

Es kann sein, dass Sie ein Vermeidungsprogramm aufbauen, damit Sie nicht anfangen müssen. Oft steckt hinter solchem Vermeidungsverhalten die Angst, ein Thema oder eine Aufgabe nicht bewältigen zu können, besonders dann, wenn Sie bereits schlechte Erfahrung mit dem Schreiben wissenschaftlicher Arbeiten gemacht haben. Abhilfe: Locken Sie sich mit kleinen, überschaubaren Schritten in Ihr Thema hinein. Achten Sie vor allem darauf, dass Sie sich nicht selbst überfordern.

Es kann aber auch sein, dass Sie Angst haben, sich in ein Thema zu weit hineinziehen zu lassen, sodass Sie sich an der sozialen Wirklichkeit gewissermaßen festhalten. Manchmal spürt man die Faszination eines Themas und bekommt Angst, sich ihm hinzugeben. Intensives wissenschaftliches Arbeiten hat immer etwas damit zu tun, eine gewisse Einsamkeit und Isolation aushalten zu lernen. Abhilfe: Kontrollieren Sie Ihre Erwartungen an die Arbeit, beginnen Sie damit, Ihre eigenen Motive zu beschreiben, machen Sie ein Cluster zu Ihren Gefühlen, wenn Sie an die Arbeit gehen; spüren Sie nach, ob Sie frühere Erfahrungen mit dem Wegdriften bei der Arbeit finden.

Stimmungsschwankungen

Stimmungsschwankungen sind der größte Feind des Planens. Zu ihnen gehört ein Übermaß an Arbeit und Aktivität in guter Stimmung und ein Hängenlassen der Arbeit, wenn Depression angesagt ist. Dadurch werden alle Pläne immer wieder zerrissen und zunichte gemacht. Wichtig ist, beiden Tendenzen entgegenzuwirken: in den Phasen guter Stimmung nicht zu viel zu machen und in den Phasen der Depression nicht alles hängen zu lassen. Je stärker die Schwankungen, desto wichtiger ist ein äußerer Rahmen für die Arbeit und eine realistische Planung. Bei starken Stimmungsschwankungen sollten Sie sich psychologisch beraten lassen, da diese sich verfestigen können.

Eine wichtige Ursache von Stimmungsschwankungen sind, wie bereits erwähnt, zu hohe Selbstanforderungen. Man beginnt ein Semester mit vielen guten Vorsätzen, will zwei Scheine aus dem letzten Semester nachholen und zwei neue machen, hat zwei spannende Vorlesungen entdeckt, will jetzt endlich richtig Englisch lernen und hat einen Tanz- und einen Aikido-Kurs belegt. Dazwischen muss noch etwas für Geld gearbeitet werden, der Freund, die Eltern, die vielen guten Bekannten wollen auch etwas von der guten Zeit abhaben. Ausgeruht geht man also mit viel Optimismus an all diese Herausforderungen heran, schwört sich, dass es diesmal kein Durchhängen wie im letzten Semester geben soll, wirft sich pflichtbewusst in die Arbeit – und hängt nach vier Wochen doch wieder in den Seilen.

»Weniger ist mehr«, muss man zu solchen Planungen sagen. Umgang mit Zeit lernen heißt in erster Linie, die eigenen Grenzen einschätzen lernen. Wenn man zu viel von sich verlangt, holt sich der Organismus auf seine Weise die Erholung, die er braucht: Er stellt Sie einfach kalt, indem er Sie mit einer Depression vorübergehend matt setzt. Dann geht nichts mehr, auch kein Psychologe kann mehr helfen, denn ein leerer »Akku« will langsam wieder aufgeladen werden. Wenn die Depression vorbei ist, kippt die Stimmung oft in ihr Gegenteil um: in eine eher euphorische Stimmung. Die verführt wiederum dazu, sich ganz zu verausgaben, um das Versäumte nachzuholen. Auf diese Weise können sich Stimmungsschwankungen von beträchtlicher Intensität und Hartnäckigkeit verfestigen.

Eigenen Rhythmus finden

Wichtig für eine gute Planung ist, dass man sich mit den eigenen Arbeitsrhythmen vertraut macht. Man sollte keine mechanischen Pläne aufstellen. Nicht alle lernen oder schreiben zu den gleichen Tageszeiten gut (obwohl es da Durchschnittswerte gibt). Manche arbeiten nach dem Aufstehen am besten, andere haben ihre beste Arbeitszeit erst dann, wenn sie sich in einen positiven Motivationszustand hineingearbeitet haben. Manche bevorzugen die Nacht.

Man kann diese Gewohnheiten z.T. modifizieren, wie etwa alle, die zu festen Tageszeiten zu arbeiten gezwungen sind. Im Studium aber stellen sich eher naturwüchsige Arbeitszeiten ein, denen nur mit großer Selbstdisziplin beizukommen ist. Manche brauchen lange, bis sie anfangen, können dann mehrere Stunden konzentriert am Thema bleiben. Andere sind sofort bei der Sache, ermüden aber schon nach einer Stunde. Sie sollten also Ihre eigenen Rhythmen genau beobachten und einfühlsam mit ihnen umgehen. Versuchen Sie, *mit* Ihrem Rhythmus zu arbeiten. Ein gewisses Maß an Selbstdisziplin ist für geistiges Arbeiten nötig. Entfachen Sie aber keinen Krieg gegen Ihre Gefühle und Gewohnheiten: den werden Sie zwangsläufig verlieren.

Hartnäckige Müdigkeit

Penetrante Müdigkeit oder unangenehme Stimmung, die sich einstellt, wenn man arbeiten will, verlangt Beachtung. Meist sind solche Gefühle ein Signal, dass etwas nicht in Ordnung ist. Wenden Sie Ihre Aufmerksamkeit dieser »Störung« zu, beginnen Sie, über sie zu schreiben, versuchen Sie zu ergründen, wo sie herkommen könnte. Folgende Gründe kommen in Betracht:

- *Kein Interesse:* Sie interessieren sich einfach nicht für das Thema, haben keinen inneren Bezug dazu, nur ein äußeres Interessse (etwa einen Schein in einer Pflichtveranstaltung). Überlegen Sie, ob Sie diesen Schein nicht anderswo machen können oder ein anderes Thema wählen können. Wenn nicht, gehen Sie einen Kompromiss mit Ihrer Unlust ein: Sie soll eine Weile nachgeben, dafür machen Sie anschließend etwas wirklich Interessantes.
- *Kein Platz:* Sie haben im Moment keinen Platz in Ihrem Leben für diese Arbeit. Bei Beziehungs- oder Familienproblemen, wenn spannende soziale Ereignisse, Urlaub oder große Veränderungen vor sich gehen, kann es sein, dass einfach keine mentale Kapazität zur Verfügung steht. Stellen Sie die Arbeit zurück, bis wieder Kapazität vorhanden ist.
- *Fehlende Freizeit:* Sie hatten zu wenig Freizeit in den letzten Tagen oder haben gestern bis spät in die Nacht gearbeitet. Legen Sie sich wieder ins Bett, machen Sie anschließend einen Stadtbummel, tun Sie etwas Gutes für sich. Vertrödeln Sie auch den nächsten Tag und planen Sie dann realistisch.
- *Zu viel auf einmal:* Sie wollen zu vieles zu schnell erreichen. Sie wollen eine Arbeit auf Anhieb perfekt aufs Papier bringen und überschätzen damit Ihre eigene Schreibfähigkeit gehörig. Teilen Sie Ihre Arbeit in machbare Schritte auf!
- *Zu abstrakt:* Sie gehen eine Sache auf einem wissenschaftlichen Niveau an, dem Ihr gegenwärtiges Denken noch nicht gerecht wird. Benutzen Sie die einfachste Sprache, die sie finden! Werden Sie konkret! Suchen Sie sich einen Schreibgegenstand »zum Anfassen«!
- *Zu wenig Urlaub:* Ihr letzter längerer Erholungsurlaub ist zu lange her. Ihre Müdigkeit ist Resultat permanenter Überlastung. Machen Sie vier Wochen Urlaub und beginnen sie dann von Neuem.
- *Kein Selbstvertrauen:* Sie haben kein Selbstvertrauen und fühlen sich der Aufgabe nicht gewachsen. Melden Sie sich in der psychologischen Beratung an und lassen Sie sich etwas aufmöbeln!

Motivationale Probleme

Überprüfen der eigenen Motivation

Wer an eine kleinere oder größere wissenschaftliche Arbeit herangeht, sollte zuerst die eigene Motivation überprüfen. Was will ich sagen oder schreiben? Mit welchem Anspruch/Interesse tue ich das? Will ich das im Moment wirklich tun oder liegt gerade etwas anderes in meinem Leben an? Wenn man sich also an die Arbeit macht, sollte man einige Fragen an sich selbst stellen, um motivationale Probleme zu vermeiden:

- *Habe ich im Moment Zeit und Raum in meinem Leben für diese Arbeit?*
  Kürzere Arbeiten kann man auch »unmotiviert« schreiben, d.h. ohne wirklich Raum für sie zu haben. Bei längeren Arbeiten geht das nicht. Man muss sich auf das Thema einlassen, sich Zeit geben, auch komplexe Zusammenhänge und Nebenaspekte zu verstehen. Wenn man im Prinzip im Moment etwas anderes zu erledigen hat, gerät man in Versuchung, eine Arbeit en passant schreiben zu wollen, im Vorbeigehen also, ohne in sie einzutauchen, weil man eigentlich mit etwas anderem beschäftigt ist. Das funktioniert in den seltensten Fällen. Entweder die Motivation reicht nicht, um fertig zu werden, oder das Resultat ist schlichtweg schlecht.
- *Was verbindet mich persönlich mit dem Thema?*
  Zu große Nähe und zu viel Distanz zu einem Thema können problematisch sein. Wenn ein Thema einen eindeutigen privaten Bezug hat, sollte man sich sehr genau überlegen, ob man die Verwicklungen kalkulieren kann. Bei psychologischen Diplomarbeiten habe ich oft festgestellt, dass die Themen Depression, Schizophrenie oder Alkoholismus dann gewählt wurden, wenn es in der Familie entsprechende Probleme gegeben hatte. Beim Schreiben der Arbeit werden dann unter Umständen emotionsgeladene Kindheitserinnerungen wachgerufen, die eine freie Auseinandersetzung mit dem Thema verhindern. Umgekehrt ist es notwendig, ein gewisses Maß an Interesse oder Engagement für

ein Thema zu besitzen, sonst wird man nicht in der Lage sein, einen längeren Produktionsprozess durchzuhalten.
- *Was möchte ich mit der Arbeit eigentlich sagen?*
Wer in einer Sache engagiert ist, hat auch eine Position dazu und will möglicherweise diese Position wissenschaftlich beweisen. Es lohnt sich daher, vor Beginn einer Arbeit das, was man als Ergebnis haben möchte, zu formulieren. Nicht um es so in die Arbeit aufzunehmen, sondern um das eigene Bekenntnis vor Augen zu haben. Damit kann man eigene Motive aufdecken, die mit der Arbeit kollidieren können. Wenn man also beweisen will, dass die Psychoanalyse (der Feminismus, der Marxismus, der Kritische Rationalismus, die freie Marktwirtschaft etc.) richtig oder falsch ist, dann wird man mit jedem Text, den man darüber verfasst, Probleme haben, denn die Psychoanalyse lässt sich nicht »beweisen« oder »widerlegen«. Wenn man sich zu einer Schule, einem grundlegenden Ansatz o.Ä. bekennt (was wissenschaftlich legitim ist), besteht das adäquate Vorgehen darin, diese Position zu explizieren und zu begründen und auf dieser Basis die Untersuchung, Darstellung, Analyse etc. aufzubauen. Auf alle Fälle sollte man vermeiden, zur Missionarin oder zum Missionar einer Sache zu werden. Damit ist man so gut wie immer überfordert.
- *Mit welchem Anspruch gehe ich an die Arbeit?*
Schwer ist es, sich in seinen Zielsetzungen zu bescheiden. »Wenn ich schon so eine Arbeit schreiben muss«, argumentieren viele, »dann soll auch etwas Vernünftiges dabei herauskommen.« Dieses »Vernünftige« gerät leicht einige Nummern zu groß. Es wird umso größer, je größer der Zeiteinsatz ist. Hat man schon einige Jahre mit einem Thema verbracht, dann muss der Ertrag umso größer werden, damit dieser Einsatz gerechtfertigt ist.
- *Mute ich mir zu viel zu?*
Ganz wichtig für Studierende ist die richtige Dosierung der Arbeit. Gerade wenn man in Verzug geraten ist, sollte man sich ganz kleine Häppchen vornehmen. Mutet man sich zu viel zu, bekommt man Angst, in die Arbeit einzutauchen. Man schleicht um das Schreiben herum wie die Katze um

den heißen Brei, hält sich bei Vorarbeiten auf, häuft Material an und hält sich geschäftig. Abhilfe kann nur sein, eine radikal einfache Idee zu finden, der man folgen will, und konkrete, gut portionierte Arbeitsschritte zu definieren.

Anreize schaffen

Beginnt man mit einer Examensarbeit und widmet seine ganze Zeit und Kraft diesem Projekt, muss man einiges andere zeitweilig dafür aufgeben. Gerade am Beginn der »heißen« Arbeitsphase muss man sich selbst über diesen Verlust hinwegtrösten und offen mit ihm umgehen. Auf keinen Fall sollte man in dieser Phase alles aufgeben, was man gerne macht. Es ist unbedingt wichtig, seine Hobbys, Sport, Kultur oder was auch immer weiter zu pflegen. Eher sollte man sich sogar ab und zu etwas extra gönnen.

Arbeitet man zu lange ohne Pausen, erlischt die Produktivität und vor allem Kreativität. Ein frisch erholter Geist ist wesentlich entscheidungsfreudiger und hat mehr Spannkraft, um abstrakte Konzeptionen zu strukturieren, und kann sich länger konzentrieren. Das sind alles Gründe, auch während der »heißen« Phase einer Abschlussarbeit ein oder zwei Wochen Pause zu machen.

Selbstbelohnung ist ein wichtiges Element eines positiven Umgangs mit sich selbst. Mutet man sich viel Arbeit zu, sollte man sich auch entsprechend Gutes tun. Das sollte man zu einem Prinzip erheben. Ich kenne viele Studierende, die unter Schreibstress in eine regelrecht selbstquälerische Haltung verfallen und nur noch Leistung von sich verlangen. Wenn sie in die Beratung kommen, berichten sie ganz verwundert, dass ihnen ihr Organismus seine Dienste aufkündigt und sie mit Müdigkeit, Interesselosigkeit, Kopfschmerzen oder Traurigkeit straft.

Rückhalt und soziale Unterstützung sichern

Wer eine längere wissenschaftliche Arbeit schreibt, gerät nicht selten in eine gewisse soziale Isolation. Soziale Kontakte über Lehrveranstaltungen, Projekte, Jobs usw. fallen weg, wenn man sich ganz auf das Schreiben konzentriert. Die gewohnte Offenheit für Menschen kann verloren gehen, wenn man sich ganz einem Thema widmet. NachtarbeiterInnen versäumen auch die Kneipe und abendlichen Unternehmungen.

Im Grunde sollte man die Fähigkeit, sich ganz auf eine Sache zu konzentrieren (und dabei Abstriche an allem anderen zu machen) als ein positives Zeichen von Engagement ansehen. Solche Phasen sind im Leben notwendig, und sie sind Marksteine in der intellektuellen Entwicklung. Dennoch sollte man aufpassen, dass die Konzentration auf eine Sache nicht zur Isolation wird.

Es ist also von Bedeutung, dass man nicht alle Kontakte schleifen lässt. Sehr wichtig kann in dieser Phase sein, dass man Gleichgesinnte hat, dass man eine Examens- oder Schreibgruppe hat, deren Teilnehmer mit den gleichen Problemen zu kämpfen haben.

Ein positiver Faktor ist natürlich die Existenz einer belastbaren Partnerbeziehung. Auch für die Partner kann die Examensarbeit eine Belastung sein. Besonders schwierig wird es für sie, wenn die Endphase der Arbeit beginnt und der Stress steigt. Selbstzweifel, Krisen und Niedergeschlagenheit des Partners sind zu ertragen, und aufmuntern hilft manchmal nicht mehr.

Die meisten Beziehungen halten Belastungen dieser Art aus. Dazu hat man einander ja. Wichtig ist trotzdem, sich vor Beginn der Arbeit zu überzeugen, ob der Partner auch im Moment belastbar ist und welche Art Hilfe von ihr oder ihm zu erwarten ist.

»Abheben«

Nicht ganz ungefährlich sind euphorische Phasen beim Schreiben. Sie können dann eintreten, wenn man die eigenen kreativen Fähigkeiten und die Macht der eigenen Sprache entdeckt. Sie sind deshalb problematisch, weil man in einem euphorischen

Schreibrausch den Blick für die Realitäten verlieren kann. Man hebt ab. Solche Zustände sind zwar produktiv, allerdings kann die Produktivität auf Kosten der Genauigkeit und Prägnanz gehen. Zudem haben euphorische Zustände fast immer entsprechende Depressionen zur Folge. Was also an positiven Gefühlen, Aktivität und Erolgserlebnissen während des euphorischen Zustands zu viel ist, hat man in der Depression zu wenig. Der Durchschnitt zwischen beiden entspricht einer ausgeglichenen Bilanz zwischen positiven und negativen Stimmungen. Die Depression ist nicht zuletzt deshalb eine Krankheit, von der viele DichterInnen befallen werden.

Kleinere Euphorien sind durchaus etwas Normales. Gerade wenn man gelungene Passagen geschrieben hat, wenn man neue Ideen entwickelt oder zu verstehen beginnt, gerät man leicht in einen Erkenntnisrausch. Gewöhnlich hält der nur kurze Zeit an, um einer bleiernen Trägheit im Kopf zu weichen.

In einem euphorischen Zustand verpulvert man seine Kräfte, anstatt sie richtig einzuteilen. Man gerät in Gefahr, den Bezug und dementsprechend die Distanz zum Thema zu verlieren. Folge kann diskontinuierliches Arbeiten und plötzlicher Verlust des Themenbezugs sein.

Wenn man euphorische Tendenzen spürt, sollte man sich fragen, warum man sich in diese Gefühle flüchtet. Meist gibt es einen spezifischen Grund dafür abzuheben. Nicht selten etwa sind es Verlassenheitsgefühle, Niedergeschlagenheit oder Versagensängste. Als Abhilfe ist es nötig, den eigenen Selbstwert wieder in eine realistische Bahn zu bringen. Man muss sich vergegenwärtigen, dass man eine normale Arbeit mit normalen Mitteln schreiben will.

Den Bezug zur Umwelt erhalten

Vereinsamung beim Schreiben kann dazu führen, dass der Mut zum Produzieren abhanden kommt. Das Gefühl, allein gelassen zu werden, keine Unterstützung zu haben, überfordert zu sein, nimmt mitunter solche Intensität an, dass eine gezielte Unterstützung notwendig wird. In diesem Fall helfen psychologische Beratungsstellen; sie können für den Zeitraum der Arbeit und ggf. darüber hinaus emotionale Unterstützung geben.

Eine gefährliche Entwicklung kann sich anbahnen, wenn man den Bezug zu den Menschen verliert und stattdessen nur noch für imaginäre wissenschaftliche Bezüge lebt. Wenn man also mehr mit Figuren der Wissenschaft befasst ist als mit seinen Mitmenschen, dann ist man wahrscheinlich schon dabei abzuheben und gerät in Gefahr, sich in einen Disput zu verstricken, der weltfremd ist. Es gibt Menschen, für die der Umgang mit Ideen einfacher ist als der mit Personen; sie sind besonders für solche Probleme prädestiniert.

Vereinsamung führt in Teufelskreise hinein. Gehen die äußeren Bezüge verloren, ersetzt man sie durch Tagträume, die das versprechen, was man in der Wirklichkeit versäumt. In dieser Traumwelt spielt natürlich die Arbeit, die gerade geschrieben wird, eine große Rolle. Typisch sind Tagträume von einer ganz besonders guten Arbeit, von wissenschaftlicher Karriere, von Zuneigung durch Leistung usw. Diese Tagträume heben das Anspruchsniveau und erschweren damit die laufende Arbeit. Sie führen noch weiter von der Wirklichkeit weg und noch weiter hinein in die Isolation. Abhilfe: Unbedingt Pause machen, Kontakte mit Menschen organisieren.

Der Routine standhalten

Es kann erhebliche motivationale Probleme bereiten, wenn man mit dem Gefühl arbeiten muss, dass man relativ uninteressante Teiltätigkeiten über mehrere Jahre ausüben muss, etwa das Durchsehen von Gerichtsakten, das Sammeln und Beurteilen von Röntgenfotos oder das Übersetzen von fremdsprachigen Texten. Besonders bei Doktorarbeiten ist die Aussicht auf mehrjährige Routinearbeit mitunter so demotivierend, dass das Promovieren zur Qual wird.

Es gibt kein Patentrezept gegen solche Durststrecken. Möglich sind: Anreichern der Arbeit mit anspruchsvolleren Tätigkeiten, z.B. Formulieren von Teiltexten, Anreicherung mit

Sinn, z.B. durch Diskussion über die Arbeit, Selbstbelohnung durch angenehme Freizeitaktivitäten usw.

Zu Ende kommen

Eine nicht zu unterschätzende Schwierigkeit ist gelegentlich mit dem Einleiten des Endes der Arbeit verbunden. Perfektionismus, Unsicherheit über das, was danach kommt, Angst vor der Beurteilung der Arbeit und gelegentlich Angst vor der Leere können Ursachen dafür sein. Das Beenden einer Arbeit hat in der Regel damit zu tun, sich die Unzulänglichkeiten der Arbeit eingestehen zu müssen, endgültigen Abschied von seiner Perfektion zu nehmen und seine Rückkehr in die »normale« Welt in Angriff zu nehmen. Hat man sich lange mit einem Thema beschäftigt und sich dabei zurückgezogen, kommt einem die Welt ohne die gewohnte Arbeit plötzlich leer vor.

Abschlussarbeiten sind oft mit dem Studienende verbunden, und das bedeutet nicht nur neue Horizonte, sondern auch Unsicherheit, Perspektivlosigkeit, Arbeitslosigkeit, Geldsorgen usw. Manchmal drücken diese Sorgen so, dass es einfacher scheint, das Studienende noch hinauszuzögern, um ihnen zu entgehen.

Nach der Arbeit kommt die Beurteilung. Man hat viel Herzblut und Zeit investiert, und wenn man die Arbeit abgegeben hat, kann man nur noch auf das Urteil warten, ohne etwas dazu tun zu können. Dieses Gefühl, schutzlos dem Urteil anderer ausgeliefert zu sein, ist für viele Menschen eine regelrechte Pein. Sie zögern die Abgabe der Arbeit lange hinaus, machen sie so perfekt wie möglich, um dem Gefühl hilflosen Wartens zu entgehen.

Literatur

Antos, G. & Krings, H. P. (Hrsg.) (1989). *Textproduktion. Ein interdisziplinärer Forschungsüberblick*. Tübingen

APA (1991). *Publication Manual of the American Psychological Association*, 3rd Ed. Washington, DC

Bergin, A. E. & Strupp, H. H. (1972). *Changing Frontiers in the Science of Psychotherapy*. Chicago

Brand, A. G. (1989). *The Psychology of Writing. The Affective Experience*. New York

Bromme, R. & Rambow, R. (1993). Verbesserung der mündlichen Präsentation von Referaten: Ein Ausbildungsziel und zugleich ein Beitrag zur Qualität der Lehre. *Das Hochschulwesen* 6 (S. 289-295)

Buzan, T. (1984). *Kopftraining. Anleitung zum kreativen Denken, Tests und Übungen*. München

Duden Etymologie (1989). *Herkunftswörterbuch der deutschen Sprache*, 2. Aufl., hg. von G. Drosdowski. Mannheim

Eco, U. (1988). *Wie man eine wissenschaftliche Abschlußarbeit schreibt*. Heidelberg

Feyerabend, P. (1980). *Erkenntnis für freie Menschen*. Frankfurt a. M.

Feyerabend, P. (1986). *Wider den Methodenzwang*. Frankfurt a. M.

Fleck, L. (1980). *Entstehung und Entwicklung einer wissenschaftlichen Tatsache*. Frankfurt a. M.

Flick, U., Kardorff, E. v., Keupp, H. et al. (Hrsg.) (1991). *Handbuch Qualitative Sozialforschung*. München

Flower, L. S. & Hayes, J. R. (1980). The Dynamics of Composing: Making Plans and Juggling Constraints. In: L. W. Gregg & E. R. Steinberg (Hrsg.), *Cognitive Processes in Writing* (S. 31-50). Hillsdale, N. J.

Flower, L. S., Hayes, J. R., Carey, L., Schriver, L. & Stratman, J. (1986). Detection, Diagnosis, and the Strategies of Revision. *College Composition and Communication* 37, (S. 16-55)

Føllesdal, D., Walløe, L. & Elster, J. (1986/88). *Rationale Argumentation.* Berlin

Franck, N. & Stary, J. (1989). Wie beiß' ich mich durch? Lern- und Arbeitstechniken. In: W. Henniger (Hrsg.), *UniStart. Das Orientierungsbuch für Studienanfänger,* 3. Aufl. Königstein

Gebhardt, R. C. & Rodrigues D. (1989). *Writing: Process and Intentions.* Lexington

Gelfert, H.-D. (1990). *Wie interpretiert man ein Gedicht?* Stuttgart

Gelfert, H.-D. (1992). *Wie interpretiert man ein Drama?* Stuttgart

Griffen, C.W. (1985). Programs for Writing Across the Curriculum. *College Composition and Communication* 36 (S. 403-442)

Haubl, R. (1991). Modelle psychoanalytischer Textinterpretation. In: U. Flick et al. (Hrsg.), *Handbuch Qualitative Sozialforschung* (S. 219-223). München

Hayes, J. R. & Flower, L. S. (1980). Identifying the Organization of Writing Processes. In: L. W. Gregg & E. R. Steinberg (Hrsg.), *Cognitive Processes in Writing* (S. 3-30). Hillsdale, N. J.

Heinemann, W. & Viehweger, D. (1991). *Textlinguistik.* Tübingen

Hubbuch, S. M. (1989). *Writing Research Papers Across the Curriculum.* Fort Worth

Kleining, G. (1991). Methodologie und Geschichte qualitativer Sozialforschung. In: U. Flick et al. (Hrsg.), *Handbuch Qualitative Sozialforschung* (S. 11-22). München

Kirkhoff, M. (1992). *Mind Mapping. Einführung in eine kreative Arbeitsmethode.* Bremen

Kruse, O. (1985). *Emotionsdynamik und Psychotherapie.* Weinheim

Kruse, O. (1991). *Emotionsentwicklung und Neurosenentstehung.* Stuttgart

Kruse, O. & Püschel, E. (1994). Schreiben, Denken, Fühlen – ein Workshop gegen Schreibhemmungen. In: H. Knigge-Illner & O. Kruse (Hrsg.), *Studieren mit Lust und Methode* (S. 40-68). Weinheim

Kuhn, T. S. (1978). *Die Entstehung des Neuen.* Frankfurt a. M.

McLeod, S. H. (1988). *Strengthening Programs for Writing Across the Curriculum.* New York

Murray, D. M. (1990). *Write to Learn.* Fort Worth

Poenicke, K. (1988). *Duden. Wie verfaßt man wissenschaftliche Arbeiten?* Mannheim

Popper, K. R. (1982). *Logik der Forschung.* Tübingen

Rico, G. L. (1984). *Garantiert schreiben lernen.* Reinbek

Robinson, W. S. & Tucker, S. (1991). *Texts and Contexts. A Contemporary Approach to College Writing.* Belmont, Ca.

Rosenberg, J. F. (1993). *Philosophieren. Ein Handbuch für Anfänger*, 3. Aufl. Frankfurt a. M.

Rückriem, G., Stary, J. & Franck, N. (1992). *Die Technik wissenschaftlichen Arbeitens*. 7. Aufl. Paderborn

Segeth, W. (1974). *Aufforderung als Denkform. Vom Wissen zum zielgerichteten Handeln*. Berlin

Sorenson, S. (1988). *Webster's New World Student Writing Handbook*. New York

Sorenson, S. (1992). *Webster's New World Student Writing Handbook*, 2. Aufl. New York

Stary, J. (1989). *Verständlich informieren. Eine Zusammenstellung von didaktischen und stilistischen Hinweisen zur Gestaltung von Sachtexten*. Berlin

Stary, J. & Kretschmer, H. (1994). *Umgang mit wissenschaftlicher Literatur*. Frankfurt a.M.

Theisen, M. R. (1993). *ABC des wissenschaftlichen Schreibens*. München

Ueding, G. (1991). *Rhetorik des Schreibens. Eine Einführung*, 3. Aufl. Frankfurt a.M.

Vater, H. (1992). *Einführung in die Textlinguistik*. München

Veit, R., Gould, C. & Clifford, J. (1990). *Writing, Reading, and Research*, 2. Aufl. New York

Wagner, W. (1992). *Uni-Angst und Uni-Bluff*. Berlin

Weber, H. (1994). *Ärger. Psychologie einer alltäglichen Emotion*. Weinheim

v. Werder, L. (1992). *Kreatives Schreiben in den Wissenschaften*. Milow

Register

Abstraktionsebene 92, 149ff.
Adressaten 51f., 55f., 64ff., 102, 119, 174, 234f.
Analysekriterien 150f., 215
Analysieren 120, 124, 130ff., 206
Analytische Sachdarstellung 118, 125f.
Angst 14, 24ff., 63, 253, 263
Anmerkungsapparat 108, 241f.
Arbeitsbedingung 61f.
Arbeitsrhythmus 246, 255
Arbeitsschritte 11, 86ff., 189ff.
Argumentieren 92f., 118, 122, 124f., 130, 170ff., 202, 207

Begriffe 66ff., 83, 112, 241
Belegen 82, 103ff.
Bericht 118, 127f., 130, 136
Beschreiben 72, 127, 131, 133ff., 206
Bewerten 120, 128, 130ff., 136, 140, 177ff.
Bibliografieren 90, 188, 198, 212ff.
Brainstorming 164, 194
Buchbericht 121

Cluster/Clustering 19, 32ff., 44, 64, 156, 195, 230, 253

Deckblatt 114
Denklähmung 191

Depression 249, 254, 261
Design entwerfen 227
Differenzieren 84, 223f.
Dokumentation 128, 130, 140, 203

Edieren 241f.
Einleitung 109, 115, 122, 239
Erkenntnisinteresse 71, 209, 211
Erkenntniswege 13, 16, 71f., 79, 129ff., 192, 209, 229, 233
Erörterung 124, 174
Evaluation 130f., 180., 207
Exegese 130
Exzerpieren 87, 93ff., 188, 215ff.
Exzerpt 130, 136f.

Falldarstellung (-analyse) 169, 201
Flugblatt 176f.
Fokussieren 88, 235f., 240
Formulieren 119, 215ff.
Forschungsbericht 106
Fragestellung 87, 100, 109, 112, 120, 188, 192, 202, 208f., 212, 222, 237, 239
Fußnoten 107f.

Geistige Arbeit 45, 75ff., 215, 250, 255
Gesetzestext 130, 183
Gliederung 99f., 132, 188, 212, 218f., 221, 224ff.

Glossar 91
Gruppenarbeit 41f.
Gutachten 130
Handbuch 90, 183
Hausarbeit 86ff.
Hermeneutik 165f.

Inhaltsverzeichnis 114f.
Interpretieren 96, 109, 118, 124, 126ff., 130f., 135, 165ff., 206f., 220

Karteikarte 97, 216ff.
Klassifizieren 146ff.
Klischee 242
Kommentierte Textwiedergabe 109, 117, 119ff.
Kompilieren 120, 130, 138ff., 206, 220
Konzentrationsfähigkeit 251, 260
Korrektur 116, 188f., 238, 244f.
Kreatives Schreiben 14f., 33
Kreativität 14, 58, 63, 259
Kritischer Essay 109, 118, 124f.
Kurzbeleg 104

Lexikon 89ff.
Linguistische Konventionen 32, 51, 71, 233f.
Literaturbericht 120, 130, 138ff.
Literaturinterpretation 127, 169
Literatursuche 88 ff., 188, 197ff., 212ff.
Literaturverzeichnis 106, 112-115, 141, 202

Manual 130, 163
Metapher 243
Methodenvergleich 121
Mind-Map-Methode 31, 97ff., 102, 221
Modell/Theorie konstruieren 130, 157ff.
Modethema 191, 204
Motivation 255, 257ff.

Paraphrasieren 83, 94ff., 103, 109, 119f.
Perfektionismus 14, 21, 186, 217, 220
Persönliche Sprache 15, 31f., 35, 233
Plädoyer 175
Plagiat 83, 96, 216
Positionsreferat 175
Primärliteratur 106
Protokoll 118, 127f., 130, 133, 136

Quellen 103f., 112, 188, 192, 200, 203f., 212, 220
Quellenverzeichnis 115, 241

Referat 100, 117
Rezension 119ff.
Rohfassung 101f., 188, 228ff.

Sammelreferat 120, 130, 140
Schilderung 127, 130, 136
Schlagwortkatalog 89, 213
Schreibblockade 11, 13ff., 21ff., 63
Schreibforschung 15, 48ff.
Schreibgruppe 26, 38ff., 260
Sekundärliteratur 106
Selbstanforderung 59, 60, 253
Selbstbelohnung 259, 263
Selbstdisziplin 137
Selbstkritik 14, 23, 222
Selbstvertrauen 256
Selbstwertgefühl 28, 58
Semesterplan 249f.
Sprachästhetik 24, 61, 244
Sprachpsychologie 15, 53
Stand der Forschung 140, 187, 198f., 211, 219
Stichwortverzeichnis 213
Stil 60, 69, 233
Stimmungsschwankungen 249, 254f.

Streitschrift 175
Strukturieren 97ff., 126, 188, 218, 220ff., 229, 237
Strukturvergleich 144
Substantivierung 244
Systematisieren 126, 130, 146ff., 229

Tagtraum 251f., 262
Tempo des Textes 158, 240
Textanforderungen 52ff.
Textlinguistik 15, 53
Textmuster 11, 16, 41, 51, 82, 86f., 107, 117ff., 122, 126, 130, 136, 140, 144, 155, 163, 169, 174f., 180, 183
Textverständnis 92ff., 119
Themeneingrenzung 87f., 93, 188, 200ff.
Themenfindung 185ff.
Theorievergleich 144
Thesenpapier 117, 122ff., 130, 175

Überarbeiten 102, 111ff., 116, 228ff., 237ff.

Uni-Bluff 25

Vereinsamung 246, 253, 262
Vergleichen 130, 141ff., 206
Verweisen 102ff.
Vorschreiben 130, 181ff., 207

Werte 106, 131, 207
Wissenschaftliche Konventionen 16, 27, 241
Wissenschaftliches Journal 35ff., 47, 141
Wissenschaftlichkeit 71ff.
Writing across the curriculum 15

Zeitdruck 252
Zeitplanung 44, 185ff., 212, 218, 246ff.
Zielsetzung 119, 209f., 239
Zitat 102ff., 121, 216f.
Zitatübernahme 105
Zitieren 83, 102ff.
Zusammenfassung 94ff., 109, 119f., 128, 140, 223, 230, 237, 239f.

Campus auf dem Campus

Walter Krämer
Wie schreibe ich eine Seminar- oder Examensarbeit?
campus concret, Band 47. 2. Auflage
2000. 256 Seiten
ISBN 3-593-36268-6

Dieses Buch ist die erweiterte und aktualisierte Neuauflage eines Standardwerks zu allen Fragen der schriftlichen wissenschaftlichen Arbeit, das vor allem für Studierende der Sozial-, Geistes- und Wirtschaftswissenschaften geeignet ist. Walter Krämer befasst sich in diesem Ratgeber mit allen Problemen, die beim Verfassen von Seminar- oder Examensarbeiten auftauchen.

Otto Kruse (Hg.)
Handbuch Studieren
Von der Einschreibung bis zum Examen
campus concret, Band 32
1998. 455 Seiten
ISBN 3-593-36070-5

In allen Phasen des Studiums, von der Immatrikulation bis zur Dissertation, bietet dieser praxisnahe Ratgeber konkrete Informationen und Hilfen für den Studienalltag. Er vermittelt Arbeits- und Lerntechniken, gibt Tipps für die Organisation des Studienalltags und hilft Krisen im Studium zu bewältigen.

Gerne schicken wir Ihnen unsere aktuellen Prospekte:
Campus Verlag · Heerstr. 149 · 60488 Frankfurt/M.
Hotline: 069/97 65 16-12 · Fax -78 · www.campus.de

Frankfurt / New York

Lesen Sie täglich eine Neuerscheinung: uns.

Auf unseren Buch-Seiten und in unseren Literatur-Beilagen finden Sie Besprechungen der interessantesten Neuerscheinungen. Testen Sie uns. Mit dem Probeabo, zwei Wochen kostenlos. Tel.: 0800/8 666 8 66.
Online: www.fr-aktuell.de

Frankfurter Rundschau

Eine Perspektive, die Sie weiterbringt.